Neue Fragen des deutschen und internationalen Insolvenzrechts

Schriften zum deutschen,
europäischen und internationalen
Insolvenzrecht

S-INSO Band 1

Schriften zum deutschen, europäischen und internationalen Insolvenzrecht

Herausgegeben von

Professor Dr. Stefan Smid, Kiel
Rechtsanwalt Dr. Mark Zeuner, Hamburg
Rechtsanwalt Michael Schmidt, Berlin

S-INSO Band 1

De Gruyter Recht · Berlin

Neue Fragen des deutschen und internationalen Insolvenzrechts

Insolvenzrechtliches Symposion
der Hanns-Martin Schleyer-Stiftung
in Kiel 10./11. Juni 2005

Herausgegeben von
Stefan Smid

W DE G RECHT
De Gruyter Recht · Berlin

Wissenschaftliche Leitung: Professor Dr. *Stefan Smid*, Kiel
Tagungsleitung: Dr. *Silke Wehdeking*, Strande

Für die Unterstützung bei der Finanzierung der Tagung und der Herausgabe des Tagungsbandes danken Herausgeber und Verlag: der Hanns Martin Schleyer-Stiftung, der Dräger AG Lübeck, der Herbert Karner GmbH, der STP AG Karlsruhe und der D.A.S. Prozessfinanzierung München

♾ Gedruckt auf säurefreiem Papier,
das die US-ANSI-Norm über Haltbarkeit erfüllt.

ISBN-13: 978-3-89949-302-3
ISBN-10: 3-89949-302-8

Bibliografische Information Der Deutschen Bibliothek

Die Deutsche Bibliothek verzeichnet diese Publikation in der Deutschen Nationalbibliografie; detaillierte bibliografische Daten sind im Internet über http://dnb.ddb.de abrufbar.

Printed in Germany
Umschlaggestaltung: Christopher Schneider, Berlin
Datenkonvertierung/Satz: WERKSATZ Schmidt & Schulz GmbH, Gräfenhainichen
Druck und Bindung: Hubert & Co., Göttingen

Geleitwort der Herausgeber

Das Insolvenzrecht gehört zu dem Kernbestand der Regelwerke, die das Vertrauen der Rechtsgenossen in eine Rechtsordnung sichern. Es regelt die Bedingungen allseitiger Haftung eines Schuldners und steckt damit zugleich den Rahmen ab, innerhalb dessen die Gläubiger erwarten können, dass ihre Rechte in einer und durch eine Reorganisation und Sanierung des schuldnerischen Unternehmens gewahrt werden.

Die faktische Wirkung des Insolvenzrechts endet nicht an nationalstaatlichen Grenzen. Das Insolvenzverfahren ist nach seinem Anspruch auf universelle Geltung angelegt. In fast allen Mitgliedstaaten der Europäischen Union gilt heute als innerstaatliches Recht ein gemeinsames Recht grenzüberschreitender Insolvenzverfahren. Dieses gemeinsame europäische Recht strahlt auf die innerstaatlichen Reformbemühungen aus – es hat Einfluss auf die Insolvenzgesetzgebung. Die innerstaatlichen Gesetzgebungen werden zudem von UNCITRAL-Modellgesetzgebungen beeinflusst. Die wissenschaftliche Diskussion geht zusehends auf die damit ausgelösten Konvergenzbewegungen ein; die Praxis bedarf rechtsdogmatischer Aufklärung über die komplexer werdenden Regelungen des Insolvenzrechts und der Unterrichtung über die Strukturen und Problemstellungen ausländischer europäischer und außereuropäischer Insolvenzrechte, auch und gerade in ihrer Wechselwirkung mit dem deutschen Recht.

Die Schriftenreihe der DZWIR ist ein Forum dieser Diskussionen. Sie wird in loser Folge monographische Untersuchungen zu Grundsatzfragen des deutschen, europäischen und internationalen Insolvenzrechts veröffentlichen. Damit leistet diese Schriftenreihe einen Beitrag ebenso zur rechtsdogmatischen Klärung von Streitfragen wie nicht minder zur Unterstützung der europäischen Integration der nationalstaatlichen Insolvenzrechte.

Kiel, Hamburg und Berlin im November 2005

Stefan Smid/Mark Zeuner/Michael Schmidt

Vorwort

Die nachfolgenden Beiträge beruhen auf Vorträgen, die auf dem Symposium der Hanns-Martin Schleyer-Stiftung in Kiel am 10./11. Juni 2005 zu aktuellen Problemen des deutschen und internationalen Insolvenzrechts gehalten worden sind. Sie stellen mehr als eine „Momentaufnahme" dar. Wiewohl jede einzelne Untersuchung über den Stand und die Probleme von Fragestellungen des gegenwärtigen Insolvenzrechts unterrichtet, machen sie in ihrem Konzert deutlich, dass Insolvenzrecht heute mehr als bloßes Gesamtvollstreckungsrecht ist. Das moderne deutsche ebenso wie das neue europäische Insolvenzrecht (grenzüberschreitender Insolvenzen) zielt darauf, den Beteiligten zur Bewältigung wirtschaftlicher Krisen rechtliche Handlungsspielräume zu öffnen. Es ist damit ein unverzichtbarer Teil der Rechtsordnung moderner, freiheitlicher Gesellschaften.

Die Tagung, auf der dieser Band gründet, ist von der *Hanns-Martin Schleyer Stiftung*, der *Dräger AG*, Lübeck, der *GoIndustry Karner & Co.*, dem *Wustrauer Arbeitskreis Insolvenzrecht e.V.*, der *STP AG*, Karlsruhe, und der *D.A.S. Prozessfinanzierung* großzügig unterstützt worden. Die Teilnahme von Justizangehörigen hat der Herr Minister für Justiz und Europaangelegenheiten *Uwe Döring* möglich gemacht.

Ebenso wenig wie das Symposium wäre dieser Band ohne die organisatorischen Leistungen von Dr. *Silke Wehdeking* möglich gewesen.

Kiel, im November 2005 *Stefan Smid*

Inhaltsverzeichnis

Verzeichnis der Verfasser

Uwe Döring
Minister für Justiz und Europaangelegenheiten, Kiel

Professor Dr. Joachim Jickeli
Dekan der Juristischen Fakultät, Christian-Albrechts-Universität zu Kiel

Professor Dr. Stefan Smid
Christian-Albrechts-Universität zu Kiel

Ministerialrat Dr. Klaus Wimmer
Bundesministerium der Justiz, Berlin

Rechtsanwalt Dr. Klaus Pannen
Partner der White & Case Insolvenz GbR, Hamburg

Rechtsanwalt und Notar Rolf Rattunde
Leonhardt und Partner, Berlin

Dr. Silke Wehdeking
Leonhardt und Partner, Kiel

Wiss. Ass. Thomas Rühle
Christian-Albrecht-Universität zu Kiel

Herbert Karner und Dipl.-Kfm. Bodo Kipper
GoIndustry Karner & Co.

Diplom-Volkswirt, Rechtsanwalt und Notar Dr. Wilhelm Wessel, Dr. Wessel, K. Meyer und Kollegen
Lübeck

Univ.-Prof. Dr. Andreas Konecny
Wien

Katrin Lindenberg, Wissenschaftliche Mitarbeiterin
Christian-Albrechts-Universität zu Kiel

Solveig Lieder, Wissenschaftliche Mitarbeiterin
Christian-Albrechts-Universität zu Kiel

Grußwort

Uwe Döring

Auch für den Justizminister eines deutschen Bundeslandes ist das Insolvenzrecht kein tägliches Brot – auch wenn es an Bedeutung zugenommen hat. Über Insolvenzrecht wird auch in der Öffentlichkeit gesprochen – was den Politiker zwingt, mitreden zu können. Dabei erscheint vielen das Insolvenzrecht als eine Materie, die eher unangenehme Erscheinungen betrifft – ein bekannter deutscher Insolvenzverwalter spricht über sein Tätigkeitsfeld als „Pleiten, Pech und Pannen". Das mag richtig sein. Erlauben Sie mir aber die Behauptung, dass der Bedeutungszuwachs des Insolvenzrechts kein Krisensymptom sei – sondern ein Anzeichen, dass die Gesetzgebung der Praxis rationale Krisenbewältigungsverfahren bereitstellt.

Das deutsche Insolvenzrecht muss vielfältige Leistungen erbringen: Gläubiger sollen in der Krise eines Schuldners gleichmäßige und möglichst weitgehende Befriedigung erfahren, dabei sollen volkswirtschaftliche Werte wenn immer möglich erhalten bleiben. Die öffentliche Meinung fordert zudem den Erhalt von Wirtschaftsstandorten und Arbeitsplätzen ein. Die Insolvenzrechtspraxis begegnet also mannigfaltigen Anforderungen. Das Insolvenzgeschehen gleicht dabei der Arbeit auf der Intensivstation einer Klinik. Es müssen oftmals an todkranken Patienten sehr schnell lebenserhaltende Maßnahmen umgesetzt werden. Zusehends wird diese rechtstatsächliche Aufgabe von der Rechtspolitik erkannt. Die Reformen des Insolvenzrechts der vergangenen Jahre haben sich den Schwierigkeiten gestellt, die auftreten, wenn die klassische Aufgabe der Gleichbehandlung der Gläubiger mit Bemühungen um Reorganisation und Sanierung angeschlagener Unternehmensträger verbunden wird. Darüber hinaus muss meines Erachtens begleitend zu diesen Reformen verstärkt daran gearbeitet werden, durch entsprechende Maßnahmen Insolvenzen soweit als möglich zu vermeiden. Deshalb bedarf es insbesondere mehrerer Qualifizierungsprogramme für Jungunternehmer. Denn die Ursachenforschung für Insolvenzen zeigt, dass ein erheblicher Teil auf Managerfehler zurückzuführen ist.

Meine Damen und Herren,

Insolvenzrecht dient heute auch der Ermöglichung eines schuldenfreien fresh starts – damit sind nicht unerhebliche Belastungen für die Haushalte der Länder als Träger der Justizhoheit verbunden, worin sich die erhebliche Belastung der mit Insolvenzsachen befassten Richterinnen und Richter, Rechtspflegerinnen und Rechtspfleger niederschlägt. Derzeit sind Bund und Länder bemüht, die Verfahren der Insolvenz natürlicher Personen nachhaltig zu vereinfachen. Hier gibt es den größten Reformbedarf. Zwar wollen wir das Restschuldbefreiungsverfahren aus den hier nur kurz angedeuteten sozial- und wirtschaftspolitischen Gründen beibehalten. Allerdings hat die Anzahl der Restschuldbefreiungsverfahren in den letzten Jahren in einem Umfang zugenommen, der sowohl die Justiz als auch die dem gerichtlichen Verfahren vorgeschalteten Stellen vor große Probleme stellt, die kaum noch bewältigt werden können. So werden aufwändige Gesamtvollstreckungsverfahren in Gang gesetzt, obwohl in mehr als 80 % der Fälle von vornherein feststeht, dass die Schuldner über keinerlei Geldmittel verfügen. Durch die Stundung der Verfahrenskosten werden diese Verfahren auch noch mit öffentlichen Mitteln finanziert. Deshalb hat sich die Justizministerkonferenz dieser Problematik angenommen. Eine von ihr beauftragte Bund-Länder-Arbeitsgruppe arbeitet derzeit ein Konzept für ein Restschuldverfahren in masselosen Verfahren aus, das den unterschiedlichen Interessen und Anforderungen Rechung tragen wird. Die näheren Einzelheiten eines solchen Entschuldungsverfahrens wird Ihnen nachher sicherlich Herr Dr. Wimmer aus dem BMJ darlegen.

Meine Damen und Herren,

Das gesetzgeberische Ziel, mit dem gerichtlichen Insolvenzverfahren eine geordnete und allen Betroffenen transparente Schuldenreorganisation zur Verfügung zu stellen, zeichnet eine Entwicklung nach, die das Insolvenzrecht von der bloßen Zerschlagung zur Erhaltung von Unternehmen geführt und den Beruf des Insolvenzverwalters zu einem anspruchsvollen Tätigkeitsfeld hat werden lassen. Rechtsinstitute wie die Eigenverwaltung des Schuldners stellen die Insolvenzpraxis – namentlich die Insolvenzgerichte – vor neue Herausforderungen, lassen aber hoffen, dass sich die hier nur skizzierte Entwicklung vom Zerschlagungs- zu einem modernen Schuldenreorganisationsrecht unter Einbeziehung der Betroffenen weiterführen lässt.

Das Programm Ihrer Tagung zeigt, dass die damit angesprochenen Rechtsfragen einen weiten Kreis von Fragen sowohl des deutschen als auch des europäischen Rechts berühren. Insolvenzrecht stellt sich dabei als „Querschnittsmaterie“ dar, die freilich lange im Studium der Rechtswissenschaft an der Universität ein zwar ehrwürdiges, aber doch eher abgeschiedenes Dasein fristete. Das hat sich mit dem Inkrafttreten der InsO geändert, wie die große Zahl von Seminaren, Doktorarbeiten und anderen Studien auf dem Gebiet des Insolvenzrechts zeigt – übrigens auch und nicht zuletzt an der Christian-Albrechts Universität. Für das akademische Studium der Rechtswissenschaft erscheint das Insolvenzrecht als Feld, auf dem praktisch relevante Fragen des Zivilrechts-, des Arbeitsrechts, des Steuerrechts oder des öffentlichen Ordnungsrechts in ihrem Zusammenspiel aufgezeigt werden können. Das Europäische Recht grenzüberschreitender Insolvenzen wird einer der Gegenstände Ihrer Beratungen, zeigt, dass die Fragen der Krisenbewältigung immer auch über den nationalen Tellerrand hinausreichen.

Damit ist das Insolvenzrecht ein Bereich, auf dem eine praxisnahe Ausbildung stattfinden kann. Die Politik fordert von den Universitäten gerade diesen stärkeren

Praxisbezug. Praxisbezug ohne engen Kontakt zu den Praktikerinnen und Praktikern aus Justiz, aus Wirtschaft und nicht zuletzt dem Kreis der hier besonders angesprochenen Insolvenzverwalter bliebe halb. Praktikerseminare zum Insolvenzrecht finden seit der Insolvenzrechtsreform häufig statt. Allerdings sind „Praktikerseminare" und akademische Seminare der Studierenden üblicherweise organisatorisch getrennt. Ich freue mich daher besonders, dass die Hanns-Martin Schleyer-Stiftung in Zusammenarbeit mit der Fakultät für Rechtswissenschaft der Christian-Albrechts Universität dieses Symposium als Forum ermöglicht hat, um hochrangige auswärtige Referenten nach Kiel zu holen und Praktikern und Studierenden die Gelegenheit zur Information und zum Meinungsaustausch zu geben. Dass dabei die Förderung durch die *Dräger AG* als erfolgreiches schleswig-holsteinisches Unternehmen den Auslöser gegeben hat, freut mich naturgemäß besonders. Mein Dank gilt Herrn Professor Dr. *Smid*, der die wissenschaftliche Leitung übernommen hat und last but not least der Tagungsleiterin, Frau Dr. *Wehdeking*, die diese Veranstaltung organisiert hat.

Mein Haus hat Richterinnen und Richter, Rechtspflegerinnen und Rechtspfleger die Möglichkeit eröffnet, die Einladung der Hanns-Martin Schleyer-Stiftung zur Teilnahme an diesem Symposium anzunehmen. Recht – nicht zuletzt auch das Insolvenzrecht – „lebt" in den Institutionen, denen die Sorge für die Verfahren anvertraut ist, in denen Recht umgesetzt und verwirklicht wird. Eine moderne, offene Justiz sucht den Dialog. Ich wünsche dem Symposium, Forum eines erfolgreichen Dialogs zum deutschen und europäischen Insolvenzrecht zu sein.

Grußwort

Joachim Jickeli

Sehr geehrter Herr Minister, sehr geehrte Frau *Wehdekind*, sehr geehrter Herr *Smid*, sehr geehrte Kolleginnen und Kollegen, meine sehr verehrten Damen und Herren.

Es ist mir eine Ehre und Freude, sie heute im Namen der Rechtswissenschaftlichen Fakultät der Christian-Albrechts-Universität hier in Kiel zum insolvenzrechtlichen Symposium der Hanns-Martin Schleyer-Stiftung begrüßen zu dürfen.

Sie werden sich mit neuen Fragen des deutschen und europäischen Insolvenzrechts befassen. Das Thema erscheint so wichtig wie selten zuvor. Dies machen wenige Zahlen deutlich. Im Jahr 2004 gab es nach dem statistischen Bundesamt knapp 120.000 Insolvenzen. Im Vergleich zum Vorjahr war damit ein weiterer Anstieg um gut 17 Prozent zu verzeichnen. Dennoch gibt es auch positive Entwicklungen. Die Unternehmensinsolvenzen sind gegenüber 2003 nicht weiter gestiegen, der negative Trend des Vorjahres scheint insoweit gebrochen. Anlass zur Sorge bereitet allerdings der Anstieg der Verbraucherinsolvenzen um 46 Prozent. Die volkswirtschaftlichen Verluste durch die Insolvenzen sind gigantisch. Die Forderungsverluste der Gläubiger sind mit knapp 40 Milliarden Euro erschreckend hoch. Einschneidend ist auch der Verlust von Arbeitsplätzen. Nach dem statistischen Bundesamt sind knapp 200.000 Beschäftigte von Unternehmensinsolvenzen betroffen. Nach einer Untersuchung von Creditreform soll der insolvenzbedingte Gesamtarbeitsplatzverlust sogar mehr als dreimal so hoch sein. Die Zahlen zeichnen insgesamt ein sehr düsteres Bild. Noch schwerer wiegt vielleicht, dass viele Deutsche von Zukunftspessimismus befallen sind. Der wirtschaftliche Niedergang ist schickes Partygespräch. Auch in Bezug auf die öffentlichen Hände und Kassen wird immer vernehmlicher von Insolvenz gesprochen.

Dabei lässt das Stichwort „Insolvenz“ unwillkürlich das Bild vom Pleitegeier lebendig werden. Unternehmen wie Privatleute verknüpfen damit die Vorstellung vom Ende ihrer Existenz, zumindest ihrer wirtschaftlichen Existenz. Manchem klingt vielleicht noch das Bibelwort im Ohr: „Wo Aas ist, da sammeln sich die Geier (Mt. 24: 28).“ Dabei wird meist verkannt, dass wie die Geier in der Natur so auch das Insolvenzrecht und diejenigen, die in der Praxis Insolvenzen abwickeln, eine wichtige, unentbehrliche Aufgabe und Funktion wahrnehmen.

Vogelkundler fassen unter dem Begriff der Geier die Vögel aus der Familie der Altweltgeier (Aegypiinae) und der Familie der Neuweltgeier (Cathartidae) zusammen. Zwischen diesen Artgruppen besteht keine verwandtschaftliche Beziehung. Der gemeinsame Name Geier rührt wohl von der Konvergenz im Aussehen und in der Lebensweise der Tiere her. Denn beide Geiertypen ernähren sich von Aas und spüren dieses fliegend auf. Damit sie dies effektiv leisten können, sind diese Tiere zum einen relativ groß – der zu den Neuweltgeiern zählende Andenkondor ist der größte flugfähige Vogel. Zum anderen sind sie sehr lang und können ausdauernd ohne großen Energieaufwand fliegen. Dafür haben sie entsprechend große Schwingen, die ihnen langes Gleiten erlauben. Eine weitere Gemeinsamkeit ist der fast kahle Kopf, der ein Verschmutzen des Gefieders bei Zerlegung der Kadaver verhindert.

Was lässt sich aus diesen kurzen vogelkundlichen Bemerkungen für das Insolvenzrecht und die Insolvenzpraxis lernen? Die Marktwirtschaft kann als Gesamtsystem nur überleben, wenn kontinuierlich altes beendet wird und neues beginnt. Der große Wirtschaftswissenschaftler Schumpeter nannte das den Prozess der schöpferischen Zerstörung. Um es noch einmal im Bild zu sagen: Noch bevor die Verwesung dazu führt, dass Bakterien und Keime weitere Populationen gefährden, müssen die Geier ihrer Aufgabe nachkommen. Werden „kleine“ Unternehmenszusammenbrüche – z.B. durch staatliche Mittel – verhindert, droht langfristig eine Großinsolvenz. Für die Volkswirtschaft ist es daher gut, wenn die Geier beständig kreisen – noch besser ist es allerdings, wenn sie selten ein Aas erspähen. Wichtig erscheint mir auch, dass die Geier sich selbst sauber halten. Um das Vertrauen – das wichtigste Kapital der Wirtschaft – zu erhalten, muss sichergestellt sein, dass auch der letzte Schritt in der Existenz eines Unternehmens mit höchster Seriosität und Professionalität abgewickelt wird. Selbstverständnis und Ethik der Insolvenzverwalter sind hier gefragt.

Wenn das Bild des Geiers damit auch manche Lehre für Insolvenzrecht und -praxis bereithalten mag, stößt es doch schnell an seine Grenzen. Es passt nur auf den endgültigen Exitus. Alle vorangehenden Anstrengungen der Rettung und Wiederbelebung bleiben ausgeblendet. Dabei besteht heute Einigkeit, dass das Insolvenzrecht gerade auch in dieser Hinsicht wichtige Aufgaben hat. Die Bestellung eines Insolvenzverwalters bedeutet heute eben nicht automatisch die Pleite und den endgültigen Abschied von der bürgerlichen Existenz. Zu viele Unternehmer wissen das noch nicht und stellen den Insolvenzantrag deshalb vielleicht zu spät. Sie denken, der Insolvenzverwalter wolle ausschließlich ihr Lebenswerk zerstören. Dabei bietet gerade das Insolvenzplanverfahren eine gute Möglichkeit, finanziell angeschlagene Unternehmen wieder auf Vordermann zu bringen. Der Insolvenzverwalter bedeutet also noch nicht gleich das Eintreffen des Pleitegeiers. Zwar steht in Deutschland beim Insolvenzverfahren die Gläubigerbefriedigung im Vordergrund. Allerdings dient es heute eben auch anderen Zielen, der Ermöglichung des schuldenfreien Neuanfangs, der Rettung von Arbeitsplätzen und dem Erhalt von Unternehmen. Wenn man bei der bilderhaften Sprache bleiben will, muss der Insolvenzverwalter also vom Geier zum Chirurgen befördert werden.

Dieser Pluralität der Bilder entsprechen die ökonomischen Funktionen des Insolvenzrechts. Wenn nichts mehr zu machen ist, müssen die Vermögenswerte mit möglichst geringen Transaktionskosten in neue produktive Verwendungen geleitet werden. Wenn der Patient dagegen noch gerettet werden kann, muss die Intensivmedizin den schnellsten und effektivsten Weg zum Erfolg beschreiten können. Das Insolvenzrecht sollte dann zwei grundlegenden Zielen dienen. Zum einen sollte es dazu beitragen, dass der Wert eines Unternehmens nach Insolvenzeintritt maximiert wird. Das Insolvenzrecht hat hier Einfluss darauf, welche Informationen über die verschiedenen Verwendungsalternativen zur Verfügung stehen, wie effizient Gläubigerinteressen koordiniert werden können und welche Alternative zwischen Liquidation, übertragender Sanierung oder Reorganisation nach Eintritt der Zahlungsunfähigkeit gewählt wird. Zum anderen sollten die Verfahrens- und Verteilungsregeln im Insolvenzrecht aber auch so ausgestaltet sein, dass vor Insolvenzeintritt eine Finanzierung vorteilhafter Investitionen nicht behindert wird und Anreize bestehen, die Aktiva des Unternehmens sinnvoll zu nutzen. Es erscheint nicht sinnvoll, den Patienten erst in die Krise stürzen zu lassen, um ihn dann zu retten. Das Insolvenzrecht kann durch drohenden Verlust der Verfügungsrechte Management oder Eigentümer davon abhalten, zu leichtfertig mit den kreditfinanzierten Aktiva umzugehen. So kann die Insolvenzwahrscheinlichkeit verringert werden. Insgesamt muss das Recht auf dieser Stufe disziplinierend wirken und Anreize zu einer verantwortungsvollen Geschäftsführung setzen.

Die Reform des Insolvenzrechts zielte demnach darauf, die Haftungsmasse zu maximieren. Vor 1999 war die Zerschlagung und nicht die Fortführung des Unternehmens Leitbild. Dies ist aus ökonomischer Sicht wie gesagt falsch. Denn ein Unternehmen sollte weitergeführt werden, wenn der Wert des fortgeführten Unternehmens den Erlös bei der Liquidation übersteigt. In der Insolvenzordnung ist jetzt explizit die Sanierung vorgesehen. In der Praxis findet dieses Verfahren allerdings noch relativ wenig Anwendung. Daher sind alle Schritte zu begrüßen, die dazu beitragen, den genannten Zielen des Insolvenzrechts gerecht zu werden. Dies schließt weitere Reformbemühungen und das Bemühen um zielgeleitete Rechtsanwendung und -entwicklung ein.

Für diese große und verdienstvolle Aufgabe wünsche ich Ihnen ein interessantes und ertragreiches Symposium. Trotz aller Arbeit hoffe ich, dass Sie auch Muße finden, einmal am Wasser spazieren zu gehen oder sich auf andere Art und Weise an den Schönheiten Kiels und der Umgebung zu erfreuen.

Vielen Dank.

Die Instrumentarien des Insolvenzrechts und die Bewältigung sozio-ökonomischer Krisen

Stefan Smid

I. Sanierung und Reorganisation insolventer Unternehmen in inländischen und grenzüberschreitenden Insolvenzverfahren – de lege lata und de lege ferenda betrachtet

Seit ihrem Inkrafttreten weist die deutsche InsO eine Reihe weißer Flecken auf – oder doch wenigstens solche Regelungsgebiete, die wenig griffig von der Wissenschaft nicht wirklich ausgelotet sind und von der Praxis gemieden werden. Hierzu gehören der Insolvenzplan, mit Sicherheit aber auch Fragen der Eigenverwaltung des insolventen Schuldners. Diese Fragen berühren sich mit Problemen der EuInsVO in grenzüberschreitenden Insolvenzfällen. Auf Initiative der Hanns-Martin Schleyer-Stiftung, gefördert von den Dräger-Werken Lübeck, der GoIndustry Karner & Co. und weiteren Sponsoren hat das in diesem Band dokumentierte Symposium das Ziel verfolgt, Studierende der Christian-Albrechts-Universität zu Kiel mit Wissenschaftlern und Insolvenzpraktikern zusammenzuführen.

Seit dem Inkrafttreten der Insolvenzordnung im Jahr 1999 und dem Inkrafttreten der EuInsVO als unmittelbar in Deutschland geltendem Insolvenzrecht, hat sich dieses Rechtsgebiet von der Domäne weniger Spezialisten zu einem der aufregendsten Gebiete der Zivilrechtswissenschaft entwickelt, die zugleich auf weite andere Rechtsgebiete, namentlich das Öffentliche Recht oder das Arbeitsrecht, ausstrahlt. Mehr noch: Mit einer steigenden Zahl zum Teil spektakulärer Insolvenzen ist das Insolvenzrecht in den Kreis der Aufmerksamkeit weiterer Kreise der Öffentlichkeit gerückt. Insolvenzrecht wird mit anderen Worten mehr und mehr zu einem gesellschaftlichen Thema, das im Gegensatz zur Vergangenheit weniger mit Vorbehalten besetzt ist, sondern von dem Lösungsansätze für eine Reihe weiterer Fragenkreise erwartet werden. Die nachfolgenden, auf dem Symposium vom 10. Juni–11. Juni 2005 in Kiel gehaltenen Vorträge, sprechen eine Reihe von rechtsdogmatischen Fragenkreisen an und vertiefen sie, in der die Brisanz insolvenzrechtlicher Probleme deutlich werden und die zugleich für den Insolvenzpraktiker von hoher tagtäglicher Bedeutung sind.

Damit hatte sich die Tagung die beinahe unlösbare Aufgabe gestellt, den gegenwärtigen Stand des deutschen und des europäischen Insolvenzrechts zu beleuchten. An nicht ganz zwei Tagen kann dies naturgemäß allein dadurch geschehen, dass Ausschnitte betrachtet werden und gleichsam in Einzelfragen das „Ganze" des Insolvenzrechts beleuchtet wird. Dabei haben wir Fragen in den Mittelpunkt dieses Symposiums gerückt, von denen erwartet werden kann, dass ihre Behandlung es erlauben wird, das Insolvenzrecht als Gegenstand der Rechtsdogmatik, aber auch als ein gesellschaftlich und politisch immer bedeutsameres Krisenbewältigungsinstrument zu behandeln – worauf Herr Minister Döring in seinen einleitenden Worten als Schirmherr dieser Tagung zutreffend aufmerksam gemacht hat.

Das einführende Referat von Dr. *Klaus Wimmer* wird uns an den Puls der Gesetzgebung führen, dessen Schlag heute verlangsamt erscheinen mag; ungeachtet politischer Krisen ist aber gewiss, dass die Reform des Insolvenzrechts, die sich als Reform en permanence erweist, wichtige Veränderungen nach sich ziehen wird. Das Stichwort der Vereinfachung des Verbraucherinsolvenzverfahrens ist heute bereits gefallen. Mit Herrn Rechtsanwalt Dr. *Klaus Pannen* und Herrn Rechtsanwalt *Rolf Rattunde* werden Fachleute, die sich sowohl wissenschaftlich einen Namen gemacht als auch in praxi bei der Bewältigung der Probleme Verdienste erworben haben, die sie wissenschaftlich aufbereitet haben, zur Bankinsolvenz bzw. zur Reorganisation und Sanierung operativ tätiger Großunternehmen mittels Insolvenzplänen sprechen. Die Bedeutung beider Fragenkreise braucht nicht erläutert werden. Als 1999 weit über den Rahmen der Befugnisse des Schuldners im bisherigen Vergleichsverfahren hinaus dessen Eigenverwaltung eingeführt wurde, galt dies als Skandal. Die Eigenverwaltung ist eine Ausnahmeerscheinung geblieben – wie übrigens weithin der Insolvenzplan. Freilich erscheint dieses Institut geeignet, dem Schuldner einen nachhaltigen Anreiz zur rechtzeitigen Eigenantragstellung zu geben – zumal die Frage naheliegt, ob die Eigenverwaltung nicht trotz aller Bedenken aus der überkommenen Praxis aus verfassungsrechtlichen Gründen geboten erscheint, was der BGH in zwei ihm vorliegenden Fällen derzeit zu entscheiden haben wird. Dr. *Silke Wehdeking* wird diese Fragen aus verschiedenen Zusammenhängen unter Rückgriff auf aktuelle Fälle beleuchten. Bevor wir diese Fragen in einer Podiumsdiskussion erörtern können, wird *Herbert Karner*, den ich ohne Übertreibung als den erfolgreichsten Verwerter von Insolvenzgut vorstellen kann, die Probleme darstellen, die heute bestehen, will man das in die Wirklichkeit umsetzen, was wir dogmatisch so schön als „Haftungsverwirklichung" beschreiben. Zum Bestand des deutschen Insolvenzrechts gehört nun das durch die EuInsVO stark ausdifferenzierte internationale Insolvenzrecht. Dessen Zusammenhang zu dem leitmotivischen Hintergrund dieser Tagung – der Reorganisation und Sanierung – hat insbesondere das Amtsgericht Köln deutlich werden lassen. Dies wird Prof. Dr. *Heinz Vallender* deutlich machen. Europäische Rechtsvergleichung ist en vogue. Heute wird vielfach der Dialog mit dem österreichischem Recht vernachlässigt. Die österreichischen Rechtswissenschaft leistet indes Beiträge zum europäischen Recht, die der kulturellen Bedeutung Österreichs in nichts nachstehen. Univ.-Prof. Dr. *Andreas Konecny* kann mit Fug und Recht trotz seiner Jugend als Doyen des österreichischen Insolvenzrechts angesehen werden. Als Zivilprozessualist ist er berufen, insbesondere die Fragen der Wirkungen in den Blick zu nehmen, die Haupt- und Sekundärinsolvenzverfahren aufeinander zeitigen.

II. Welche Bedeutung hat ein modernes Insolvenzrecht für freiheitliche Rechtsordnungen?

Die Themen, die im vorangegangenen vorgestellt worden sind, verweisen auf rechtsdogmatische Probleme, die zu behandeln für ein insolvenzrechtliches Seminar keiner eingehenderen Erläuterung bedürfte.

Die Hanns-Martin Schleyer-Stiftung ist freilich an dem Zusammenhang zwischen den technischen Konfliktlösungsmitteln – die uns Juristen unter dem Begriff der Rechtsdogmatik fraglos erscheinen – mit ihren ökonomischen, sozialen und politischen Weiterungen interessiert. Die Hanns-Martin Schleyer-Stiftung verfolgt diese Fragestellung, um gegenüber der Dumpfheit totalitärer Tendenzen über die Voraussetzungen einer freiheitlichen Gesellschaft aufzuklären. Eine freiheitliche Gesellschaft, die sich rechtsstaatlich organisiert, bedarf bestimmter rechtlicher Instrumentarien, die ihrem Selbstverständnis angemessen sind.

Weshalb dabei das Insolvenzrecht in den Blick tritt, bedarf näherer Nachfrage. Nun habe ich seit langem die Unterstützung durch die Hanns-Martin Schleyer-Stiftung erfahren dürfen. Dies ist aber für sich genommen kein Grund, unter dieser Firma beliebige Themen zu behandeln, nur weil einzelne Rechtswissenschaftler daran interessiert sind.

Die Veranstaltung, deren Vorträge hier veröffentlicht werden, reiht sich in den Reigen der Universitätssymposien der Hanns-Martin Schleyer-Stiftung ein, in denen der Dialog von Studierenden und Praxis ermöglicht wird. Das Insolvenzrecht ist eine Materie, die als Querschnittmaterie gut geeignet ist, systematische Zusammenhänge unseres Rechts zu beleuchten. Bereits für vorgerückte Studierende ist das Insolvenzrecht daher ein Gegenstand, mit dem sich zu beschäftigen zur Vorbereitung auf das Examen auch dann hilfreich ist, wenn das Insolvenzrecht *im* Staatsexamen eine allenfalls marginale Rolle spielt.

Das allein rechtfertigt freilich nicht schon die Befassung einer im besten Sinne an kritischer Gesellschaftstheorie interessierten Stiftung am Insolvenzrecht.

Der klassischen Beschreibung der Aufgabe des Insolvenzrechts genügt es, auf die Haftungsverwirklichung unter Geltung einer die Gleichbehandlung der Gläubiger gewährleistenden Haftungsordnung zu verweisen.[1] Ansätze einer ökonomischen Analyse des Insolvenzrechts freilich treten Funktionen der Regelung des Marktaustritts des insolvenzschuldnerischen Unternehmens[2], seiner finanz- und leistungswirtschaftlichen Reorganisation aber auch der Sanierung von Unternehmensträgern in den Blick. Soll das Insolvenzrecht kritisch auf seine Leistungen hin untersucht werden, scheint seine ökonomische Analyse[3] von hohem Interesse zu sein.

---

1 *Smid*, Grundzüge des Insolvenzrechts, 4. Aufl. 2002, § 1 RdNr. 20; *Eidenmüller*, Unternehmenssanierung zwischen Markt und Gesetz, 1999, 17 ff.

2 *Eidenmüller*, Unternehmenssanierung zwischen Markt und Gesetz, 1999, im Ganzen.

3 *Ott/Schäfer*, Lehrbuch der ökonomischen Analyse des Zivilrechts, 3. Aufl. 2000, Kapitel 20.

In der Tat ist heute der wirtschaftlich versierte Insolvenzverwalter gefragt, der es versteht, nicht bloß Recht anzuwenden, sondern die ökonomischen Abläufe des von ihm verwalteten insolventen Unternehmens so zu beurteilen imstande ist, dass es ihm gelingt, die im Unternehmen steckenden Werte optimal für die Gläubiger zu realisieren.[4] Dies freilich verweist eher darauf, dass Insolvenzverwalter zu werden *auch* eine Art von „Lehre“ voraussetzt, nämlich den Erwerb von Fertigkeiten, die sich nicht auf Seminaren vermitteln lassen.

Aber auch soweit die ökonomische Analyse des Insolvenzrechts eine im weitesten Sinne Art gesellschaftswissenschaftlicher Betrachtung des Insolvenzverfahrens bedeutet, soll dies nicht Gegenstand der hier anzustellenden Überlegungen sein. Die Maßstäbe der Wirtschaftswissenschaften auf der einen und solche der Rechtswissenschaft auf der anderen Seite sind durchaus verschieden, was im wesentlichen daraus herrührt, das Wirtschaft und Rechtswissenschaft soziale Systeme bilden, die ihre Kriterien aus sich selbst entfalten. Das bedeutet indes nicht, dass die ökonomische Analyse des Insolvenzrechts für die Auslegung der Normen des Insolvenzrechts nichts hergäbe. Denn für den Gesetzgeber ist es sehr wohl außerordentlich bedeutsam, ob und wie „Marktaustrittsregeln“ funktionieren. *Joachim Jickeli*[5] hat mit der Metapher kreisender Geier als Hygienepolizei eine dieser Funktionen beschrieben. In unserer Gegenwart muss zudem danach gefragt werden, wie ein als Reorganisationsrecht fungierendes Insolvenzrecht Krisenmanagement und Strukturplanungen begleiten kann.

Allerdings: Derartige ökonomische Betrachtungen können den Gesetzgeber – also die Rechtspolitik – zum Tätigwerden veranlassen; dies gilt auch für die Verfahrensökonomie des Insolvenzrechts. Solche ökonomische Analysen können aber das Insolvenzrecht als Haftungsrecht nicht überlagern.

III. Insolvenzverfahren als Verkehrsform der Schuldenreorganisation

Der rechtsdogmatischen Binnensicht der Rechtsordnung ist das Insolvenzrecht als Haftungsordnung vertraut. Haftung verweist auf die Deckung von Verbindlichkeiten mit Vermögensgegenständen des Schuldners, im Insolvenzfall auf die Universalexekution[6] – die Gesamtvollstreckung – in das gesamte (pfändbare) Vermögen des Schuldners. In den Diskussionen um die Insolvenzrechtsreform wurde denn auch häufig darauf aufmerksam gemacht, das Insolvenzrecht diene der Rechtsdurchsetzung der Gläubiger – und diese in Europa selbstverständlich erscheinende Aufgabe einem vermeintlich „primär“ dem Schuldnerinteresse dienenden nord-

---

4 Zu diesen Auswahlkriterien MünchKomm-*Graeber*, § 56 RdNr. 50 ff.

5 In diesem Band S. 103 ff. im Beitrag von *Wessel*.

6 *Henckel*, in: Festschrift für Franz Merz, Insolvenzrechtsreform zwischen Vollstreckungsrecht und Unternehmensrecht, 1992, 197 ff.

amerikanischen Insolvenzrecht polemisch entgegengesetzt. Schon diese Entgegensetzung war nie richtig, auch in den USA wird Insolvenzrecht schlagwortartig als debt collection law[7] beschrieben. Gleichwohl lohnt es sich, diese polemische Entgegensetzung auf ihren Kern hin zu befragen. Betrachten wir die historische Entwicklung des Insolvenzrechts, wird deutlich, dass es in der Tat sowohl zur Befriedung der angesichts der Krise des Schuldners zusammenlaufenden Gläubiger als damit zugleich auch als Schuldnerschutzrecht gegen die unbeschränkten Exekutionsmaßnahmen der Gläubiger angelegt war – und ist.

Ich will dies hier nicht zu sehr überzeichnen. Aber es ist nicht zu übersehen, dass allein im geordneten Insolvenzverfahren nicht nur andere Gläubiger, sondern auch der Schuldner vor der Willkür der zusammenlaufenden Gläubiger geschützt wird. Die polemische Entgegensetzung des „Gläubigerinteresses" gegen die „Schuldnerinteressen" erweist sich damit aber bereits an dieser Stelle als wenig produktiv, zumal die damit in Verbindung gebrachte Restschuldbefreiung nicht in allen Verfahren im Vordergrund steht, in Unternehmensinsolvenzen heute überwiegend keine Rolle spielt. Das Insolvenzrecht dient dem Schutz der Rechte der Verfahrensbeteiligten durch die Bereitstellung von Verfahren, in denen die „Haftungsverwirklichung" des Schuldners zugunsten seiner Gläubiger in geordnete Bahnen gelenkt wird.

Unter „Verfahren" verstehen wir sehr unterschiedlich ausgestaltete rechtlich geordnete Verkehrsformen[8], in denen Beteiligte auf die Funktion des Verfahrens hin miteinander kommunizieren. Die Parteien des Zivil-, aber auch des Verwaltungsgerichtsprozesses tragen streitig vor einem unparteiisch agierenden Gericht vor; das Gericht hat dort die Aufgabe, den Streit durch Erkenntnis des Rechts durch Förderung eines Vergleichs oder durch Urteil zu beenden.[9] Im vormundschaftsgerichtlichen Verfahren geht es nicht um die Beendigung eines Streits, sondern die Herstellung von Bedingungen, unter denen die gedeihliche Entwicklung des Mündels gefördert wird.[10] Bereits der Gesetzgeber der ReichsKO in den siebziger Jahren des vorletzten Jahrhunderts, jüngst aber auch BVerfG[11] und der BGH[12] haben die Struktur des Insolvenzverfahrens vergleichbar nichtstreitigen Verfahren der freiwilligen Gerichtsbarkeit beschrieben. Auch im Insolvenzverfahren, wie es sich in Europa seit dem frühen 19. Jahrhundert in England und in Anlehnung an englische Vorbilder mit der preußischen KO von 1855/1856 in Deutschland entwickelte, wird der Rechtsstreit zwischen dem Schuldner und seinen Gläubigern „ausgelagert". Er findet nicht mehr im Konkurs- bzw. Insolvenzverfahren statt, wie

---

7 *Congressional Budget Office* (Hrsg.), Personal Bankruptcy: A Literature Rewiew, Washington D.C. 2000, 1, zu finden unter: www.cbo.gov/showdoc.cfm?index=2421&sequence=0.

8 *Pawlowski*, in: Pawlowski/Smid, Freiwillige Gerichtsbarkeit, 1993, RdNr. 1 ff.

9 *Smid*, Richterliche Rechtserkenntnis. Zum Zusammenhang von Recht, richtigem Urteil und Urteilsfolgen im pluralistischen Staat, 1989.

10 *Pawlowski*, in: Pawlowski/Smid, Freiwillige Gerichtsbarkeit, 1993, RdNr. 65.

11 BVerfG, B. v. 3.8.2004, 1 BvR 135/00, 1 BvR 1086/01, ZIP 2004, 1649.

12 BGH, B. v. 4.3.2004, IX ZB 133/03, ZIP 2004, 915.

wir heute den §§ 179 ff. InsO[13] entnehmen können. Vergleichbares gilt für die Frage, ob ein vor Eröffnung des Insolvenzverfahrens aus dem Schuldnervermögen stattgefundener Rechtserwerb rückabzuwickeln ist: Die Insolvenzanfechtung ist durch Klage vor einem Prozessgericht außerhalb des Insolvenzverfahrens zu verfolgen.[14] Das Insolvenzgericht erkennt m.a.W. auch dann nicht inter partes über streitiges Recht, wenn sich die Beteiligten nachdrücklich streiten.

So stellt sich auch der Eröffnungsbeschluss nicht als eine Art von „Zwischenurteil“ dar. Ende des 19. Jahrhunderts hat *Friedrich Oetker*[15] gegen die damals verbreitete Theorie vom Eröffnungsbeschluss als Urteil über das Vorliegen eines „Konkursanspruchs“ darauf hingewiesen, dass mit dem Eröffnungsbeschluss ein statusrechtlicher Hoheitsakt vorliegt, durch den nicht über einen wie immer zu bestimmenden Anspruch entschieden, sondern die Form des weiteren Verfahren organisiert wird. In der Tat spielt dieser zunächst nur verfahrensrechtstheoretisch anmutende Gegensatz eine höchst praktische Rolle. Handelt es sich nämlich beim Eröffnungsbeschluss nicht um ein urteilsersetzendes Rechtserkenntnis, sondern einen rechtsfürsorgerischen Akt, steht dieser Hoheitsakt unter anderen Voraussetzungen als ein Urteil.

Wird durch den Staat – hier: durch staatliche Gerichte – den Beteiligten und ihren rechtlich geschützten Interessen dieser Schutz gewährt, korrespondiert dies stets damit, dass der Rechtsdurchsetzung der Beteiligten Beschränkungen auferlegt werden. Die Gläubiger müssen den automatic stay[16] gegen sich wirken lassen, der Schuldner verliert die Verfügungsbefugnis über sein Vermögen, die er gegebenenfalls nur als Amtswalter in eigenen Angelegenheiten zurückerhält, um die Masse für die Gläubiger zu verwerten. Das Insolvenzverfahren bedeutet jedenfalls, dass sich die Beteiligten auf diese Bedingungen einstellen und einlassen müssen. Schutz der Beteiligtenrechte und Einbußen der eigenen Entscheidungsfreiheit entsprechen einander.

Während das streitige Urteil die Ungewissheit über das zwischen den Parteien geltende Recht ausräumt hat der Eröffnungsbeschluss eine andere Funktion:

So hat sich der IX. Zivilsenat des BGH kürzlich in einer noch unveröffentlichten Entscheidung damit auseinanderzusetzen gehabt, ob ein Eröffnungsbeschluss auch dann zu erlassen ist, wenn der Schuldner nur wegen im Vergleich zu seinen sonstigen Verbindlichkeiten geringfügigen Schulden zahlungsunfähig ist.

Eine solche Frage mag im Verhältnis zweier streitender Parteien eine Rolle dann spielen, wenn sich eine Rechtsverfolgung als unbillig erweist. Das aber ist nicht die Frage, die der IX. Zivilsenat stellt. Denn es geht nicht darum, dem betroffenen Gläubiger die Rechtsverfolgung überhaupt zu verwehren; im Gegenteil – ihm bleibt

---

13 *Smid*, Insolvenzordnung, Kommentar, 2. Aufl. 2002, § 178 RdNr. 1.
14 *Zeuner*, Die Anfechtung in der Insolvenz, 1999, RdNr. 303 ff.
15 *Oetker*, Konkursliche Grundbegriffe, 1891.
16 Zum Begriff *Smid/Rattunde*, Insolvenzplan, 2. Aufl. 2005, RdNr. 0.11; *Kennedy*, The Automatic Stay in Bankruptcy, 11. U. Michigan J. Law Revue 170, 247 (1978).

der Zugang zum Leistungsprozess und zur Individualzwangsvollstreckung offen, wird die Verfahrenseröffnung abgelehnt. Der IX. Zivilsenat des BGH fragt vielmehr danach, ob sich der Erlass des Eröffnungsbeschlusses im Verhältnis zwischen Schuldner und Gericht als richtig darstellt, was darauf verweist, ob der Erlass des Eröffnungsbeschlusses sich als verhältnismäßig erweist. Die Judikatur des BGH zur Zweck-Mittel-Relation von vorläufigen Anordnungen des Insolvenzgerichts im Eröffnungsverfahren[17], namentlich zur Reichweite der einer Entmachtung des Schuldners korrespondierenden Ermächtigung eines vorläufigen Verwalters hat ihren Grund daher nicht allein im Wortlaut des § 21 Abs. 1 S. 1 InsO und hat ihre Bedeutung nicht allein im Eröffnungsverfahren. Sie betrifft vielmehr auch den Hoheitsakt, mit dem das Insolvenzverfahren eröffnet wird.

IV. Schutz der Verfahrenskompetenzen der Beteiligten

Unter Geltung der KO und zwischen 1990 und 1998 der GesO in den neuen Bundesländern war freilich die Frage, ob und wieweit sich die Einleitung eines Konkurs- oder Gesamtvollstreckungsverfahrens als „verhältnismäßig" darstellte, vom Gesetzgeber selbst entschieden und löste demzufolge keine Rechtsanwendungsprobleme aus. Soweit es um das Vorliegen des Konkursgrundes der Zahlungsunfähigkeit ging, hatte der Gesetzgeber die Eröffnung des Konkurses an das Vorliegen der Unfähigkeit geknüpft, die überwiegenden fälligen Zahlungsverbindlichkeiten zu begleichen – was das Problem von Bagatellinsuffizienzen nicht auftreten lies. Anders der Text des § 17 Abs. 2 InsO, der, liest man ihn unbefangen, auch die geringfügigste Illiquidität als Anlass der Eröffnung des Insolvenzverfahrens zu nehmen scheint, zielt die Normierung der Eröffnungsvoraussetzungen aber auf einen anderen Zusammenhang, als ihn der Gesetzeswortlaut und als es die Motive[18] nahezulegen scheinen. Die KO wurde freilich nicht zu Unrecht als Perle der Reichsjustizgesetzgebung bezeichnet. Ihre Regelungen waren – jedenfalls in ihrer Grundanlage – dogmatisch klar und von der Praxis bruchlos und einfach zu handhaben.

So war der Eröffnungsbeschluss immer verhältnismäßig, wenn ein Konkursgrund vorlag – dessen Fassung selbst Bagatellfälle und damit den Verdacht einer Unverhältnismäßigkeit dieses Eingriffs in die Rechtsbefugnisse der Beteiligten ausschloss.

Der Gesetzgeber hat die geschilderten Auslegungsprobleme allerdings nicht ohne Not hervorgerufen. Denn ihm ging es darum, das Insolvenzverfahren in einer Reihe von Rücksichten als ein tauglicheres Instrument auszugestalten, als es der überkommene Konkurs war. Es sei nur an zwei, für den hier zu erörternden Zusammenhang wichtige Fragestellungen des Gesetzgebers erinnert, nämlich zum einen an die Ermöglichung frühzeitiger Verfahrenseröffnung, um mit Vermeidung der

---

17 BGH, Urt. v. 18.7.2002 – IX ZR 195/01; BGHZ 151, 353; ZIP 2002, 1625; ZInsO 2002, 819.
18 Amtl. Begr. zum RegEInsO, BT-Drucks. 12/2443, 84 ff.

Flucht in die Masselosigkeit überhaupt eine geordnete Liquidation des Schuldnervermögens zu ermöglichen und zum anderen die Förderung frühzeitiger Eigenantragstellung durch den Schuldner, um unter dem Dach eines einheitlichen Insolvenzverfahrens ihm die gerichtlich begleitete Reorganisation und Sanierung zu ermöglichen.

Die KO hat den Verfahrensbeteiligten keine Handlungsalternativen eröffnete und damit dem Konkursgericht keine Entscheidungen hierüber abverlangt. Die Einfachheit der Vermögensabwicklung im Konkurs war durch den Verzicht auf die Einräumung von Entscheidungsspielräumen der Verfahrensbeteiligten erkauft, oder, positiv ausgedrückt, er ersparte den Beteiligten oftmals mühsam anmutende Entscheidungsprozesse. Das legislatorische Ziel der Insolvenzrechtsreform[19] hat diese Lage nachhaltig verändert. So können die Gläubiger im Berichtstermin den Insolvenzverwalter beauftragen, mit einem Insolvenzplan eine von den allgemeinen Abwicklungsregeln abweichende Regelung für den individuellen Fall als Normkomplex zu entwerfen, dem sich die Verfahrensbeteiligten mehrheitlich unterwerfen können. Und dem Schuldner wird die Option eröffnet, mit dem Antrag auf Anordnung der Eigenverwaltung die Masseverwertung zwar unter Aufsicht, aber doch ohne die mit der Einsetzung eines Insolvenzverwalters einhergehenden Entmachtung durch Verlust seiner Verwaltungs- und Verfügungsbefugnis abwickeln zu dürfen.

All diese Fragen stellten sich unter der Geltung der KO nicht. Nehmen wir die Frage der Eigenverwaltung: Sie war nicht deshalb kein Problem, weil seine Entmachtung dem Schuldner nicht als belastend und Eingriff in seine Rechtsstellung angemutet hätte. Aber es gab dazu keine Alternative. Sobald der Gesetzgeber wie mit den §§ 270ff. InsO[20] eine Alternative schafft, stellt sich die Frage danach, wann ein weitergehender Eingriff durch Einsetzung eines Insolvenzverwalters im Eröffnungsbeschluss sich als verhältnismäßig erweist. An dieser Stelle soll dieser Frage vorerst nicht weiter gedacht werden, da sie Gegenstand der Erörterungen in den Darstellungen von *Rattunde*[21] und *Wehdeking*[22] sein wird.

Das Spannungsfeld zwischen Insolvenzverfahren und Freiheitsrecht der betroffenen Verfahrensbeteiligten ist vom IX. Zivilsenat in einem bemerkenswerten Beschluss aus dem Jahr 2004[23] beleuchtet worden, den ich in der gebotenen Kürze zitieren möchte. Dabei ging es – verkürzt – um folgenden Sachverhalt:

Die auf fehlende Deckung der Verfahrenskosten gestützte sofortige Beschwerde einer Schuldnerin gegen den Eröffnungsbeschluss des Insolvenzgerichts war abge-

---

19 Amtl. Begr. zum RegEInsO, BT-Drucks. 12/2443, 77 ff.

20 *Smid/Wehdeking*, in: Flöther/Smid/Wehdeking, Die Eigenverwaltung in der Insolvenz, 2005, Kap. 1 RdNr. 19 ff.

21 In diesem Band S. 58 ff.; vgl. weiter *Rattunde*, ZIP 2003, 596 und/oder ZIP 2003, 2103.

22 In diesem Band S. 72 ff.; vgl. weiter *Wehdeking*, Masseverwaltung des insolventen Schuldners, 2005, passim.

23 BGH, B. v. 15.7.2004 – IX ZB 172/03, ZIP 2004, 1727; DZWIR 2004, 387.

wiesen worden, weil das Beschwerdegericht davon ausging, die Schuldnerin sei in ihrer Rechtsstellung durch den Eröffnungsbeschluss nicht beeinträchtigt, da es bereits an einer Beschwer fehle.

Der BGH hat dagegen auf das Vorliegen einer Beschwer erkannt und ausgeführt, im Eröffnungsbeschluss liege jedenfalls eine materielle Beschwer des Schuldners. Der IX. Zivilsenat meint zutreffend, im Falle eines Fremdantrages liege sogar eine formelle Beschwer vor. Allenfalls kann es an einem für die Zulässigkeit der Beschwerde erforderlichen besonderen Rechtschutzbedürfnis fehlen. Dies wird z.T. angenommen, wenn der Schuldner sich im Falle eines Fremdantrages auf Masseunzulänglichkeit beruft. Dem ist der BGH nicht gefolgt, sondern meint mit überzeugenden Argumenten, dass ein Rechtschutzbedürfnisses des Schuldners für die Einlegung der sofortigen Beschwerde gegen den Eröffnungsbeschluss aufgrund mangelnder Kostendeckung vorliegt, da er in diesen Fällen schutzwürdig ist. Der IX. Zivilsenat führt dies anhand der Folgen aus, die der Erlass des Eröffnungsbeschlusses über das Vermögen einer KG zeitigt, die keine natürliche Person als persönlich haftenden Gesellschafter aufweist. In diesen Fällen wird die Gesellschaft mit Rechtskraft des Abweisungsbeschlusses aufgelöst (§ 161 Abs. 2, § 131 Abs. 2 Nr. 1 AGB) und von Gesetzes wegen werden sämtliche Gesellschafter zu Liquidatoren berufen, die gemäß § 146 Abs. 1 Satz 1 HGB ihre Gesellschaft abwickeln. Die Eröffnung des Insolvenzverfahrens über das Vermögen der Gesellschaft hat demgegenüber zur Rechtsfolge, dass ein Insolvenzverwalter zu berufen ist, wenn nicht die Insolvenzschuldnerin Antrag gemäß § 270 InsO gestellt hat und die Voraussetzungen für die Anordnung der Eigenverwaltung gegeben sind. Der Schuldner hat daher in Fällen der Eröffnung des Insolvenzverfahrens trotz mangelnder Verfahrenskostendeckung im Sinne von § 26 Abs. 1 InsO[24] ein Rechtsschutzbedürfnis zur Einlegung der sofortigen Beschwerde, da die Schuldnerin durch den Eröffnungsbeschluss regelmäßig daran gehindert wird, durch die hierfür gesetzlich vorgesehenen Organe gleichsam „eigenverwaltend" die Abwicklung ihres Vermögens zu betreiben. Die vorliegende Entscheidung reiht sich somit in die Tendenz der Judikatur des IX. Zivilsenats ein, dem Schuldner effiziente Rechtsbehelfe gegen die Verkürzung seiner Grundrechte durch das und im Insolvenzverfahren einzuräumen.

V. Grundrechtsschutz des Schuldners

In der Aufsicht über das Verfahren bzw. der Leitung und Lenkung des Verfahrens ist den Insolvenzgerichten eine „Rechtsfortbildung" weithin verwehrt. Sie können nicht vermeintliche Lücken im Gesetz schließen, die sich aufzutun scheinen, wo das Gesetz einer pragmatisch-effizienten Verfahrensabwicklung im Wege zu stehen

24 Die Entscheidung des Insolvenzgerichts nach Art. 26 Abs. 1 InsO ist keine Ermessensentscheidung, *Smid*, Insolvenzordnung. Kommentar, 2. Aufl. 2002, § 26 RdNr. 5.

scheint. Der Sachverständigenbeschluss des IX. Zivilsenats des BGH[25] hat dies deutlich gemacht – und die Folgen aufgezeigt, die vom Gesetz nicht gedeckte Eingriffe des Insolvenzgerichts in Rechte von Verfahrensbeteiligten nach sich ziehen:

Das Insolvenzgericht hatte Einholung eines schriftlichen Sachverständigengutachtens angeordnet, nachdem gegen den schuldnerischen Rechtsanwalt vom Finanzamt die Eröffnung des Insolvenzverfahrens über das Vermögen des Schuldners beantragt worden ist. Mit seinem Beschluss hat das Insolvenzgericht den Sachverständigen u.a. ermächtigt, die Wohn- und Geschäftsräume des Schuldners zu betreten, soweit dies zur Aufklärung der Vermögensverhältnisse des Schuldners erforderlich sei. Mit auf Anregung des Sachverständigen erlassenen Anordnungsbeschlusses vom 16.4.2003, ist der Sachverständige zum vorläufigen Insolvenzverwalter ernannt worden. Der Schuldner hat sich mit der als unzulässig verworfenen Beschwerde und Rechtsbeschwerde gegen diese Anordnung gewandt.[26]

Der IX. Zivilsenat hat seine Entscheidung auf drei Säulen gestützt: Das insolvenzgerichtliche Eröffnungsverfahren ist als nichtstreitiges Verfahren zu qualifizieren, dass der nichtstreitigen freiwilligen Gerichtsbarkeit angehört oder doch strukturell entspricht; in diesem nichtstreitigen Verfahren nehmen die Richter Aufgaben materieller Verwaltung wahr; soweit sie damit Grundrechtseingriffe verwirklichen, ist der Rechtsweg gegen ihre Maßnahmen und Entscheidungen gem. Art. 19 Abs. 4 GG eröffnet – was im Wege der Eröffnung des Rechtsmittelzuges geschieht. § 6 Abs. 1 InsO schränkt dies nicht ein, da nach Ansicht des IX. Zivilsenats das Gesetz nur dann Rechtsmittel ausschließt, soweit es sich um Entscheidungen und Maßnahmen handelt, zu denen das Gericht von Gesetzes wegen ausdrücklich befugt ist. Findet sich wie im vorliegenden Fall dagegen keine Ermächtigung des Insolvenzgerichts zu einer bestimmten Entscheidung im Gesetz und greift das Gericht mit seiner nicht von einer entsprechenden gesetzlichen Ermächtigung gedeckten Entscheidung in Grundrechte des betroffenen Adressaten der Entscheidung ein, eröffnet Art. 19 Abs. 4 GG hiergegen den Rechtsweg. Im Einzelnen stellt sich der Argumentationsgang, den der IX. Zivilsenat wählt, folgendermaßen dar: Der IX. Zivilsenat des BGH hat die gegen die Anordnung des Insolvenzgerichts gerichtete Rechtsbeschwerde, mit welcher der Sachverständige zum Betreten der Wohnung des Schuldners ermächtigt wurde, entgegen der Rechtsauffassung der Vorinstanz als zulässig qualifiziert und sich dabei auf das aus Art. 19 Abs. 4 GG gefolgerte Gebot effektiven Rechtsschutzes gestützt. Denn die Anordnung des Insolvenzgerichts berührt das Grundrecht des Schuldners auf Unverletzlichkeit in seiner Wohnung aus Art. 13 GG. Art. 19 Abs. 4 GG wendet der IX. Zivilsenat einer Judikatur des BVerfG folgend an[27] und führt aus, auch die richterliche Tätigkeit im Insolvenzverfahren sei als Ausübung exekutiver, nicht judikativer Gewalt zu qualifizieren. Das, anders als z. B. in der Schweiz keine Konkursbehörde, sondern ein Gericht

25 BGH, B. v. 4.3.2004 – IX ZB 133/03, BGHZ 158, 212; ZIP 2004, 915; DZWIR 2004, 381.
26 *Smid*, DZWIR 2004, 359, 362.
27 BVerfG, B. v. 5.12.2001 – 2 BvR 527/99, BVerfGE 104, 220, 231 ff.; BVerfG, B. v. 30.4.2003 – 1 PbvU 1/02, BVerfGE 107, 395, 406.

und dort im Eröffnungsverfahren der Richter die funktionale Zuständigkeit im Eröffnungsverfahren ausübe, habe allein den Grund, dass besondere „rechtsstaatliche Gründe“ für die Überantwortung derartiger Aufgaben an Richter sprächen – was zutreffend ist, da der Gesetzgeber die statusrechtlich außerordentlich folgenreichen Entscheidungen im Eröffnungsverfahren nicht weisungsgebundenen Behörden, sondern unabhängigen Richtern anvertraut hat. Mit diesen Erwägungen grenzt sich der IX. Zivilsenat klar von der Gegenmeinung ab, die das Eröffnungsverfahren als Teil richterlicher Tätigkeit beschreibt, was im Wesentlichen ergebnisorientiert seinen Grund darin hat, dass diese Meinung damit auf die richterlichen Entscheidungen einschließlich des Erlasses des Eröffnungsbeschlusses des Richterspruchprivileg des § 839 Abs. 2 BGB anwenden will. Dagegen qualifiziert der BGH die Tätigkeit auch des Richters im Eröffnungsverfahren als materiell im Bereich der Verwaltung zugehörende Tätigkeit, die einer „Kontrolle“ im Wege der Überprüfung durch Rechtsmittel offen stehen müsse, damit Art. 19 Abs. 4 GG Rechnung getragen werde. Danach wird gegen insolvenzgerichtliche Maßnahmen und Entscheidungen, die materiell einen verwaltenden Charakter haben, der von Art. 19 Abs. 4 GG eröffnete Rechtsweg durch die Einräumung von Rechtsmitteln eröffnet, was schon deshalb plausibel ist, weil es sich verbietet, gegen die Entscheidungen einer Gerichtsbarkeit den Rechtsweg zu einer anderen Gerichtsbarkeit (etwa der Verwaltungsgerichtsbarkeit) zu eröffnen. Die Beschränkung der sofortigen Beschwerde auf diejenigen Fälle, in denen das Gesetz dieses Rechtsmittel gegen eine vom Insolvenzgericht angeordnete Maßnahme zulässt, steht folgerichtig nach Ansicht des IX. Zivilsenats dem nicht entgegen. Zur Begründung hierfür bedient sich der IX. Zivilsenat aber nicht des Argumentationsgangs, der im Verfahrensrecht unter der Überschrift der Zulassung von Rechtsmitteln wegen greifbarer Gesetzeswidrigkeit angegriffenen Entscheidung verhandelt wird. Der BGH fasst in seinem vorliegenden Beschluss die mannigfaltigen damit angesprochenen Probleme für die von ihm zu entscheidende Fallgestaltung konkreter: § 6 Abs. 1 InsO bestimmt, dass die sofortige Beschwerde zulässig ist, wenn insoweit die InsO überhaupt dem Insolvenzgericht Befugnis einräumt, bestimmte Maßnahmen zu treffen und Entscheidungen zu fällen. Soweit sich gerichtliche Anordnungen in diesem gesetzlichen Rahmen bewegen, kann sich der Betroffene dagegen mit dem Rechtsmittel der sofortigen Beschwerde wehren – etwa um geltend zu machen, dass die gesetzlich geregelten Voraussetzungen für den Erlass der Anordnung im konkreten Fall nicht gegeben sind. Soweit die indes angegriffene gerichtliche Maßnahme „von vorneherein außerhalb der Befugnisse“ liegt, „die dem Insolvenzgericht von Gesetzes wegen verliehen sind, fehlt es an einer solchen insolvenzrechtlichen Regelung, auf die sich das Innumerationsprinzip beziehen könnte“, wie der IX. Zivilsenat wörtlich ausführt. Ist m. a. W. die Gesetzesverletzung, die der Beschwerdeführer rügt, deshalb „greifbar“, weil das Fehlen einer gesetzlichen Ermächtigung sie augenfällig macht, bewegt sich die Frage der Zulässigkeit der sofortigen Beschwerde außerhalb des Rahmens des § 6 Abs. 1 InsO, der ihre Zulässigkeit damit nicht einschränkt. Soweit sich der Beschwerde führende Rechtsanwalt gegen die Ermächtigung des nach § 5 Abs. 1 S. 2 InsO ernannten Sachverständigen zur Durchsuchung seiner Wohn- und Geschäftsräume gewandt hat, greift nach dem vorliegenden Beschluss des IX. Zivilsenats § 6 Abs. 1 InsO daher nicht ein. Denn die InsO ermächtigt das Insolvenzgericht allein zum Erlass einer vorläufigen Anordnung, die dem als Gutachter fungierenden vorläufigen Insolvenzverwalter (§ 22 Abs. 3 InsO iVm § 21 Abs. 2 Nr. 1 InsO) einzusetzen, der dann von Gesetzes wegen die Befugnis zum Betreten der Geschäftsräume des Schuldners hat – wobei der IX. Zivilsenat darauf hinweist, dass Wohnräume aufgrund der zitierten gesetzlichen Ermächtigung nur unter der Voraussetzung betreten werden dürfen, soweit in ihnen ein Teil des Geschäftsbetriebs des Schuldners stattfindet. Da eine solche gesetzliche Ermächtigung zum Betreten der Wohn- und Geschäftsräume des Schuldners durch den nach § 5 Abs. 1 S. 2 InsO bestellten Sachverständigen fehlt, sieht der IX. Zivilsenat den Beschwerdeführer gegen eine derartige Anordnung als beschwerdefähig an[28]. Die vom Insolvenzgericht zu treffenden vorläufigen Anordnungen gem. § 21 InsO waren bis zum Inkrafttreten des InsEntG im Dezember 2001, legt man § 6 Abs. 1 InsO zugrunde, nicht anfechtbar; der Gesetzgeber hat allerdings, aufgrund der mit diesen vorläufigen Anordnungen verbundenen nachhaltigen Grundrechtseingriffen, sich von den ebenfalls aus Art. 19 Abs. 4 GG hergeleiteten Argument überzeugen lassen und die sofortige Beschwerde gegen die vorläufigen Anordnungen des Insolvenzgerichts von Gesetzes wegen zugelassen. Wenn man so will, konnte der IX. Zivilsenat daher im vorliegenden Beschluss a maiore ad minus schließen: wenn sogar gegen eine Sicherungsmaßnahme, zu deren Erlass das Insolvenzgericht ausdrücklich gesetzlich ermächtigt ist, die sofortige Beschwerde von Gesetzes wegen zugelassen ist, dann muss gegen die insolvenzgerichtliche Ermächtigung des Sachverständigen zu intensiven Grundrechtsverletzungen erst recht dann die Beschwerde offen stehen, wenn der Gesetzgeber das Insolvenzgericht hierzu nicht ermächtigt hat. Da es sich bei der angegriffenen Anordnung um einen möglichen Grundrechtseingriff durch das Insolvenzgericht im Rahmen des Eröffnungsverfahrens handelt, das seiner Natur als Eilverfahren nach so angelegt ist, dass sich die Anordnungen des Insolvenzgerichts rasch durch Zeitablauf erledigen – so wie sich die Ermächtigung des Sachverständigen durch den Erlass der vorläufigen Anordnung gem. § 21 InsO erledigt hat –, wirft sich die Frage auf, ob der Betroffene dadurch rechtsschutzlos gestellt wird. Dem BVerfG folgend[29] hat der IX. Zivilsenat darauf erkannt, nach Erledigung der angegriffenen Anordnung sei der Antrag des Schuldners im Sinne eines auf Feststellung der Rechtwidrigkeit gerichteten Begehrens hin auszulegen. Dem Beschwerdeführer wird somit die Befugnis zu einem Fortsetzungsfeststellungsantrag eingeräumt.

---

28 Die Gegenansicht des OLG Köln, B. v. 1.12.2000 – 2 W 231/00, NZI 2001, 598 hat der BGH damit als unzutreffend verworfen.

29 BVerfG, B. v. 5.12.2001 – 2 BvR 527/99, BVerfGE 104, 220, 232 ff.

VI. Verfahrensteilnahme als Voraussetzung der Rechtsmittelbefugnis

Leere Kassen der Landeshaushalte lassen die Ausdehnung der Rechtsweggarantie als hypertroph erscheinen. Freilich: Der Rechtsweg gegen insolvenzgerichtliche Entscheidungen wird nur eröffnet, soweit sie Rechte der Verfahrensbeteiligten berühren. Das ist nicht der Fall, wo es um eine bloße „Betroffenheit" geht.

So haben der IX. Zivilsenat des BGH[30] und das BVerfG[31] zu Recht dem im Berichtstermin nach § 57 InsO abgewählten Insolvenzverwalter den Zugang zur sofortige Beschwerde abgesprochen.

Nach Feststellung des Stimmrechts wurde der bisherige Insolvenzverwalter durch Neuwahl einer anderen Person zum Insolvenzverwalter abberufen. Der bisherige Insolvenzverwalter legt dagegen sofortige Beschwerde ein. Der IX. Zivilsenat[32] hat die Rechtsbeschwerde als nicht statthaft zurückgewiesen. Denn gegen die Wahlentscheidung der Gläubigerversammlung steht dem abgelehnten Betroffenen ein Rechtsbehelf nicht zu. Dafür gibt es überzeugende Gründe:

Der Fall der Abwahl des Insolvenzverwalters unterscheidet sich von anderen Fallgestaltungen, in denen das Insolvenzgericht zur Abwehr quotenschädigender Beschlüsse der Gläubigerversammlung angerufen wird. Während im Allgemeinen § 78 Abs. 1 InsO dem Insolvenzverwalter ein Antragsrecht einräumt, fragt es sich, ob dies auch im Zusammenhang der Abwahl des (vorläufigen) Insolvenzverwalters gemäß § 57 Satz 1 InsO der Fall sein kann. Geht man vom Wortlaut des § 78 Abs. 1 InsO aus, dann wäre in der Tat der bisherige Insolvenzverwalter befugt, einen Antrag beim Insolvenzgericht auf Aufhebung des Beschlusses, mit dem er abgewählt worden ist, zu stellen. Denn in der Gläubigerversammlung – dort muss der Antrag nach § 78 Abs. 1 InsO gestellt werden – ist der neue Insolvenzverwalter zunächst noch nicht bestellt, so dass sich auch die Frage einer „Priorität" nicht stellt. Geht man nun aber davon aus, dass die Abwahl des (vorläufigen) Insolvenzverwalters u. a. wegen des erheblichen Gewichts absonderungsberechtigter Gläubiger nach neuem Recht keinen diskriminierenden Charakter hat[33], ergeben sich daraus Konsequenzen für die Antragsbefugnis des bisherigen Insolvenzverwalters nach § 78 Abs. 1 InsO. Denn anders als mit der sofortigen Beschwerde gegen seine Abberufung nach § 59 Abs. 2 InsO würde ein Antrag des bisherigen Insolvenzverwalters nach § 78 Abs. 1 InsO evident nicht das Ziel verfolgen, sein Recht (Art. 12 Abs. 1 GG) zu verteidigen. Denn der Insolvenzverwalter kann mit Rechtsbehelfen das Ziel verfolgen, eine seine Berufsausübung behindernde oder gefährdende Diskriminierung

---

30 BGH, B. v. 7.10.2004 – IX ZB 128/03, DZWIR 2005, 124 = ZIP 2004, 2341.
31 BVerfG, B. v. 9.2.2005 – 1 BvR 2719/04, ZIP 2005, 537; DZWIR 2005, 242.
32 BGH, B. v. 7.10.2004 – IX ZB 128/03, DZWIR 2005, 124 = ZIP 2004, 2341.
33 Die *Motivationslagen*, die zur Abwahl führen können (referiert von *Graeber*, ZIP 2000, 1470, 1471), mögen einer Ab- bzw. Neuwahl des Insolvenzverwalters zugrunde liegen; ihre Darstellung ist aber nicht Voraussetzung des Verfahrens nach § 57 InsO.

abzuwehren. Demgegenüber hat er – entgegen einer im Vordringen befindlichen, aber nichts desto trotz abzulehnenden Auffassung[34] – keinen Anspruch auf Bestellung zum Insolvenzverwalter: Bei dem Antrag des Insolvenzverwalters nach § 78 Abs. 1 InsO geht es denn auch um die Wahrnehmung der ihm gegenüber den Insolvenzgläubigern obliegenden Schutzpflichten. Dabei liegt aber auf der Hand, dass mit seiner Abwahl mit dieser Pflicht zum Schutz der gemeinsamen Interessen der Insolvenzgläubiger auch die prozessuale Befugnis des bisherigen Insolvenzverwalters endet, hierzu Anträge zu stellen.[35]

VII. Die Rolle des Beteiligten des Insolvenzverfahrens als homo œconomicus und als Träger von Freiheitsrechten

Als ich über diese Fragen vor einiger Zeit mit Insolvenzpraktikern diskutiert habe, ist mir entgegengehalten worden, dies würde das Verfahren nur verkomplizieren. Noch einmal ist aber darauf hinzuweisen, dass ein Gesetz, das wie die InsO im Gegensatz zum früheren Konkursrecht den Beteiligten weitergehende Möglichkeiten eröffnet, zwangsläufig eine Komplizierung nach sich zieht. Ohne banal wirken zu wollen: Die Vielfalt rechtlicher Befugnisse hat ihren Preis – genauer: sie zieht zwangsläufig Folgelasten nach sich.

Die InsO hat den homo œconomicus im Blick – das wirtschaftlich denkende, handelnde und entscheidende Subjekt. Die Rechtsordnung denkt diesen œconomicus als Freien. Das Recht formiert die Wirklichkeit, in der sich die Freiheit zum rationalen Handeln entfaltet. Das seit sechs Jahren geltende neue Insolvenzrecht erweist sich damit als Versuch, die Gestaltungsmöglichkeiten der einzelnen Rechtsträger unter den Bedingungen der wirtschaftlichen Krise des Insolvenzschuldners gegenüber der bloßen Universalexekution zu erweitern.

---

34 OLG Koblenz, B. v. 16.12.1999 – 12 VA 5/99, NZI 2000, 276 = ZIP 2000, 507, mit Kurzkomm. *Holzer*, § 23 EGGVG 1/2000 EWiR, 175; krit. *Lüke*, ZIP 2000, 485; gegen ein Rechtsmittel zur Erlangung der Verwalterbestellung mit überzeugenden Erwägungen: *Kesseler*, ZIP 2000, 1565, 1573 ff.; dagegen *Lüke*, ZIP 2000, 1574.

35 Undifferenziert aA *Muscheler/Bloch*, ZIP 2000, 1474, 1480.

Die Entschuldung völlig mittelloser Personen

Klaus Wimmer

Angesichts der erheblichen Belastungen der Justizhaushalte der Länder, die mit der im Jahre 2001 eingeführten Stundungslösung[1] verbunden sind, wurde aus dem politischen Raum nachdrücklich die Forderung erhoben, die Entschuldung völlig mittelloser Personen ohne die Vorschaltung eines kostenträchtigen Insolvenzverfahrens zu ermöglichen. Insbesondere auf Drängen Bayerns hat sich die Justizministerkonferenz diesen Wunsch zueigen gemacht. Ich möchte deshalb das wesentlich breiter angelegte Thema „Entwicklungen des deutschen Insolvenzrechts in der aktuellen Gesetzgebung" auf diese Frage konzentrieren.

1. Vorbemerkungen:

Mittlerweile besteht nahezu einhelliger Konsens, dass das bisherige Entschuldungsverfahren für völlig mittellose Personen zu aufwändig ist, da diesem Verfahren zwingend ein weitgehend sinnentleertes Insolvenzverfahren vorzuschalten ist.[2] Die Durchführung einer Gesamtvollsteckung erschöpft sich weitgehend in einem reinen Formalismus, da in diesen Fällen mit überwiegender Wahrscheinlichkeit mit keiner Befriedigung für die Gläubiger zu rechnen ist. Selbst wenn es bei Verabschiedung der Insolvenzordnung zur Steigerung der Akzeptanz des für das deutsche Recht völligen neuen Instituts geboten gewesen sein sollte, eine Restschuldbefreiung obligatorisch an das Durchlaufen eines Insolvenzverfahrens zu koppeln, hat insofern weitgehend ein Bewusstseinswandel stattgefunden. Die Notwendigkeit eines solchen Verfahrens dürfte mittlerweile gesamtgesellschaftlicher Konsens sein. Dieser Befund wurde auch im Rahmen der bisherigen Diskussionen zur Neustrukturierung des Entschuldungsverfahrens bestätigt.

2. Im Einzelnen:

Um denkbare Lösungsansätze zu sondieren, hat das Bundesministerium der Justiz (BMJ) im Februar 2005 Vertreter der Wissenschaft, der Anwaltschaft, der Kreditwirt-

---

1 Vgl. etwa zur Verfahrenskostenstundung Smid, jurisPR-InsR3/2005 Anm. 2; ders., DZWIR 2002, 221 ff.; Pape, EWIR 2005, 397 f.; ders., EWIR 2005, 435 f.; ders., ZVI 2002, 225 ff.; ders., ZIP 2002, 2277 ff.; Hergenröder, DZWIR 2004, 73 ff.; Vallender, MDR 2002,181 ff.; ders., KTS 2001, 3665 ff.; Graf-Schlicker/Remmert, ZInsO 2000, 321 ff.

2 Vgl. nur Wiedemann, ZVI 2004, 645 ff.

schaft, der Inkassounternehmen, der Landesjustizverwaltung und der Schuldnerberatung zu einer Art „Brainstorming“ in die Richterakademie nach Wustrau eingeladen[3]. Ausgangspunkt der Überlegungen waren ein Eckpunktepapier und erste Gesetzesformulierungen des BMJ[4]. Die Mehrheit der Teilnehmer der Klausurtagung hat sich jedoch von den Vorschlägen des BMJ gelöst und ein davon abweichendes Entschuldungsverfahren favorisiert[5].

a) Wesentliche Strukturunterschiede der vorgeschlagenen Verfahren

aa) BMJ-Modell

Zulässigkeitsvoraussetzung ist zunächst, dass ein Insolvenzgrund (Zahlungsunfähigkeit) gegeben ist und keine Verfahrenskostendeckung oder – ausnahmsweise – Stundung erreicht werden kann.

Der Schuldner hat bei Gericht folgende Unterlagen einzureichen:

- Vermögensverzeichnis, Vermögensübersicht, Gläubigerverzeichnis und ein Verzeichnis der gegen ihn gerichteten Forderungen,
- Erklärung, dass er nicht wegen einer Straftat nach den §§ 283 bis 283c StGB rechtskräftig verurteilt wurde, ihm nicht in der letzten 10 Jahren eine Restschuldbefreiung erteilt oder nach den §§ 296, 297 InsO versagt wurde und er nicht bereits einmal das Entschuldungsverfahren in Anspruch genommen hat.
- Weiter hat der Schuldner die Bescheinigung einer geeigneten Stelle beizufügen, dass er eine umfassende Schuldnerberatung in Anspruch genommen hat und dass das Vermögensverzeichnis durch die Person oder Stelle mit dem Schuldner erörtert und auf Schlüssigkeit überprüft wurde.

Ist der Antrag zulässig und begründet, stellt das Gericht den vom Schuldner benannten Gläubigern die Vermögensübersicht mit der Belehrung zu, dass die genannten Forderungen nach Ablauf einer Frist von 8 Jahren nicht mehr vollstreckt werden können und fordert die Gläubiger auf, binnen einer Frist von 4 Wochen dem Gericht mitzuteilen, ob Versagungsgründe entsprechend § 290 InsO vorliegen.

Wird innerhalb der Frist ein zulässiger Versagungsantrag gestellt, ist die Akte dem Richter zur Entscheidung über diesen Antrag vorzulegen.

Werden von den angeschriebenen Gläubigern innerhalb der Frist keine Versagungsgründe geltend gemacht oder ist der Versagungsantrag unzulässig, so sieht das BMJ-Modell zwei Verfahrensvarianten vor:

---

3 Vgl. zu alternativen Restschuldbefreiungsverfahren Ackmann, Schuldbefreiung durch Konkurs, 1983; Ruby, Schuldbefreiung durch absolute Anspruchverjährung; 1997; Kirchhof, ZInsO 2001, 1, 13; Förster, ZInsO 2002, 1105; Ast, ZVI 2002, 183; Klaas, ZInsO 2004, 577, 580; Heyer, Restschuldbefreiung, 2004.

4 Bereits in Vorbereitung der Tagung in Wustrau wurden einige kritische Stimmen laut vgl. Ahrens, ZVI 2005, 1 ff.; Kohte, ZVI 2005, 9 ff.; Jaeger, ZVI 2005, 15 ff.; Pluta, ZVI 2005, 20 f.

5 Vgl. zur Sitzung in Wustrau Vallender, KTS 2005, 247 f.; ders., NZI 2005, VII f.; Hofmeister/Jäger, ZVI 2005, 180 ff.

Während bei der einen Variante die Justizentlastung im Vordergrund steht, werden bei der anderen die Schuldnerinteressen stärker berücksichtigt und die Möglichkeit, Obliegenheiten des Schuldners durchzusetzen, erleichtert.

Nach der „Entlastungsvariante“ stellt das Gericht nach einem Beschluss fest, dass die achtjährige Verjährungsfrist zu laufen beginnt. Diesen Beschluss teilt das Gericht den vom Schuldner benannten Gläubigern mit. Das gerichtliche Entschuldungsverfahren ist damit beendet. Obliegenheitsverletzungen können nur im Rahmen der Vollstreckungsgegenklage als Replik gegenüber dem Verjährungseinwand des Schuldners geltend gemacht werden. Informationen, ob sich die Vermögensverhältnisse des Schuldners im Laufe der 8 Jahre verändern, können die Gläubiger nur im Wege der Einzelzwangsvollstreckungen erlangen.

Nach der „Obliegenheitsvariante“ stellt das Gericht durch Beschluss fest, dass die achtjährige Verjährungsfrist zu laufen beginnt und damit die im Forderungsverzeichnis aufgeführten Forderungen verjähren, wenn der Schuldner seinen Obliegenheiten nicht nachkommt und die Voraussetzungen für eine Versagung entsprechend § 297 InsO nicht vorliegen.

Innerhalb der Verjährungsfrist kann entsprechend den §§ 289, 296 InsO die Verjährung versagt oder nach Ablauf der Verjährungsfrist entsprechend § 303 InsO widerrufen werden. Über die Versagung der Verjährung entscheidet der Richter.

Das Verfahren endet nach Ablauf der Verjährungsfrist mit der gerichtlichen Feststellung, dass die vom Schuldner benannten Forderungen nicht mehr zwangsweise durchgesetzt werden können. Dieser Beschluss ist den Gläubigern mitzuteilen. Die zentrale Schwierigkeit bei einem nicht in das Insolvenzverfahren eingebetteten Entschuldungsverfahren besteht darin, was zu geschehen hat, wenn der Schuldner während des Entschuldungsverfahrens pfändbares Vermögen oder pfändbare Einkünfte erlangt. Auf beiden Veranstaltungen konnten insofern nur die Probleme aufgezeigt werden, ohne dass es gelungen wäre, ein befriedigendes Lösungskonzept anzubieten.

bb) Die in Wustrau entwickelten Vorstellungen

Das „Wustrauer-Modell“ ist demgegenüber als Gesamtvollstreckungsverfahren ausgestaltet, das ebenso wie ein normales Verbraucherinsolvenzverfahren einen außergerichtlichen Einigungsversuch oder die Bescheinigung über die Erfolglosigkeit solcher Bemühungen erfordert. Nicht geklärt ist, ob der Antrag auf Verfahrenseröffnung des Entschuldungsverfahrens auch nach einem Gläubigerantrag gestellt werden kann. Jedenfalls sollten auch bei dieser Variante den Schuldner gewisse Mitwirkungspflichten treffen.

Das Gericht unternimmt nun eine Schlüssigkeitsprüfung, wobei als Option auch ein Schuldenbereinigungsplan vorgesehen werden kann. Wird das Verfahren eröffnet, so beschränkt sich diese Eröffnungsentscheidung auf die Feststellung, dass ein Verfahren eingeleitet wird, dass Elemente des geltenden Insolvenzverfahrens beinhaltet.

Von zentraler Bedeutung ist die öffentliche Bekanntmachung, die ausschließlich über das Internet erfolgen soll, und mit der die Gläubiger Gelegenheit erhalten zu prüfen, ob ihre Forderung bereits berücksichtigt ist. Sie werden überdies aufgefordert, Versagungsgründe geltend zu machen, zu benennen, welche Forderung auf dem Rechtsgrund einer unerlaubten Handlung beruhen und ob ein Widerspruch gegen das veröffentlichte Verzeichnis eingelegt werden soll. Nicht ganz klar ist, ob benannte Gläubiger auch individuell unterrichtet werden sollen.

Die Verfahrenseröffnung führt zu einem Vollstreckungsstopp für die Verfahrensgläubiger.

Regelmäßig soll ein Treuhänder bestellt werden, dem aber nur ein sehr begrenztes Pflichtenprogramm obliegt. Seine Aufgaben sollen sich zunächst darauf konzentrieren, eine etwaige geringe Masse einzuziehen und diese an die Gläubiger zu verteilen. Fraglich ist aber, ab welchem Betrag zwingend ein Insolvenzverfahren zu eröffnen ist und nach welchem Verteilungsschlüssel außerhalb eines Insolvenzverfahrens die Beträge an die Gläubiger ausgekehrt werden sollen. Weiterhin ist nicht ganz klar, ob der Treuhänder eine Tabelle/Liste führen soll.

Die Vergütung für diesen Treuhänder soll so bescheiden sein, dass sie ggf. vom Schuldner aus seiner unpfändbaren Habe aufgebracht werden kann.

Der Schuldner hat den Obliegenheiten nach § 295 InsO nachzukommen und die Gläubiger können bei einem Verstoß gegen diese Obliegenheiten entsprechend § 296 InsO die Versagung der Entschuldung beantragen.

Die Behandlung noch unternehmerisch tätiger Schuldner oder von Schuldner, die erst kurz vor Verfahrenseröffnung ihre unternehmerische Tätigkeit eingestellt haben, ist ebenfalls nicht abschließend geklärt. Insofern wurde die Auffassung geäußert, diese Personen hätten eine Wartefrist (etwa von 1 Jahr) zu durchlaufen, bis sie zu einem Entschuldungsverfahren zugelassen würden.

Dem Verfahren soll keine titelschaffende Funktion zukommen, so dass auch keine Feststellung der Forderungen erfolgt. Werden Forderungen bestritten, so ist dieser Streit im normalen Zivilrechtsweg auszutragen.

Nach Ablauf der Wohlverhaltensperiode von 6 Jahren wird über die Restschuldbefreiung entschieden.

cc) Unterschiede beider Verfahren

Fast man die wesentlichen Unterschiede beider Verfahrensarten zusammen, so stellen sich diese wie folgt dar:

- **Erfasste Forderungen**
  BMJ: Nur vom Schuldner benannte
  Wustrau: Grundsätzliche alle Forderungen gegen den Schuldner
- **Bestellung eines Treuhänders**
  BMJ: Kein Treuhänder erforderlich
  Wustrau: Grundsätzlich Treuhänder

- **Vollstreckungsstopp**
  BMJ: Zwangsvollstreckung zulässig, zumindest um Übersicht über die Vermögensverhältnisse zu erlangen
  Wustrau: Zum Schutz des Schuldners keine Zwangsvollstreckung
- **Forderungsfeststellung**
  BMJ: Keine, da nicht Funktion des Verfahrens
  Wustrau: Forderungsfeststellung zumindest denkbar
- **Begleitung des Verfahrens durch das Gericht**
  BMJ: Je nach der gewählten Abwicklungsvariante
  Wustrau: Gericht ist bis zur Entscheidung über RSB involviert.
- **Laufzeit der Wohlverhaltensperiode**
  BMJ: 8 Jahre
  Wustrau: 6 Jahre

b) Notwendige Elemente eines Entschuldungsverfahrens

Es führt nur bedingt weiter, abstrakt klären zu wollen, ob das neu zu konzipierende Entschuldungsverfahren für völlig masselose Fälle in ein Gesamtvollstreckungsverfahren eingebettet werden soll. Da ein Vollstreckungsverfahren auf eine irgend geartete Befriedigung der Gläubiger abzielt, könnte es allenfalls sinnvoll sein, einzelne Elemente eines Gesamtvollstreckungsverfahrens, die auch eine Entschuldung in masselosen Fällen dienlich sind, aufzunehmen. Bei der Neukonzeption eines Restschuldbefreiungsverfahrens müssen drei Interessensphären berücksichtigt und zu einem angemessenen Ausgleich geführt werden: Die Interessen der Gläubiger, die des Schuldners und die der Allgemeinheit. Von ganz entscheidender Bedeutung für die Gläubiger, um die Werthaltigkeit ihrer Forderungen und die Aussichten für eine künftige Befriedigung abschätzen zu können, ist eine sorgfältige Ermittlung der Vermögensverhältnisse des Schuldners. Im eröffneten Insolvenzverfahren hat deshalb der Insolvenzverwalter die Aufgabe, eine Vermögensübersicht zu erstellen, die Auskunft über die Insolvenzmasse und die Verbindlichkeiten des Schuldners gibt. Bestehen Zweifel, ob die Vermögensübersicht vollständig und der Schuldner umfassend seiner Auskunftspflicht nachgekommen ist, so kann der Insolvenzverwalter beantragen, dass der Schuldner die Vollständigkeit des Vermögensverzeichnisses an Eides statt versichert.

Im Wege einer Rückkopplung wird dabei stets zu prüfen sein, inwiefern die anfangs skizzierten Interessen angemessen gewichtet werden.

aa) Einbeziehung aller Forderungen

Dies gilt zunächst für die grundsätzliche Frage, ob alle Forderungen einbezogen sein sollen oder nur die vom Schuldner benannten. Mit der Beantwortung dieser Frage wird auch die grundlegende Weichenstellung getroffen, ob das neue Verfahren als Gesamtverfahren ausgestaltet werden soll oder ein Verfahren sui generis darstellt.

Zunächst scheint bereits das Ziel des Verfahrens die Antwort zwingend vorzugeben. Eine Entschuldung scheint bereits begrifflich zu gebieten, dass alle Verbindlichkeiten des Schuldners einbezogen sein müssen, denn nur so kann ihm die Chance für einen völlig unbelasteten wirtschaftlichen Neuanfang geboten werden. Ein solcher Ansatz zieht zwangsläufig jedoch eine etwas aufwändigere Verfahrensausgestaltung nach sich. Will man alle Gläubiger mit all ihren Forderungen einbeziehen, so muss verfahrensmäßig sichergestellt werden, dass die Gläubiger eine ausreichende Möglichkeit der Kenntnisnahme des Verfahrens erhalten und ihnen die Option einer Teilnahme eröffnet wird. Damit ist zwingend eine öffentlich-rechtliche Bekanntmachung verbunden.

Für einen solchen breiten Ansatz spricht auch die sozialpolitische Überlegung, dass ein Teil der Schuldner schlicht überfordert ist, ihre Verbindlichkeiten einigermaßen zuverlässig zu benennen. Insofern sei lediglich an den häufig zitierten Schuhkarton erinnert. Selbst wenn die Gläubiger nicht ausreichend über die Eröffnung des Verfahrens informiert würden, ist dies unter rein wirtschaftlichen Gesichtspunkten nicht schwerwiegend, da ihre Forderungen in diesen masselosen Verfahren ohnehin nicht werthaltig sind.

Andererseits sollte ein Entschuldungsverfahren möglichst schlank ausgestaltet werden und einen möglichst geringeren verfahrensmäßigen Aufwand verursachen. Angesichts der Passivität mancher Schuldner im heutigen Verfahren könnte eine solche „Beibringungslast“ einen heilsamen Einfluss auf die Aktivitäten der Schuldner entfalten. Ein Schuldner, der mit dem Risiko belastet ist, nur von solchen Forderungen befreit zu werden, die er benennt, wird eher geneigt sein, sich um eine umfassende Aufklärung seiner Vermögensverhältnisse zu bemühen. Etwas polemisch könnte man fragen, ob es tatsächlich geboten ist, den Schuldner auch von solchen Verbindlichkeiten zu befreien, die er nicht benennt, und die ihn deshalb auch wohl nicht all zu sehr belasten.

Als vermittelnde Lösung wäre denkbar, dass der Schuldner zwar seine Gläubiger angeben muss, die Auflistung der diesen zustehenden Forderungen jedoch dadurch erleichtert wird, dass den Gläubigern entsprechend § 305 Abs. 2 Satz 2 InsO eine Auskunftspflicht auferlegt wird, auf ihre Kosten ihre gegen den Schuldner zustehenden Forderungen mitzuteilen. Unterlässt er dies oder ist seine Aufzählung unvollständig, so würde dies zu seinen Lasten gehen. Dabei muss man sich jedoch im Klaren sein, dass die Gläubiger an der Mitwirkung an einem Entschuldungsverfahren noch weit weniger Interesse haben werden als bei einem heutigen Verbraucherinsolvenzverfahren.

bb) Vollstreckungsstopp

Ein weiterer wesentlicher Unterschied zwischen dem BMJ-Modell und den in Wustrau entwickelten Vorstellungen liegt in der Zulässigkeit von Zwangsvollstreckungsmaßnahme während der Laufzeit des Entschuldungsverfahrens. Geht man rein von der begrifflichen Zuordnung aus, hier Gesamtvollstreckungsverfahren, dort Verfahren sui generis, so scheint die Antwort zwingend vorgegeben. In dem einem Verfahren ist die Individualvollstreckung zulässig, während das andere als Kollektivverfahren nur Maßnahmen im Interesse der Gläubigergesamtheit kennt. Aber auch diese Frage sollte eher anhand der involvierten Interessen beantwortet werden.

Für einen Vollstreckungsstopp wird als zentrales Argument ins Feld geführt, nur so könne eine wirtschaftliche und soziale Reintegration des Schuldners erreicht werden. Jede Vollstreckungsmaßnahme würde insofern dem Schuldner neue Steine in den Weg legen. Untersuchungen, die auch anlässlich der Armuts- und Reichtumsberichterstattung der Bundesregierung[6] unternommen wurden, belegen eindrucksvoll die psychische Belastung von Vollstreckungsmaßnahmen für den Schuldner und seiner Familie. Werden Vollstreckungsmaßnahmen ausgebracht, so besteht bei einem noch weitgehend sozial integrierten Schuldner die Gefahr, dass sein Arbeitsplatz gefährdet wird. In diesem Zusammenhang wird darauf hingewiesen, der Aufwand für die Lohnbuchhaltung des Arbeitgebers sei beträchtlich. Ein zunächst arbeitsloser Schuldner, bei dem nach Einstellung sofort Vollstreckungsmaßnahmen drohen, dürfte die Probezeit wohl kaum erfolgreich bestehen.

Darüber hinaus gefährden Vollstreckungsmaßnahmen auch die Teilnahme des Schuldners am bargeldlosen Zahlungsverkehr. Langjährige Erfahrungen zeigen, dass zahlreiche Kreditinstitute eine Kontopfändung[7] zum Anlass nehmen, die Bankverbindung mit dem Schuldner abzubrechen. Die Selbstverpflichtung der Kreditwirtschaft, Schuldnern zumindest ein Girokonto auf Guthabenbasis einzuräumen, hat insofern wohl nicht alle Institute erreicht[8]. Ein Schuldner, der sich bei einem potentiellen Arbeitgeber mit dem Hinweis einführen muss, er könne leider keine Bankverbindung benennen, dürfte auf dem heutigen Arbeitsmarkt so gut wie keine Chance haben.

Ein Gesichtspunkt, der insbesondere die Landesjustizverwaltungen nachdenklich macht, betrifft die Belastung der Vollstreckungsgerichte. Sind Vollstreckungsmaßnahmen zulässig, so wird argumentiert, so werden die Gläubiger bei der ersten Kontaktaufnahme durch den Schuldner die Gelegenheit nutzen, Vollstreckungsversuche zu unternehmen. Gerade wenn die Gläubiger die Gefahr sehen, ihrer Forderung endgültig verlustig zu gehen, werden sie den Schuldnern besonders hartnäckig bedrängen.

In der späteren rechtspolitischen Diskussion dürfte eine mögliche stärkere Justizbelastung das zentrale Argument darstellen. Ist diese Gefahr sehr wahrscheinlich? Insofern hat man sich zunächst die Ausgangssituation vor Augen zu führen. Es han-

---

6 Zum Armuts- und Reichtumsbericht vgl. Klein, TuP 2005, 62 ff.; Kuck-Schneemelcher/Semrau, NDV 2003, 81 ff.; Kuck-Schneemelcher, ArchsozArb 2001, 49 ff.; Müllermeister-Faust/Semrau, BarbBl 2000, 22 ff.

7 Zur Reform der Kontopfändung Fischer, Rpfleger 2002, 163 f.; Grote/Zimmermann, NDV 2001, 57 ff.; zur Kontopfändung allgemein Zimmermann, ZVI, 2004, 286 f.; Fischer, InVo 2003, 301 ff.; Fink, ZInsO 2000,353 ff.; Marx, ZInsO 1998, 306 ff.; Strube, VuR 1997, 428 ff.

8 Vgl. hierzu Derleder, EwiR 2003, 963 f.; Kaiser, VuR 2000, 335 ff.; Friedrich, FoR 1996, 53.

delt sich hier um Schuldner, die nicht einmal in der Lage sind, die Verfahrenskosten aufzubringen. Werden unter diese Bedingungen die Gläubiger tatsächlich bereit sein, „dem schlechten Geld gutes hinterher zu werfen"? Werden Gläubiger, die in der Vergangenheit bereits wiederholt ergebnislos Vollstreckungsversuche unternommen haben, nun tatsächlich verstärkt den Schuldner bedrängen? Zeigen Vollstreckungsmaßnahmen derartig nachteilige Auswirkungen für den Schuldner, wäre es da nicht bei sozial noch völlig integrierten Schuldner geboten, diese Maßnahmen stärker zu beschneiden? Muss ein Entschuldungsverfahren, das lediglich als ultima ratio konzipiert ist, nicht ein gewisses Lästigkeitspotential entfalten? Ist nicht insofern sogar ein gewisses „Abstandsgebot" zu einem RSB-Verfahren sinnvoll, um keine falschen Anreize zu setzen?

Ist ein Entschuldungsverfahren kein Gesamtvollstreckungsverfahren, in dem ein Treuhänder umfassend die Vermögensverhältnisse des Schuldners aufklärt, so müssen den Gläubigern Mittel an die Hand gegeben werden, ihre insofern bestehenden Informationsdefizite selbst zu beseitigen. Dies kann über die Zwangsvollstreckung erfolgen. Sieht man mit dieser Auffassung das wesentliches Ziel einer Individualvollstreckung in der Erhellung der Vermögensverhältnisse des Schuldners, so könnte insofern bereits eine Kompromisslinie vorgezeichnet sein. Zulässig wäre dann nur **Vollstreckungsmaßnahmen**, die der **Erlangung diesbezügliche Informationen** dienen. Maßnahmen gegenüber Drittschuldnern – also insbesondere gegenüber Arbeitgebern oder Kreditinstituten – wären dann nicht zugelassen.

Als Ausgleich für die nicht zulässige Individualvollstreckung war in Wustrau erwogen worden, den Schuldner zu verpflichten, einmal jährlich die eidesstattliche Versicherung abzulegen.

Auch insofern sollte ein den Bedürfnissen des Verfahrens angemessene Lösung gewählt werden, ohne durch das Etikett „Gesamtvollstreckung" von vornherein festgelegt zu sein.

cc) Forderungsprüfung und Titelschaffung

Sollen in dem Verfahren die Forderungen geprüft und der Gläubiger einen Titel erlangen können[9]? Gleichgültig welches Modell man insofern anhängt, kann die Frage wohl nur verneint werden. Grundvoraussetzung für den Zugang zum Verfahren ist, dass der Schuldner nicht einmal die Verfahrenskosten aufbringen kann. Was soll vor diesem Hintergrund ein auf die Gläubigerbefriedigung abzielendes Verfahren? Letztlich kann es nur darum gehen, durch eine verfahrensmäßige Ausgestaltung sicher zu stellen, dass möglichst keine Vermögenswerte verheimlicht und keine unredlichen Schuldner in den Genuss der Rechtswohltat kommen.

Ist keine verwertbare Masse vorhanden und realistischer Weise auch nicht zu erwarten, welche Funktion soll dann eine Forderungsfeststellung erfüllen? Die Antwort

9 Vgl. allgemein zum Feststellungsverfahren Merkle, Rpfleger 2001, 157 ff.

könnte etwa lauten, eine Forderungsfeststellung sei ein Entgegenkommen gegenüber den Gläubigern, die in einem solchen Verfahren wenig zu erwarten haben. Zudem müssten beim Ausfüllen der Vordrucke ohnehin die Verbindlichkeiten des Schuldner erörtert werden. Erhalten die Gläubiger die Möglichkeit, im Rahmen des Verfahrens einen Titel zu erlangen, so werden sie regelmäßig davon Abstand nehmen, noch nicht titulierte Forderungen gerichtlich feststellen zu lassen. Dies entlastet einerseits Gerichte, andererseits würde der Schuldner nicht mit neuen Verfahrenskosten belastet.

Dennoch sprechen die überzeugenderen Argumente gegen eine titelschaffende Funktion. Soll ein Verfahren diesem Ziel dienstbar gemacht werden, so wäre der Aufwand, der hier betrieben werden müsste, kaum geringer als in einem heutigen vereinfachten Insolvenzverfahren. Und dies alles vor dem Hintergrund, dass auf die so geschaffenen Titel wohl regelmäßig keine Leistungen erbracht werden. Dieser Teil des Verfahrens wäre unnötiger Verfahrensballast, der abzuwerfen ist. Nur am Rande sei noch angemerkt, dass eine titelschaffende Funktion sich wohl kaum mit einer Verjährungslösung harmonisieren ließe.

dd) Zwingende Bestellung eines Treuhänders

Ist ein treuhänderloses Verfahren denkbar, oder gebieten die Gläubigerinteressen zwingend, dass ein Treuhänder dem Schuldner während des Verfahrens begleitet? Relativ schnell wird man Konsens darüber erzielen, dass die Vergütung für den Treuhänder den größten Kostenblock im Verfahren ausmacht[10]. Will man die Justizhaushalte nachdrücklich entlasten, so sind wohl in diesem Bereich die größten Einsparpotentiale angesiedelt. Von dem Befürwortern einer Treuhänderlösung wird allerdings gegen das Kostenargument eingewandt, insofern sei eine Kostenbeteiligung des Schuldners denkbar. Dies würde also bedeuten, dass der Schuldner gesetzlich verpflichtet wird, aus seiner unpfändbaren Habe zumindest einen Teil der Treuhänderkosten zu übernehmen. Bereits dieser Ansatz dürfte auf nicht unerhebliche Probleme stoßen. Allerdings können für eine Treuhänderbestellung gewichtige Argumente angeführt werden:

- Ansprechpartner der Gläubiger und Schuldner
- Sicherung einer gleichmäßigen Verteilung anfallender Beträge
- Ansprechpartner für das Lohnbüro
- umfangreiche Ordnungs- und Kontrollfunktion

Dies alles klingt gut und richtig, wirft aber sogleich die Frage auf, wie diese umfangreiche Hilfestellung finanziert werden soll. In Wustrau wurde zu diesem Punkt die Auffassung vertreten, eine treuhänderische „Basisversorgung" ließe sich bereits über 10 Euro monatlich sicherstellen. Angesichts der eben erwähnten Aufgaben, die

10 Vgl. zur Vergütung des Treuhänders Pape/Pape, ZVI 2004, 157 ff.; Pawlowski, KTS 2004, 229 ff.; Blersch, EWIR 2004, 985 f.; ders., ZIP 2004, 2311 ff.; Keller, ZVI 2004, 569 ff.; Graeber, ZInsO 2004, 1010 ff.

ein Treuhänder übernehmen soll, dürfte eine solche Vergütung zumindest mit einem gewissen Fragezeichen zu versehen sein. Zudem muss man sich auch hier wieder den Ausgangspunkt des Entschuldungsverfahrens vor Augen führen. Es soll die ultima ratio für die Personen darstellen, die nicht einmal die Verfahrenskosten aufbringen können. In diesem Verfahren ist nichts zu verteilen und der Schuldner bedarf in seiner Untätigkeit auch nur bedingt der Überwachung. Ein Ansprechpartner für das Lohnbüro wird nicht gebraucht, da wir es in aller Regel mit arbeitslosen Schuldnern zu tun haben werden.

Ein treuhänderloses Verfahren kommt auch dem Gros der Insolvenzverwalter entgegen, die die bisherigen Stundungsverfahren mehr als Last empfunden haben. Auch nach der Anhebung wird die Vergütung in diesem Verfahren von einem Großteil der Verwalter als völlig unangemessen angesehen. Insofern hat bereits die Bundesjustizministerin auf dem 2. Insolvenzrechtstag in Berlin darauf hingewiesen, dass über ein treuhänderloses Verfahren letztlich auch eine Entlastung der Verwalter angestrebt wird.

Allerdings wäre durchaus auch eine flexible Verfahrensausgestaltung denkbar. Stellt sich nachträglich heraus, dass in dem Verfahren zwingend ein Treuhänder gebraucht wird, etwa weil doch Vermögenswerte anfallen, die gleichmäßig an die Gläubiger zu verteilen sind, so könnte nachträglich ein solcher Treuhänder bestellt werden.

ee) Laufzeit des Verfahrens

In dem Modell des BMJ wird eine Laufzeit von 8 Jahren vorgeschlagen. In Wustrau votierte demgegenüber die Mehrheit für ein Gleichklang der Verfahrensdauer im Restschuldbefreiungsverfahren und im Entschuldungsverfahren[11]. Demgegenüber wird von Bayern überlegt, ob die Laufzeit des Entschuldungsverfahrens nicht auf 10 Jahre ausgedehnt werden sollte. Die Ausgestaltung der Verfahrensdauer sollte insgesamt noch einmal grundlegend überprüft werden. Dabei sind insbesondere die folgenden Gesichtspunkte zu berücksichtigen:

- Die bisherige Ausgestaltung des RSB-Verfahrens bietet zu wenig Anreize für den Schuldner, sich um eine möglichst optimale Gläubigerbefriedigung zu bemühen. Unabhängig davon, welche Anstrengungen er unternimmt, beträgt die Laufzeit stets 6 Jahre. Der erhöhte Selbstbehalt nach 4 und 5 Jahren bietet keine ausreichende Motivation, zusätzliche Anstrengungen zu unternehmen.
- Über eine nach Befriedigungsquoten gestaffelte Laufzeit des Verfahrens könnten Anreize gesetzt werden, alle verfügbaren finanziellen Quellen zur Gläubigerbefriedigung zu erschließen. Somit sollte nicht nur eine Differenzierung zwischen RSB- und Entschuldungsverfahrens erfolgen, vielmehr ist auch im RSB-Verfahren selbst bereits eine Abstufung vorzusehen.

---

11 Vgl. zur Laufzeit der Wohlverhaltensperiode Grote, Rpfleger 2000, 521 ff.; Winter, ZVI 2002, 239 ff.

- Die unterschiedlichen Laufzeiten der Verfahren stellen die wesentlichen Motivation für den Schuldner dar, die Verfahrenskosten aufzubringen. Werden hier die Anreize falsch gesetzt, so werden auch Schuldner, bei denen die Voraussetzungen an sich nicht erfüllt sind, geneigt sein, das Entschuldungsverfahren anzustreben. Über eine zeitliche Differenzierung von 8 und 6 Jahren dürfte insofern eine ausreichende Abstufung erreicht werden.

Vorstellbar wäre, dass die Laufzeiten der Wohlverhaltensperiode im Entschuldungs- und Restschuldbefreiungsverfahren wie folgt aufgefächert werden:

- Entschuldungsverfahren: 8 Jahre
- RSB ohne nennenswerte Befriedigung: 6 Jahre (wie bisher)
- Befriedigung von 20 %: 4 Jahre
- Befriedigung von 40 %: 2 Jahre

Im Einzelnen muss noch geprüft werden, ob eine solche kurze Verfahrensdauer zu missbrauchsanfällig ist, etwa weil Schuldner gezielt Vermögen verheimlichen, um in den Genuss einer solch kurzfristigen Entschuldung zu kommen.

ff) Welche Personen sollen Zugang zum Verfahren haben?

Bereits aus Gründen der Gleichbehandlung sollte ein solches Verfahren grundsätzlich allen Schuldnern offen stehen[12]. Probleme kann es allerdings geben, wenn Personen noch unternehmerisch aktiv sind. In Wustrau wurde hierzu vorgeschlagen, die Teilnahme nur Schuldnern zu eröffnen, deren unternehmerische Tätigkeit mehr als 1 Jahr zurück liegt. Ein noch werbendes Unternehmen könne kaum durch das Entschuldungsverfahren gesteuert werden.

Geprüft werden muss auch, ob ehemals unternehmerisch tätige Schuldner mit einer Vielzahl von Gläubigern in einem solchen Verfahren entschuldet werden können oder ob diese zwingend ins Insolvenzverfahren zu verweisen sind.

gg) Redlichkeitsprüfung

Ein spezielles Entschuldungsverfahren wird in der breiteren Öffentlichkeit nur dann auf Akzeptanz stoßen, wenn Vorkehrungen getroffen werden, dass unredliche Personen nicht am Verfahren teilnehmen können[13]. Insofern sollten zumindest einige der Versagungsgründe des § 290 InsO von Amts wegen geprüft werden. Unproblematisch ist dies bei den Versagungsgründen nach Nr. 1 (Insolvenzstraftat) und Nr. 3 (in den letzten 10 Jahren RSB oder Entschuldung). Schwieriger ist dies bei der Verletzung von Auskunfts- oder Mitwirkungspflichten nach Nr. 5 da insofern fraglich ist, ob dem Gericht insofern hinreichende Informationen vorliegen. Vereinzelt wird auch vorgeschlagen, eine allgemeine Missbrauchsklausel einzuführen, um unredlich handelnde Personen leichter aus dem Verfahren ausschließen zu können. Bei einer solchen Klausel könnte jedoch die Gefahr bestehen, dass einzelne

---

12 Vgl. zu den Schwierigkeiten bei Angehörigen der freien Berufe Graf/Wunsch, ZVI 2005, 105 ff.
13 Zur Redlichkeit bei der Restschuldbefreiung vgl. Vallender, ZVI 2003, 253 ff.; Ahrens, ZVI 2003, 509 ff.; ders., VuR 2000, 8 ff.; Hergenröder, DZWIR 2001, 342 ff.

Gerichte ihre Abneigung gegen das Verfahren insgesamt bei der Interpretation einer solchen Klausel einfließen lassen.

hh) Erwerbsobliegenheiten

Teilweise wird in Zweifel gezogen, ob in einem Entschuldungsverfahren zwingend Erwerbsobliegenheiten vorzusehen sind[14]. Da das Verfahren für völlig mittellose Schuldner ausgestaltet ist, wird im Rahmen der Eröffnung bereits umfassend geprüft, ob der Schuldner in der Lage ist, die Verfahrenskosten für ein Insolvenzverfahren aufzubringen. Insofern ließe sich argumentieren, das Entschuldungsverfahren sei von vornherein nicht auf eine Gläubigerbefriedigung angelegt, so dass insofern Erwerbsobliegenheiten einen Fremdkörper darstellen würden.

Gegen dieses Argument lässt sich anführen, die Rechtswohltat einer nahezu vollständigen Entschuldung setzt auch eine aktive Mitwirkung des Schuldners voraus. Ein Eingriff in die Forderungsrechte der Gläubiger lässt sich nur dann legitimieren, wenn dem Schuldner während der Laufzeit des Verfahrens quasi als Kompensation aufgegeben wird, sich weiterhin um eine bestmögliche Gläubigerbefriedigung zu bemühen. Wird auf ein solches Bemühen des Schuldners verzichtet, so verliert auch die Dauer der Wohlverhaltensperiode weitgehend ihren Sinn, da sie sich insofern lediglich in einem Hinauszögern der Entschuldung erschöpfen würde.

ii) Gutachter

Die Neukonzeption eines Entschuldungsverfahrens ist wesentlich von dem Bemühen getragen, ein möglichst „schlankes“ Verfahren zu finden, das auch die Justizhaushalte der Länder nur in dem absolut gebotenen Umfang belastet. Insofern besteht weitgehend Konsens, dass die Bestellung eines Gutachters die Ausnahme zu bleiben hat. Allerdings würde es dem Interesse der Gläubiger nicht gerecht, generell eine Gutachterbestellung nicht zuzulassen. In geeigneten Einzelfällen – etwa bei komplexen Vermögensverhältnissen ehemals unternehmerisch tätiger Schuldner – muss dem Gericht diese Aufklärungsmöglichkeit eröffnet werden.

jj) Forderung aus unerlaubter Handlung

Breite Übereinstimmung besteht, dass ausgenommene Forderungen im Sinne von § 302 InsO nicht von einer Entschuldung erfasst werden dürfen[15]. Da jedoch in dem Entschuldungsverfahren keine Forderungsprüfung stattfindet, muss ein geeigneter Weg gefunden werden, um Forderungen aus unerlaubter Handlung festzustellen. Denkbar wäre es, zum früheren Verfahren nach § 302 InsO zurückzukehren, und die Frage, ob eine Forderung von der Entschuldung erfasst wird, erst im Vollstreckungsverfahren zu klären.

---

14 Vgl. zu den Erwerbsobliegenheiten nur FK/Ahrens, § 295 Rz. 11 ff.

15 Zu den Forderungen aus unerlaubter Handlung im Restschuldbefreiungsverfahren vgl. Brückl, ZInsO 2005, 16 ff.; Kahlert, ZInsO 2005, 192 ff.; Hattwig, ZInsO 2004, 636 ff.; Schoppe, ZVI 2004, 377 ff.; App, BuW 2003, 206 ff.; Eisner, NZI 2003, 480 ff.; Mäusezahl, ZInsO 2002, 462 ff.

kk) Durchlässigkeit der Verfahren

Einen wesentlichen Schwerpunkt der bisherigen Diskussion bildete die Frage, wie zu verfahren ist, wenn der Schuldner während des Entschuldungsverfahrens zu neuem Vermögen kommt. Polemisch wurde dies als „Super-Gau" eines Entschuldungsverfahrens bezeichnet. Grundlegend muss die Frage beantwortet werden, ob zwingend in ein Insolvenzverfahren überzuleiten ist, wenn das Vermögen des Schuldners ausreicht, die Verfahrenskosten zu decken. Dafür könnte sprechen, dass es eines der wesentlichen Anliegen der InsO ist, zu deutlich mehr Verfahrenseröffnungen als unter der KO zu kommen. Die Reform war ganz wesentlich von dem Gedanken geprägt, der Ordnungsfunktion des Insolvenzverfahrens wieder zu stärkeren Geltung zu verhelfen. Zu diesen Bemühungen würde es ein gewissen Bruch darstellen, wenn nun ein Insolvenzverfahren erst eröffnet würde, wenn eine Mindestbefriedigungsquote für die Gläubiger zu erwarten wäre.

Andererseits ist es fraglich, ob ein bereits weit fortgeschrittenes Entschuldungsverfahren in ein Insolvenzverfahren übergeleitet werden muss, nur weil dessen Kosten nun gedeckt werden können, ohne dass die Gläubiger eine Befriedigungsquote erwarten können. Insofern ließe sich die Frage stellen, ob es nicht sinnvoller wäre, das Vermögen des Schuldners innerhalb des Entschuldungsverfahrens anhand des bei der Antragstellung erarbeiteten Forderungsverzeichnisses zu verteilen. Folgende Gesichtspunkte beeinflussen die Entscheidung dieser Frage:

- Erlangt der Schuldner Vermögen, dass nicht nur zur Abdeckung der Verfahrenskosten ausreicht, sondern auch eine Befriedigung der Gläubiger erwarten lässt, so ist zwingend ein Insolvenzverfahren zu eröffnen.
- Wird in einem Insolvenzverfahren übergeleitet, so muss die bisher verstrichene Zeit für den Gläubiger angerechnet werden. Keinesfalls darf es sein, dass das neue Vermögen zum Nachteil des Schuldners zu einer verspäteten Entschuldung führt. Vielmehr ist durch geeignete Verfahrensvorkehrungen sicher zu stellen, dass die Laufzeit auch in diesem Fall möglichst kürzer als bei einem reinen Entschuldungsverfahren ist.
- Das Entschuldungsverfahren ist ein aliud zu einem Insolvenzverfahren, in dem beispielsweise keine Anfechtungstatbestände geprüft werden. Insofern gebührt der Ordnungsfunktion des Insolvenzverfahrens regelmäßig der Vorrang.
- Daraus ergibt sich der Grundsatz, dass ein Verfahren zu eröffnen ist, wenn eine die Kosten deckende Masse neu anfällt.
- Ist das neue Vermögen des Schuldners so gering, dass nicht einmal die Kosten gedeckt werden können, so bestehen keine grundlegenden Bedenken, wie auch sonst außerhalb des Insolvenzverfahrens bei Masseinsuffizienz Zwangsvollstreckungen der Gläubiger zuzulassen und insofern dem Prioritätsprinzip den Vorrang einzuräumen.

Diese Wertungen sind jedoch noch sehr vorläufiger Natur und bedürfen noch einer tieferen Durchdringung.

Bankenkrise: Insolvenz, Reorganisation und Sanierung – Einführung in die rechtlichen Grundlagen

*Klaus Pannen**

Zum Jahresende 2004 waren in Deutschland 2.316 Kreditinstitute mit 45.444 Zweigstellen in Deutschland tätig, darunter 67 Großbanken (einschließlich elf Landesbanken), 477 Sparkassen, 1.339 Genossenschaftsbanken, 140 Privat-, Regional- und Bürgschaftsbanken sowie 84 Zweigstellen ausländischer Institute.[1] Diese Zahlen verdeutlichen eine Besonderheit des deutschen Finanzsektors. Während 2003 etwa die fünf größten britischen Kreditinstitute einen gemeinsamen Marktanteil von 75% erreichten, kamen die fünf größten deutschen Banken lediglich auf einen kumulierten Marktanteil von etwas über 20%.[2] Die hohe Marktfragmentierung führt zu hohem Wettbewerbsdruck, dem insbesondere kleinere Institute nicht immer gewachsen sind. Bankkrisen sind daher – trotz teilweise anderer öffentlicher Wahrnehmung – nicht etwa ausgeschlossen, so dass es sich bei der Betrachtung der rechtlichen Grundlagen von gegensteuernden Maßnahmen keineswegs um eine rein akademische Fragestellung handelt.

Die Bevölkerung ist auf die Inanspruchnahme von Bankdienstleistungen angewiesen und angesichts der großen Bedeutung für die Privatwirtschaft besteht ein besonderes Interesse an der Sicherung der Funktionsfähigkeit des Kreditapparates.[3] Gegenüber anderen Wirtschaftsbereichen nimmt das Bankwesen daher eine Sonderstellung ein, die sich aus der besonderen Schutzwürdigkeit der Einleger ergibt und dem erforderlichen Schutz des „Vertrauens der Öffentlichkeit in die Funktionsfähigkeit der Kreditwirtschaft, [...] denn ein allgemeiner Vertrauensverlust führt zu einer schweren Krise der gesamten Volkswirtschaft."[4] Dies rechtfertigt besondere staatliche Eingriffsbefugnisse. Zuständige Aufsichtsbehörde ist die Bundesanstalt für Finanzdienstleistungsaufsicht (BaFin), die zum 1. Mai 2002 als Zusammen-

---

* Der Verfasser ist Insolvenzverwalter und Partner der White & Case Insolvenz GbR.

1 Jahresbericht der Bundesanstalt für Finanzdienstleistungsaufsicht 2004, S. 93.

2 Jahresbericht der Bundesanstalt für Finanzdienstleistungsaufsicht 2003, S. 18.

3 VG Berlin, NJW-RR 2000, 642, 643; *Neeff*, Einlagensicherung bei Bankinsolvenzen (1980) S. 128; *Waschbusch*, Bankenaufsicht (2000) S. 167; *Kümpel*, Bank- und Kapitalmarktrecht (3. Aufl. 2004) Rz. 19.4, 19.7.

4 Begründung des Regierungsentwurfs des 2. Änderungsgesetzes zum KWG (BT-Drucks. 7/3657), Abschn. II. 1. zu § 2a, abgedruckt in *Reischauer/Kleinhans*, Kreditwesengesetz – Kommentar (Stand: Januar 2005) Kza. 582 (dort S. 13); darauf verweisend BGH, WM 1979, 482, 483; ähnlich auch schon Abschn. I. 3. des Berichts des Wirtschaftsausschusses (Ruland-Bericht) zu BT-Drucks. 3/2563 (KWG-Entwurf), abgedruckt in *Reischauer/Kleinhans*, Kza. 580 (dort S. 2).

schluss der ehemaligen drei Bundesaufsichtsämter für das Kreditwesen, das Versicherungswesen und den Wertpapierhandel gegründet wurde.[5]

Zunächst kann die BaFin gemäß § 6 Abs. 3 KWG Anordnungen treffen, „um Verstöße gegen aufsichtsrechtliche Bestimmungen zu unterbinden oder um Missstände in einem Institut zu verhindern oder zu beseitigen, welche die Sicherheit der dem Institut anvertrauten Vermögenswerte gefährden können oder die ordnungsmäßige Durchführung der Bankgeschäfte oder Finanzdienstleistungen beeinträchtigen.“ Die Anordnungskompetenzen sollen gewährleisten, dass durch ein frühzeitiges Eingreifen der Bankenaufsicht eine Gefährdung der einem Kreditinstitut anvertrauten Vermögenswerte vermieden wird.[6] Darüber hinaus enthält das Kreditwesengesetz mit den „Krisenbewältigungsvorschriften“ der §§ 45–46 a KWG ein abgestuftes Instrumentarium, um in die Geschäftstätigkeit eines Instituts einzugreifen. Im Jahr 2004 sah sich die BaFin in sieben Fällen zu solchen Anordnungen gezwungen.[7] Dennoch ist die Eröffnung des Insolvenzverfahrens über das Vermögen einer Bank nicht ausgeschlossen. Eine Sanierung aus der Insolvenz ist jedoch kaum möglich, da insoweit im Rahmen der Vorfeldmaßnahmen in der Regel bereits alle Sanierungs- und Reorganisationsmaßnahmen analysiert und versucht werden. Teilweise werden dabei allein vor dem Hintergrund der Anordnungsermächtigungen auf Druck der BaFin Einigungen mit dem Institut erzielt, dass sich insoweit „freiwillig“ zu Maßnahmen verpflichtet.[8]

Im Nachstehenden sollen – der Gesetzessystematik, aber auch dem üblichen chronologischen Ablauf folgend – die möglichen aufsichtsrechtlichen Maßnahmen in der Krise einer Bank bis zum Insolvenzantrag vorgestellt werden. Zudem soll ein Überblick über das internationale Insolvenzrecht für Kreditinstitute gegeben werden.[9]

A. Maßnahmen der Bankenaufsicht in der Krise

Um geeignete Maßnahmen ergreifen zu können, ist zunächst ein stetiger Informationsfluss erforderlich, der durch eine Fülle von Auskunfts- und Berichtspflichten der Institute gegenüber der BaFin gewährleistet wird, auf die hier nicht im Einzelnen eingegangen werden kann.[10] Die Bundesanstalt kann, auch ohne besonderen

5 Errichtet durch das „Gesetz über die integrierte Finanzdienstleistungsaufsicht“ (FinDAG) vom 22.4.2002 (BGBl. I S. 1310).

6 Vgl. *Waschbusch*, (Fn. 3) S. 165, bei dem sich eine tabellarische Übersicht über die Eingriffsrechte nach dem KWG findet, S. 530–542 (Abb. 79).

7 Jahresbericht der Bundesanstalt für Finanzdienstleistungsaufsicht 2004, S. 93.

8 Vgl. etwa Jahresbericht der Bundesanstalt für Finanzdienstleistungsaufsicht 2004, S. 116.

9 Zu Einzelheiten der hier behandelten Grundlagen sowie zur Einlagensicherung und der Frage des Schicksals von Bankgeschäften in der Insolvenz der Bank sei hingewiesen auf die in Kürze erscheinende zweite Auflage von *Pannen*, Krise und Insolvenz bei Kreditinstituten.

10 Ein tabellarischer Überblick über die Anzeigepflichten nach dem KWG findet sich etwa bei *Waschbusch*, (Fn. 3) S. 510–521 (Abbildung 78).

Anlass, nach § 44 Abs. 1 KWG Auskünfte über alle Geschäftsangelegenheiten verlangen und Prüfungen bei den beaufsichtigten Instituten durchführen. Gelangt sie zu der Überzeugung, dass die jeweiligen Voraussetzungen vorliegen, kann sie die „Maßnahmen in besonderen Fällen“ [11] der §§ 45–46a KWG ergreifen – und zwar lange bevor ein Insolvenzeröffnungsgrund vorliegt. Da es sich teilweise um schwere Eingriffe in die Geschäftstätigkeit des betroffenen Kreditinstituts handelt, ist dabei stets der Verhältnismäßigkeitsgrundsatz zu wahren.

Zur Durchsetzung der Anordnungen können Zwangsgelder von bis zu 250.000 Euro angedroht werden (§ 17 FinDAG i.V.m. § 13 VwVG). Vorsätzliche oder fahrlässige Zuwiderhandlungen sind zudem Ordnungswidrigkeiten, die gemäß § 56 Abs. 3, 4 KWG mit Geldbußen bis zu 500.000 Euro geahndet werden können. Ein vorsätzlicher oder leichtfertiger Verstoß gegen Anordnungen der BaFin berechtigt diese nach § 36 Abs. 2 KWG – nach vorheriger Verwarnung – auch zur Abberufung und Untersagung der Tätigkeitsausübung von Geschäftsleitern.

I. Maßnahmen nach § 45 KWG

Indikator finanzieller Schwierigkeiten ist die Verschlechterung der Eigenmittel- und Liquiditätssituation. Nach § 45 KWG ist die BaFin berechtigt, bei unzureichenden Eigenmitteln oder unzureichender Liquidität in die Geschäftstätigkeit einzugreifen. Eine tatsächliche Gefährdung der Gläubiger liegt dabei in der Regel noch nicht vor.[12] Vielmehr ist erforderlich, dass die Bank in näherer Zukunft die Anforderungen aus eigener Kraft wieder erfüllen kann.[13] Es handelt sich damit um Sanktionsmaßnahmen, die ordnungsgemäße Eigenmittel- und Liquiditätsverhältnisse herbeiführen sollen.[14] Insoweit kann von einer „erzwungenen Sanierung“ gesprochen werden.

1. Anordnungsvoraussetzungen

Zur Frage, ob ein Institut nicht über angemessene Eigenmittel verfügt oder wegen der Anlage seiner Mittel nicht hinreichend liquide ist, verweist § 45 Abs. 1 KWG auf § 10 Abs. 1 und § 11 Abs. 1 KWG [15]. Das frühere Bundesaufsichtsamt für das Kredit-

---

11 So die Überschrift des dritten Abschnitts, Teil 4. des Kreditwesengesetzes.

12 *Szagunn/Haug/Ergenzinger*, Gesetz über das Kreditwesen – Kommentar (6. Aufl. 1997) § 45 Rz. 3; *Beck/Samm*, Gesetz über das Kreditwesen – Kommentar (Stand: August 2004) § 45 Rz. 66; *Huber*, ZBB 1998, 193, 195. *Nirk*, Das Kreditwesengesetz – Einführung und Kommentar (12. Aufl. 2003) S. 51 spricht aber von einer „abstrakten Gefahr“.

13 *Lindemann* in Boos/Fischer/Schulte-Mattler, Kreditwesengesetz – Kommentar (2. Aufl. 2004) § 45 Rz. 13; *Beck/Samm*, (Fn. 12) § 45 Rz. 22; *Fischer* in Schimansky/Bunte/Lwowski, Bankrechts-Handbuch (2. Aufl. 2001) § 133 Rz. 3.

14 So *Szagunn/Haug/Ergenzinger*, (Fn. 12) § 45 Rz. 4.

15 Der Verweis in § 45 Abs. 1 Nr. 2 KWG auf „§ 11 Satz 1“ ist Folge einer Gesetzesänderung, bei der § 11 KWG in Absätze untergliedert wurde. Richtigerweise und im Gleichlauf mit dem Verweis auf die Parallelnorm des § 10 Abs. 1 KWG muss sich der Verweis auf § 11 Abs. 1 KWG beziehen.

wesen hat zu den entsprechenden Anforderungen an die Eigenmittel und die Liquidität gemäß § 10 Abs. 1 S. 2 KWG a.F. und § 11 S. 2 KWG a.F. Grundsätze erlassen, nach denen im Regelfall zu beurteilen ist, ob die Voraussetzungen der §§ 10, 11 KWG erfüllt werden.[16] Dies schließt nicht aus, dass besondere Verhältnisse des Kreditinstituts im Einzelfall höhere oder geringere Anforderungen als die dort genannten rechtfertigen, doch begründet eine wiederholte und nicht nur geringfügige Nichteinhaltung der Grenzen die Vermutung, dass die Eigenmittel nicht angemessen sind oder die Liquidität nicht ausreichend ist. Nach einhelliger Auffassung kann die BaFin im Rahmen der Anwendung des § 45 KWG auf diese Grundsätze zurückgreifen.[17] Als rechtsnorminterpretierende Verwaltungsvorschriften entfalten sie jedoch keine unmittelbaren Wirkungen.[18]

Um „modernen verwaltungstechnischen Anforderungen"[19] zu genügen, sieht die Neufassung des § 10 Abs. 1 S. 2 und des § 11 Abs. 1 S. 2 KWG für die Zukunft den Erlass von Rechtsverordnungen durch das Bundesministerium der Finanzen im Benehmen mit der Deutschen Bundesbank vor, die die Grundsätze ersetzen werden. Der Inhalt soll sich nach den Vorgaben der europäischen Rahmenregelungen richten, wobei zukünftige Änderungs- und Folgerichtlinien eingeschlossen sind.[20]

Anordnungen nach § 45 KWG setzen eine vorherige Fristsetzung zur Beseitigung der Mängel voraus (§ 45 Abs. 4 S. 1 KWG). Dabei kann die BaFin mitteilen, welche Maßnahmen sie für erforderlich hält.[21] Bereits die mit der Fristsetzung verbundene Androhung von Anordnungen kann somit in der Praxis dazu führen, dass das Institut die erforderlichen Schritte einleitet.

2. Maßnahmen

Liegen die Anordnungsvoraussetzungen vor und ist die Frist verstrichen, kann die Bundesanstalt – kumulativ oder alternativ – Entnahmen durch die Inhaber oder Gesellschafter, die Ausschüttung von Gewinnen und die Gewährung von Krediten

---

16 § 1 Abs. 1 Solvabilitätsgrundsatz (Grundsatz I) abgedruckt in *Reischauer/Kleinhans*, (Fn. 4) Kza. 190; § 1 Abs. 1 Liquiditätsgrundsatz (Grundsatz II) abgedruckt in *Reischauer/Kleinhans*, (Fn. 4) Kza. 193.

17 *Schork*, Gesetz über das Kreditwesen – Kommentar (2. Aufl. 1976) § 45 Rz. 2; *Bähre/Schneider*, KWG-Kommentar (3. Aufl. 1986) § 45 Anm. 2; *Reischauer/Kleinhans*, (Fn. 4) § 45 Anm. 1, 3; nach *Szagunn/Haug/Ergenzinger*, (Fn. 12) § 45 Rz. 1 haben die Grundsatzkennzahlen „Signalwirkung"; *Beck/Samm*, (Fn. 12) § 45 Rz. 24 f. spricht von „Programmsätzen" und grundsätzlichen „Leitlinien"; von einer Bindung aufgrund des Vertrauensgrundsatzes und des Willkürverbots geht *Lindemann* in Boos/Fischer/Schulte-Mattler, (Fn. 13) § 45 Rz. 6 aus, wobei bei besonderen Umständen Abweichungen zulässig sein sollen.

18 VG Berlin WM 1996, 1309, 1311; Begründung des Regierungsentwurfs zum 4. Finanzmarktförderungsgesetz, BT-Drucks. 14/8017, S. 116; *Gramlich*, WuB I L 1. § 10 KWG 1.96, 937, 939; *Kümpel*, (Fn. 3) Rz. 19.137.

19 Begründung des Regierungsentwurfs zum 4. Finanzmarktförderungsgesetz, BT-Drucks. 14/8017, S. 116.

20 *Kümpel*, (Fn. 3) Rz. 19.138.

21 *Lindemann* in Boos/Fischer/Schulte-Mattler, (Fn. 13) § 45 Rz. 14.

untersagen oder beschränken. Als Ausfluss des Verhältnismäßigkeitsprinzips und um Sanierungschancen zu erhalten, sollte aber ein Bekanntwerden in der Öffentlichkeit und der damit einhergehende Vertrauensverlust des Publikums vermieden werden.

Das Entnahmeverbot gegenüber einer OHG, KG oder KGaA zielt auf den Erhalt der Eigenmittel. Der Begriff der Entnahme ist daher weit – und über § 122 HGB hinausgehend – zu verstehen und umfasst jegliche Vermögenszuwendungen, sofern es sich nicht um angemessene Vergütungen für Dienst- oder Arbeitsleistungen handelt.[22] Die Beschränkung oder das Verbot von Gewinnausschüttungen dient der Bildung von Rücklagen und als Druckmittel gegen Gesellschafter. Hier ist vor dem Hintergrund der Zielsetzung wiederum von einem gegenüber anderen gesetzlichen Regelungen[23] erweiterten Verständnis des Ausschüttungsbegriffs auszugehen, der auch verdeckte Gewinnausschüttungen einschließt.[24] Zu beachten ist, dass ein Bekanntwerden dieser Maßnahme bei großem Gesellschafterkreis kaum zu verhindern ist. Verbotswidrige Beschlüsse über die Ausschüttung sind gemäß § 45 Abs. 4 S. 2 KWG nichtig; ausgezahlte Beträge sind zurückzugewähren.[25]

Die Untersagung oder Beschränkung der Kreditgewährung beinhaltet neben den Gelddarlehen auch alle anderen Bilanzaktiva im Sinne des § 19 Abs. 1 KWG, wie etwa solche im Rahmen des Wertpapier- und Derivategeschäfts. Die Gewährung schließt die Verlängerung bestehender, nicht aber eine Kündigung bereits abgeschlossener Kredite ein.[26] Auch Kreditzusagen können weiter erfüllt werden, da andernfalls das Institut zur Aufdeckung des Verbots gegenüber ihren Kunden gezwungen wäre.[27] In der Regel wird das Kreditgewährungsverbot auf bestimmte Kreditvolumina, Kreditarten oder -laufzeiten beschränkt. Ein universelles Kreditverbot wäre zwar durch § 45 Abs. 1 KWG gedeckt, führte jedoch in der Regel zur Handlungsunfähigkeit des Instituts und einer Publizität der Maßnahmen, die im Hinblick auf die Sanierungsbemühungen kontraproduktiv wären.

Werden trotz des Verbots Kredite gewährt, sind diese Vereinbarungen zivilrechtlich wirksam.[28] Ein gesetzliches Verbot im Sinne des § 134 BGB liegt nicht vor, da sich die Anordnung im Rahmen des § 45 Abs. 1 KWG nicht gegen den Inhalt eines kon-

---

22 *Bähre/Schneider*, (Fn. 17) § 45 Anm. 3; *Szagunn/Haug/Ergenzinger*, (Fn. 12) § 45 Rz. 8; *Reischauer/Kleinhans*, (Fn. 4) § 45 Anm. 6; *Beck/Samm*, (Fn. 12) § 45 Rz. 38 f.; *Lindemann* in Boos/Fischer/Schulte-Mattler, (Fn. 13) § 45 Rz. 16.

23 Vgl. etwa § 121 HGB, § 60 AktG, § 29 GmbHG.

24 Zu Einzelheiten vgl. *Lindemann* in Boos/Fischer/Schulte-Mattler, (Fn. 13) § 45 Rz. 20 f.

25 *Reischauer/Kleinhans*, (Fn. 4) § 45 Anm. 12; *Lindemann* in Boos/Fischer/Schulte-Mattler, (Fn. 13) § 45 Rz. 22.

26 *Schork*, (Fn. 17) § 45 Rz. 6; *Bähre/Schneider*, (Fn. 17) § 45 Anm. 5; *Szagunn/Haug/Ergenzinger*, (Fn. 12) § 45 Rz. 10; *Beck/Samm*, (Fn. 12) § 45 Rz. 56; *Reischauer/Kleinhans*, (Fn. 4) § 45 Anm. 8; *Lindemann* in Boos/Fischer/Schulte-Mattler, (Fn. 13) § 45 Rz. 26.

27 So auch *Lindemann* in Boos/Fischer/Schulte-Mattler, (Fn. 13) § 45 Rz. 25.

28 BGH, WM 1990, 54; *Bähre/Schneider*, (Fn. 17) § 45 Anm. 7; *Beck/Samm*, (Fn. 12) § 45 Rz. 71; *Reischauer/Kleinhans*, (Fn. 4) § 45 Anm. 12; *Lindemann* in Boos/Fischer/Schulte-Mattler, (Fn. 13) § 45 Rz. 28; *Fischer* in Schimansky/Bunte/Lwowski, (Fn. 13) § 133 Rz. 6; *Sack* in Staudinger, BGB (Neubearbeitung 2003) § 134 Rz. 259; *Heinrichs* in Palandt, BGB (64. Aufl. 2005) § 134 Rz. 20.

kreten Vertrages richtet, sondern gegen dessen Abschluss durch die Bank in der Krise und auch nur dieser bekannt ist. Eine Nichtigkeit kann sich somit nur bei sittenwidrigem Zusammenwirken der Beteiligten gemäß § 138 Abs. 1 BGB ergeben, wobei von der Sittenwidrigkeit ausgegangen werden kann, wenn eine vorsätzliche Benachteiligung der anderen Gläubiger im Sinne des § 133 InsO vorliegt und sich beide Parteien des Verstoßes bewusst waren.[29]

3. Ende der Maßnahmen

Wie lange Maßnahmen nach § 45 KWG andauern, ist gesetzlich nicht bestimmt. Die Aufhebung liegt somit Ermessen der Bundesanstalt, setzt aber voraus, dass die Voraussetzungen der Anordnung entfallen sind, also die Angemessenheit der Eigenmittel und eine ausreichende Liquidität wieder hergestellt wurden.

II. Maßnahmen nach § 46 KWG

Verschlechtert sich die finanzielle Lage der Bank weiter, eröffnet § 46 KWG weitergehende Eingriffsbefugnisse der Aufsichtsbehörde. Vorherige Anordnungen nach § 45 KWG sind dabei nicht erforderlich. Neben das Ziel der Überwindung der Krise tritt hier bereits der Schutz der Gläubiger.

1. Anordnungsvoraussetzungen

Voraussetzung für Maßnahmen nach § 46 Abs. 1 KWG ist daher eine Gefahr für die Erfüllung der Verpflichtungen eines Instituts gegenüber seinen Gläubigern, insbesondere für die Sicherheit der ihm anvertrauten Vermögenswerte. Es muss sich im Einzelfall um eine konkrete Gefahr handeln.[30] Externe Faktoren wie eine Nachschusspflichten oder die Zugehörigkeit zu einer Einlagensicherungseinrichtung bleiben dabei außer Betracht.[31] Wann eine Gefahr im Sinne der Vorschrift vorliegt, ist in § 46 KWG nicht weiter konkretisiert. Eine gleich lautende Formulierung enthält jedoch § 35 Abs. 2 Nr. 4 KWG, der die BaFin zur Aufhebung der Bankerlaubnis

---

29 BGH, WM 1990, 54, 56; *Reischauer/Kleinhans*, (Fn. 4) § 45 Anm. 12; *Fischer* in Schimansky/Bunte/Lwowski, (Fn. 13) § 133 Rz. 6.

30 So schon zum ursprünglichen § 45 KWG die Begründung des Regierungsentwurfs zum Kreditwesengesetz (BT-Drucks. 3/1114), Abschn. B. Zu § 45, abgedruckt in *Reischauer/Kleinhans*, (Fn. 4) Kza. 575 (dort S. 45); KG Berlin, Beschluss vom 26.10.1984 – AR (B) 109/84 – 5 Ws (B) 251/84 – 330 OWi 404/83 – abgedruckt in *Beckmann/Bauer*, Bankaufsichtsrecht – Entscheidungssammlung (Stand: 1989) Nr. 9 zu § 46; *Schork*, (Fn. 17) § 46 Rz. 1; *Reischauer/Kleinhans*, (Fn. 4) § 46 Anm. 1, 2; *Beck/Samm*, (Fn. 12) § 46 Rz. 24; *Lindemann* in Boos/Fischer/Schulte-Mattler, (Fn. 13) § 46 Rz. 2; *Nirk*, (Fn. 12) S. 51 f.; für „einfache Gefahr" nur VG Berlin, Beschluss vom 13.10.1995, Az. VG 25 A 234.94 – nicht veröffentlicht; dagegen aber die Rechtsmittelentscheidung des OVG Berlin vom 22.5.1995, Az. OVG 1 S 27.95 – nicht veröffentlicht.

31 *Szagunn/Haug/Ergenzinger*, (Fn. 12) § 46 Rz. 3; *Fischer* in Schimansky/Bunte/Lwowski, (Fn. 13) § 133 Rz. 10.

ermächtigt. Dort ist bestimmt, dass eine Gefahr für die Erfüllung der Verpflichtungen eines Instituts gegenüber seinen Gläubigern „auch" dann vorliegt, wenn die Hälfte des nach § 10 KWG maßgebenden haftenden Eigenkapitals verloren ist oder bei einem Verlust von jeweils zehn Prozent in drei aufeinander folgenden Geschäftsjahren. Die Aufhebung der Erlaubnis ist in diesen Fällen zulässig, sofern die Gefahr nicht durch andere Maßnahmen nach dem Kreditwesengesetz abgewendet werden kann. Damit ist auf § 46 KWG als weniger einschneidende Anordnung Bezug genommen, so dass die Konkretisierung des Gefahrbegriffs in § 35 Abs. 2 Nr. 4 2. HS. KWG auch im Rahmen dieser Norm herangezogen werden kann.[32]

Neben dem Eigenkapitalverlust im genannten Umfang ist eine konkrete Gefahr ferner dann gegeben, wenn Tatsachen vorliegen, die nach der Lebenserfahrung die Besorgnis erheblicher wirtschaftlicher Schwierigkeiten begründen.[33] Daher berechtigen vor allem auch Liquiditätsschwierigkeiten zum Einschreiten. Des Weiteren sieht § 46 Abs. 1 S. 1 Alt. 2 KWG die Eingriffsbefugnis vor, wenn der begründete Verdacht besteht, dass eine wirksame Aufsicht über das Institut nicht möglich ist. Im Gegensatz zur ersten Alternative reicht hier also eine abstrakte Gefahr.[34] Diese liegt gemäß § 33 Abs. 3 S. 2 KWG insbesondere bei Beteiligungsgeflechten vor, bei denen wegen ihrer Struktur oder mangelhaften wirtschaftlichen Transparenz die Aufsicht beeinträchtigt ist, sowie bei Tochterunternehmen von im Heimatland nicht wirksam beaufsichtigten Instituten mit Sitz in einem Drittstaat.

2. Maßnahmen

Nach § 46 Abs. 1 S. 1 KWG kann die BaFin alle zur Gefahrenabwendung erforderlichen einstweiligen Anordnungen treffen. Eine Aufzählung enthält § 46 Abs. 1 S. 2 KWG. Es handelt sich sowohl um interne, organisatorische Maßnahmen als auch um Eingriffe in die Geschäftstätigkeit, die einzeln oder gebündelt angeordnet werden können. Der Katalog ist nicht abschließend. Ausgeschlossen sind dabei nach richtiger Auffassung jedoch die in § 46a Abs. 1 KWG gesondert vorgesehenen Anordnungen, da andernfalls letztere Vorschrift überflüssig wäre und der Verhältnismäßigkeitsgrundsatz derart einschneidenden und öffentlichkeitswirksamen Maßnahmen im Stadium des § 46 KWG entgegensteht.

---

32 OVG Nordrhein-Westfalen, WM 2002, 847 und Vorinstanz VG Köln, WM 2001, 1612 (dazu Anmerkung *Zietsch/Sterzenbach*, WuB I L 1. § 46a KWG 1.01, 1281, 1283); *Neeff*, (Fn. 3) S. 134; *Schork*, (Fn. 17) § 46 Rz. 3; *Bähre/Schneider*, (Fn. 17) § 46 Anm. 2; *Szagunn/Haug/Ergenzinger*, (Fn. 12) § 46 Rz. 4; *Beck/Samm*, (Fn. 12) § 46 Rz. 35 f.; *Lindemann* in Boos/Fischer/Schulte-Mattler, (Fn. 13) § 46 Rz. 9.

33 *Bähre/Schneider*, (Fn. 17) § 46 Anm. 2; *Beck/Samm*, (Fn. 12) § 46 Rz. 32; *Lindemann* in Boos/Fischer/Schulte-Mattler, (Fn. 13) § 46 Rz. 8.

34 So auch *Beck/Samm*, (Fn. 12) § 46 Rz. 39. Vgl. auch Begründung des Regierungsentwurfs zum 6. Änderungsgesetz zum KWG (BT-Drucks. 13/7142), Abschn. B. I. zu Nr. 66 (§ 46), abgedruckt in *Reischauer/Kleinhans*, (Fn. 4) Kza. 599 (dort S. 78): Die BaFin kann „bereits im Vorfeld eingreifen, bevor [sie] eine konkrete Gefahr [...] feststellt."

Die Bundesanstalt kann gemäß § 46 Abs. 1 S. 2 Nr. 1 KWG Anweisungen für die Geschäftsführung des Instituts in Form von Ge- und Verboten hinsichtlich der Geschäftspolitik und -organisation erlassen. So kann etwa die Unterlassung bestimmter risikoreicher Geschäfte und eine Verstärkung der Innenrevision verlangt werden oder Anweisungen bezüglich der Führung von Zweigstellen ergehen. Ferner ist in § 46 Abs. 1 S. 2 Nr. 3, 4 KWG vorgesehen, dass Geschäftsleitern[35] die Ausübung ihrer Tätigkeit untersagt oder beschränkt und eine Aufsichtsperson bestellt werden kann. Da die Maßnahmen zur Abwendung der Gefahr erforderlich sein müssen, muss dabei die Ausübung der Tätigkeit ursächlich für die Krise gewesen sein, wobei die Feststellung einer Unzuverlässigkeit oder mangelnden fachlichen Eignung jedoch nicht erforderlich ist.[36] Im Gegensatz zur Abberufung nach § 36 Abs. 1 KWG ist hier nur eine einstweilige Tätigkeitsuntersagung zulässig. Folge ist der Ausschluss von der Geschäftsführung und der Verlust der Vertretungsbefugnis bzw. der Widerruf einer Prokura. Soweit erforderlich, kann die BaFin als Ersatz andere geschäftsführungs- und vertretungsbefugte Personen bestellen lassen (§ 46 Abs. 2 KWG). Eine Beschränkung der Tätigkeitsausübung erfolgt in der Regel durch die Bindung der Vertretungsbefugnis an die Mitwirkung eines Dritten, etwa einer Aufsichtsperson.[37]

Die schwerwiegendste der aufgezählten Maßnahmen enthält § 46 Abs. 1 S. 2 Nr. 2 KWG als besondere Anweisung für die Geschäftsführung. Danach kann dem Institut die Annahme von Einlagen oder Geldern oder Wertpapieren von Kunden und die Gewährung von Krediten im Sinne des § 19 Abs. 1 KWG verboten werden. Das Kreditgewährungsverbot entspricht demjenigen nach § 45 Abs. 1 KWG. Hintergrund eines Annahmeverbots ist demgegenüber die Gefahr, dass die Rückzahlung neuer Einlagen und Gelder nicht gesichert ist. Insoweit steht es im Ermessen der BaFin, lediglich eine Beschränkung hinsichtlich einzelner Einlagearten[38] oder einer bestimmten Einzel- oder Gesamthöhe vorzunehmen.[39] Bei Wertpapieren ist zu beachten, dass, sofern Eigentum erworben wird, dieses in einer späteren Insolvenz ein Aussonderungsrecht gemäß § 47 InsO verleiht, so dass ein besonderer Schutz nicht zwingend erforderlich ist.

---

35 Zum Begriff vgl. § 2 Abs. 2 S. 1 KWG.

36 Eine Vermutung in dieser Hinsicht ist ausreichend nach VG Berlin, Urteil vom 23./27.12. 1983 – VG 14 A 189/81 – abgedruckt in *Beckmann/Bauer*, (Fn. 30) Nr. 8 zu § 46; *Szagunn/Haug/Ergenzinger*, (Fn. 12) § 46 Rz. 7 c; *Beck/Samm*, (Fn. 12) § 46 Rz. 62; *Lindemann* in Boos/Fischer/Schulte-Mattler, (Fn. 13) § 46 Rz. 29; wohl auch *Bähre/Schneider*, (Fn. 17) § 46 Anm. 5 (bei dem anderslautenden Ergebnis im ersten Absatz am Ende muss es sich um ein Versehen handeln); anders aber *Reischauer/Kleinhans*, (Fn. 4) § 46 Anm. 8; ähnlich *Schork*, (Fn. 17) § 46 Rz. 12, nach dem Mängel gegeben sein müssen, „die sehr in der Nähe von Unzuverlässigkeit oder fehlender Eignung liegen", wobei eine Abstufung nach der Schwere des Eingriffs vorgenommen werden soll.

37 *Bähre/Schneider*, (Fn. 17) § 46 Anm. 5; *Reischauer/Kleinhans*, (Fn. 4) § 46 Anm. 8; *Beck/Samm*, (Fn. 12) § 46 Rz. 63; *Lindemann* in Boos/Fischer/Schulte-Mattler, (Fn. 13) § 46 Rz. 28.

38 *Bähre/Schneider*, (Fn. 17) § 46 Anm. 4; *Szagunn/Haug/Ergenzinger*, (Fn. 12) § 46 Rz. 7 a; *Beck/Samm*, (Fn. 12) § 46 Rz. 50; *Lindemann* in Boos/Fischer/Schulte-Mattler, (Fn. 13) § 46 Rz. 20.

39 *Reischauer/Kleinhans*, (Fn. 4) § 46 Anm. 7.

3. Stundungswirkung der Maßnahmen nach § 46 Abs. 1 S. 2 Nr. 2 KWG

In der Regel ist die Bank verpflichtet, Zahlungen für ihre Kunden entgegenzunehmen (vgl. für den Girovertrag etwa § 676f. S. 1 BGB). Ist dies dem Institut jedoch untersagt, stellt sich die Frage, ob deshalb Schadensersatzansprüche geltend gemacht werden können. Dies wird teilweise bejaht.[40] Dem steht indes entgegen, dass der Bank die Leistung durch behördliche Verfügung verboten ist. Der Gläubiger darf daher auch nicht mehr fordern.[41] Für das Veräußerungs- und Zahlungsverbot nach § 46a Abs. 1 S. 1 Nr. 1 KWG und die entsprechende versicherungsrechtliche Vorschrift des § 89 Abs. 1 S. 2 VAG ist daher ganz überwiegende Auffassung, dass die Anordnung eine Stundung der Ansprüche bewirkt.[42] Das Verbot steht einer Verurteilung zur sofortigen Zahlung entgegen. Gleiches muss im Rahmen des § 46 KWG für das Entgegennahmeverbot gelten. Mangels fälliger Ansprüche liegt daher weder Unmöglichkeit noch Verzug vor, so dass Schadensersatzansprüche gegen das Institut nicht in Betracht kommen. Möglich erscheint allenfalls eine Haftung der Unternehmensleiter, wenn diese erforderliche Sanierungsmaßnahmen nicht rechtzeitig eingeleitet haben.[43]

4. Verbotswidrige Geschäfte

Wie bereits dargestellt, sind Kredite, die trotz eines Kreditgewährungsverbots abgeschlossen werden, nicht nach § 134 BGB nichtig.[44] Damit ist fraglich, ob gleiches auch für die verbotswidrige Annahme von Einlagen, Geldern oder Wertpapieren gilt. Eine Darstellung der Einzelheiten zum diesbezüglichen Streit würde den Rahmen dieser Ausführungen sprengen.[45] Im Ergebnis bleibt hier aber festzustellen, dass § 134 BGB weder direkt Anwendung findet, da es sich bei der Verfügung der BaFin nicht um ein gesetzliches Verbot handelt, noch analog, da es insoweit an

---

40 Für einen Anspruch wegen Unmöglichkeit gemäß §§ 283 S. 1, 280 Abs. 1, 275 Abs. 1 BGB *Huber*, Die Normen des Kreditwesengesetzes zur Verhinderung einer Bankinsolvenz und ihre Auswirkungen auf das Giroverhältnis (1987) S. 105; so auch, zur vergleichbaren Frage bei § 46a KWG, *Lindemann* in Boos/Fischer/Schulte-Mattler, (Fn. 13) § 46a Rz. 22 ff.; für schuldhaften Verzug *Neeff*, (Fn. 3) S. 202 f.

41 Vgl. RGZ 112, 348, 350.

42 Zu § 46a KWG: Bericht und Antrag des Finanzausschusses über den Regierungsentwurf eines 2. Änderungsgesetzes zum KWG (BT-Drucks. 7/4631), Abschn. A. II. Nr. 17a § 46a, abgedruckt in *Reischauer/Kleinhans*, (Fn. 4) Kza. 583 (dort S. 14); siehe auch Begründung des Regierungsentwurfs zum 4. Finanzmarktförderungsgesetz, BT-Drucks. 14/8017, S. 141; *Kieper*, Abwicklungssysteme in der Insolvenz (2004) S. 202 f.; *Beck/Samm*, (Fn. 12) § 46a Rz. 15, 17; *Reischauer/Kleinhans*, (Fn. 4) § 46a Anm. 5; *Szagunn/Haug/Ergenzinger*, (Fn. 12) § 46a Rz. 4a; *Zietsch*, WM 1997, 954, 956 f.; *Nirk*, (Fn. 12) S. 52; zu § 89 VAG: RGZ 112, 348, 350; *Müller* in Goldberg/Müller, Versicherungsaufsichtsgesetz – Kommentar (1980) § 89 Rz. 9; *Kollhosser* in Prölss/Frey/Schmidt, Versicherungsaufsichtsgesetz – Kommentar (11. Aufl. 1997) § 89 Rz. 9; *Bähr* in Fahr/Kaulbach/Bähr, Versicherungsaufsichtsgesetz – VAG – Kommentar (3. Aufl. 2003) § 89 Rz. 3.

43 Vgl. dazu zuletzt *Ehlers*, ZInsO 2005, 169, 171 f. m.w.N.

44 Siehe oben unter A.I.2) am Ende.

45 Insoweit sei verwiesen auf die in Kürze erscheinende zweite Auflage von *Pannen*, Krise und Insolvenz bei Kreditinstituten.

einer planwidrigen Regelungslücke fehlt.[46] In Betracht kommt allenfalls eine relative Unwirksamkeit gemäß §§ 135, 136 BGB analog wegen eines behördlichen Erwerbsverbotes. Dieses Institut wurde vom Reichsgericht für Fälle des so genannten „Schwarzkaufs" (Unterverbriefung) beim Grundstückskauf entwickelt.[47] Zulässigkeit und Rechtsfolge dieser Erwerbsverbote sind umstritten.[48] Nach überwiegender Auffassung sind Erwerbsverbote aufgrund einstweiliger Verfügung nach §§ 935, 938 ZPO im genannten Zusammenhang zulässig,[49] wobei hinsichtlich der Rechtsfolgen die §§ 135, 136 BGB teils direkt,[50] größtenteils aber analog herangezogen werden.[51] Demgegenüber hält eine andere Auffassung behördliche Erwerbsverbote mit beachtlichen Argumenten allgemein für unzulässig.[52] Vor diesem Hintergrund ist bei der Ausweitung dieses umstrittenen Instituts Zurückhaltung geboten, wobei im vorliegenden Zusammenhang zu beachten ist, dass die Interessenlagen nicht ohne Weiteres vergleichbar sind. Vor allem muss die Entscheidung der Frage, ob Annahmegeschäfte trotz eines Verbots durch die BaFin wirksam sind, dem Gesetzgeber überlassen bleiben. Dieser hat die Nichtigkeit etwa für verbotswidrige Gewinnausschüttungsbeschlüsse in § 46 Abs. 1 S. 3 KWG ausdrücklich angeordnet. Diese Bestimmung zeigt, dass der Gesetzgeber die Frage der Wirksamkeit im Rahmen von Anordnungen nach § 46 KWG durchaus bedacht hat, so dass von einer eine Analogie rechtfertigenden, planwidrigen Regelungslücke nicht ausgegangen werden kann. Auch die §§ 135, 136 BGB finden daher keine Anwendung, so dass verbotswidrige Geschäfte uneingeschränkt wirksam bleiben.

5. Ende der Maßnahmen

Da es sich nach dem Wortlaut des § 46 Abs. 1 S. 1 KWG nur um „einstweilige Maßnahmen" handeln darf, müssen diese vorübergehenden Charakter haben, ohne dass

---

46 Im Ergebnis ebenso *Beck/Samm*, (Fn. 12) § 46 Rz. 57 und § 46a Rz. 29; *Szagunn/Haug/Ergenzinger*, (Fn. 12) § 46a Rz. 4c; *Heinrichs* in Palandt, (Fn. 28) § 134 Rz. 20; *Kieper*, (Fn. 42) S. 199; *Neeff*, (Fn. 3) S. 194, der aber bei § 46a Abs. 1 S. 1 Nr. 3 KWG doch § 134 BGB anwenden will.

47 Vgl. RGZ 117, 287; 120, 118.

48 Vgl. die ausführliche Darstellung des Streitstands bei *Gursky* in Staudinger, BGB (Neubearbeitung 2002) § 888 Rz. 86.

49 KG, DNotZ 1962, 400, 401; BGH, NJW 1983, 565; BayObLG, Rpfleger 1978, 306; NJW-RR 1997, 913, 914; OLG Köln, ZfBR 2001, 551; OLG Naumburg, OLG-NL 2003, 218.

50 *Kohler* in Staudinger, (Fn. 28) § 136 Rz. 35, der aber Zweifel an der Zulässigkeit insgesamt hat, vgl. Rz. 32.

51 RGZ 117, 287, 291; 120, 118, 120; OLG Hamm, DNotZ 1970, 661, 662; *Heydrich*, MDR 1997, 796, 797; *Bork*, Allgemeiner Teil des Bürgerlichen Gesetzbuchs (2001) Rz. 1139; *Baur/Stürner*, Sachenrecht (17. Aufl. 1999) § 15 Rz. 32; *Mayer-Maly/Armbrüster* in MünchKomm-BGB (4. Aufl. 2001) § 136 Rz. 9; *Palm* in Erman, BGB (11. Aufl. 2004) § 136 Rz. 15; *Hefermehl* in Soergel, BGB (13. Aufl. 1999) § 136 Rz. 31; *Heinrichs* in Palandt, (Fn. 28) § 136 Rz. 5.

52 *Huber*, (Fn. 40) S. 55, 57; *Giesen*, Jura 1990, 169, 170; *Lindemann* in Boos/Fischer/Schulte-Mattler, (Fn. 13) § 46 Rz. 23; *Gursky* in Staudinger, (Fn. 48) § 888 Rz. 87; *Wacke* in MünchKomm-BGB (4. Aufl. 2004) § 888 Rz. 24; *Medicus*, Allgemeiner Teil des BGB (8. Aufl. 2002) Rz. 665; *Larenz*, Allgemeiner Teil des Deutschen Bürgerlichen Rechts (7. Aufl. 1989) S. 475 f. – anders jetzt aber wohl *Larenz/Wolf*, Allgemeiner Teil des Deutschen Bürgerlichen Rechts (8. Aufl. 1997) § 44 Rz. 72f.; kritisch zum Erwerbsverbot auch *Kohler* in Staudinger, (Fn. 28) § 136 Rz. 32.

es aber von vornherein einer Befristung bedürfte. Auch eine bestimmte Dauer ist nicht vorgesehen, die sich ohnehin nicht abstrakt bestimmen ließe. Die Maßnahmen sind aufzuheben, wenn die Gefahr nicht mehr besteht. Lässt sich die Gefahr nicht abwenden, kann die BaFin dauerhafte Maßnahmen wie etwa die Aufhebung der Bankerlaubnis gemäß § 35 Abs. 2 Nr. 4 KWG oder ein Moratorium nach § 46a KWG anordnen.

III. Maßnahmen nach § 46a KWG („Moratorium")

Die Anordnungsermächtigungen des § 46a KWG stellen die aufsichtsrechtlich letzte Stufe zur Vermeidung der Insolvenz dar. Die Maßnahmen werden als Moratorium bezeichnet, obwohl das Kreditwesengesetz diesen Begriff nur im Zusammenhang mit Rechtsverordnungen bei Gefahren für die Gesamtwirtschaft aufgrund des § 47 Abs. 1 KWG kennt. Als Reaktion auf die Insolvenz des Bankhauses I. D. Herstatt KGaA im Jahre 1974 ist der BaFin durch § 46a KWG die Möglichkeit gegeben worden, den Geschäftsbetrieb eines Kreditinstituts nahezu vollständig einzufrieren. Ursprünglicher Zweck der Norm war es, allen Beteiligten vor der Eröffnung eines Insolvenzverfahrens die Möglichkeit zu geben, ohne Zeitdruck Maßnahmen zum Schutz der Gläubiger zu prüfen und zu ergreifen.[53] Als Zeitraum waren bis zu sechs Monate vorgesehen.[54] Die praktische Erfahrung zeigt jedoch, dass eine dauerhafte Sanierung aus dem Moratorium der Ausnahmefall ist. Soweit ersichtlich sind seit 1990 nur zwei von insgesamt 24 Moratorien wieder aufgehoben worden.[55] Im zweiten Fall wurde allerdings nach dreieinhalb Jahren erneut ein Moratorium angeordnet und bald darauf das Insolvenzverfahren eröffnet.[56]

Zu beachten ist, dass sich der Zeitdruck auf Sanierungsbemühungen wesentlich erhöht hat. Durch eine Änderung des § 5 Abs. 1 S. 2 Einlagensicherungs- und Anlegerentschädigungsgesetz (ESAEG) ist nach einer Moratoriumsdauer von sechs Wochen der so genannte Entschädigungsfall festzustellen.[57] Dieser leitet die Entschädigung der Gläubiger des Instituts im Rahmen der Einlagensicherung ein, auf die hier nicht eingegangen werden kann. Die Folge ist, dass die Forderungen der gesicherten Kunden mit der Entschädigung auf die entsprechende Sicherungseinrichtung übergehen,[58] so dass durch den Vertrauensverlust des Publikums und den Abbau des Kundenstamms auf der Passivseite eine Sanierung des Kreditinsti-

---

53 Bericht und Antrag des Finanzausschusses über den Regierungsentwurf eines 2. Änderungsgesetzes zum KWG (BT-Drucks. 7/4631), Abschn. A. II. Nr. 17a § 46a, abgedruckt in *Reischauer/Kleinhans*, (Fn. 4) Kza. 583 (dort S. 13).

54 Bericht und Antrag des Finanzausschusses über den Regierungsentwurf eines 2. Änderungsgesetzes zum KWG (BT-Drucks. 7/4631), Abschn. A. II. Nr. 17a § 46a, abgedruckt in *Reischauer/Kleinhans*, (Fn. 4) Kza. 583 (dort S. 14).

55 Vgl. Pressemitteilungen des BAKred vom 31.03.1995 und vom 01.10.1997.

56 Vgl. Pressemitteilung des BAKred vom 24.08.2001.

57 Änderung durch das 4. Finanzmarktförderungsgesetz vom 21.6.2002 (BGBl. I S. 2010).

58 Vgl. § 5 Abs. 5 ESAEG und etwa Nr. 20 Abs. 4 AGB-Banken.

tuts nach diesem Zeitpunkt nahezu ausgeschlossen ist.[59] Teilweise wird daher der Zweck der Anordnung eines Moratoriums heute in der Einleitung eines geordneten Marktaustritts der Bank gesehen.[60]

Die in § 46a KWG genannten Maßnahmen bilden einen abschließenden Katalog von Anordnungen, die die BaFin – nach ihrem Ermessen – kumulativ oder alternativ anordnen kann. Nach § 46a Abs. 1 S. 5 KWG sind für die Dauer der Maßnahmen Zwangsvollstreckungen, Arreste und einstweilige Verfügungen in das Vermögen des Instituts nicht zulässig. Auch finden gemäß § 46a Abs. 1 S. 6 KWG die insolvenzrechtlichen Vorschriften zum Schutz von Zahlungs- sowie Wertpapierliefer- und -abrechnungssystemen sowie die kürzlich eingeführten Privilegierung für so genannte Finanzsicherheiten[61] im Moratorium entsprechende Anwendung.[62]

1. Anordnungsvoraussetzungen: Insolvenzgefahr?

Hinsichtlich der Voraussetzungen verweist § 46a Abs. 1 S. 1 KWG auf § 46 Abs. 1 S. 1 KWG, so dass eine Gefahr im oben beschriebenen Sinne vorliegen muss.[63] Dann sind Maßnahmen „zur Vermeidung des Insolvenzverfahrens“ zulässig. Ob sich aus dieser Formulierung ergibt, dass weitere Voraussetzung eine Insolvenzgefahr ist oder ob es sich ausschließlich um eine Beschränkung des Ermessens handelt, ist umstritten. Nach überwiegender Auffassung muss die „Insolvenznähe“ oder „Insolvenzgefahr“ im Sinne eines Tatbestandsmerkmals vorliegen.[64] Demgegenüber wird teilweise aus dem Wortlaut der Schluss gezogen, es könne sich nur um eine Ermessensbeschränkung handeln.[65] Richtig ist indes beides.

Das Ermessen ist ausweislich des § 46a Abs. 1 S. 1 KWG in der Tat auf Maßnahmen beschränkt, die zur Vermeidung des Insolvenzverfahrens erforderlich sind. Die Erforderlichkeit ist aber nur dann gegeben, wenn ein solches auch tatsächlich droht

---

59 So auch die Begründung des Regierungsentwurfs zum 4. Finanzmarktförderungsgesetz, BT-Drucks. 14/8017, S. 141; *Weber* in Hellner/Schröter/Steuer/Weber, Bankrecht und Bankpraxis (Stand: Januar 2005) Rz. 1/663; *Lindemann* in Boos/Fischer/Schulte-Mattler, (Fn. 13) § 46a Rz. 61.
60 So *Uhlenbruck* in Uhlenbruck, Insolvenzordnung – Kommentar (12. Aufl. 2003) § 14 Rz. 110.
61 Durch das „Gesetz zur Umsetzung der Richtlinie 2002/47/EG vom 6. Juni 2002 über Finanzsicherheiten und zur Änderung des Hypothekenbankgesetzes und anderer Gesetze“ vom 5.4.2004 (BGBl. I S. 502).
62 Näheres in der zweiten Auflage von *Pannen*, Krise und Insolvenz bei Kreditinstituten; zu Abwicklungssystemen vgl. auch ausführlich *Kieper*, (Fn. 42).
63 Vgl. A. II. 1).
64 So ausdrücklich der BGH, ZIP 1986, 1537, 1538 f.: „Die [...] angeordneten Maßnahmen durften gem. §§ 46, 46a KWG nur erlassen werden, wenn Konkursgefahr und Gefahr für die Erfüllung der Verpflichtungen eines Kreditinstituts gegenüber seinen Gläubigern [...] bestand.“ So auch bereits der Bericht und Antrag des Finanzausschusses über den Regierungsentwurf eines 2. Änderungsgesetzes zum KWG (BT-Drucks. 7/4631), Abschn. A. II. Nr. 17a § 46a, abgedruckt in *Reischauer/Kleinhans*, (Fn. 4) Kza. 583 (dort S. 13); ferner *Schork*, (Fn. 17) § 46a Rz. 3; *Reischauer/Kleinhans*, (Fn. 4) § 46a Anm. 3; *Beck/Samm*, (Fn. 12) § 46a Rz. 10; *Szagunn/Haug/Ergenzinger*, (Fn. 12) § 46a Rz. 2; *Waschbusch*, (Fn. 3) S. 539; *Zietsch*, WM 1997, 954; offengelassen in VG Köln, WM 2001, 1612, 1616.
65 So *Lindemann* in Boos/Fischer/Schulte-Mattler, (Fn. 13) § 46a Rz. 7.

und mithin eine Insolvenzgefahr besteht.[66] Dies stimmt auch mit der amtlichen Überschrift „Maßnahmen bei Insolvenzgefahr" überein. Wesentliche Folge ist die gerichtliche Überprüfbarkeit dieser Voraussetzung, die angesichts der hohen Eingriffsintensität aber angemessen und wünschenswert erscheint. Es handelt sich folglich sowohl um ein Tatbestandsmerkmal als auch um eine Ermessensbeschränkung.

Der Streit verliert jedoch wesentlich an Bedeutung, wenn man sich der Frage zuwendet, wann eine Insolvenzgefahr vorliegt. Gängig ist die Formulierung, dass eine solche vorliege, wenn bei einem Unterlassen des Einschreitens ein Insolvenzverfahren droht.[67] Im Hinblick auf die Insolvenzeröffnungsgründe muss also eine drohende Überschuldung oder drohende Zahlungsunfähigkeit vorliegen. Hinsichtlich der drohenden Überschuldung kann wiederum auf den Eigenkapitalverlust in der in § 35 Abs. 2 Nr. 4 KWG genannten Höhe zurückgegriffen werden.[68] Die drohende Zahlungsunfähigkeit richtet sich dagegen nach den Kriterien, die zu § 18 InsO entwickelt wurden. Durch eine Neufassung des § 46b Abs. 1 S. 5 KWG ist nun auch bei Kreditinstituten ein Insolvenzantrag aus diesem Grund zulässig. Voraussetzung ist aber die Zustimmung des Instituts und die Aussichtslosigkeit anderer Maßnahmen – nämlich solcher nach §§ 46, 46a KWG.

Darüber hinaus handelt es sich auch dann noch um eine Insolvenz*gefahr*, wenn bereits ein („zustimmungsfreier") Insolvenzeröffnungsgrund, also Zahlungsunfähigkeit oder Überschuldung, vorliegt. Denn die Antragstellung liegt gemäß § 46b KWG allein im Ermessen der BaFin, so dass die Verfahrenseröffnung nicht zwingend ist.[69] Problematisch ist insoweit allenfalls, ob bei Vorliegen eines Eröffnungsgrundes noch Maßnahmen „zur Vermeidung eines Insolvenzverfahrens" möglich sind. Hier dürfte in der Regel die Sicherung der vorhandenen Vermögenswerte im Vordergrund stehen. Da aber § 46a KWG vor allem dem Schutz der Gläubigerinteressen dient, ist eine weite Auslegung geboten.[70]

Damit bleibt die Frage, wann das Merkmal der Insolvenzgefahr tatsächlich Bedeutung erlangt. Nach § 46 Abs. 1 S. 1 2. Alt. KWG sind Anordnungen auch dann möglich, wenn der begründete Verdacht besteht, dass eine wirksame Aufsicht über das Institut nicht möglich ist. In diesen Fällen muss die BaFin nachweisen, dass darüber hinaus eine Insolvenzgefahr besteht, um Anordnungen nach § 46a KWG zu erlassen.[71]

---

66 So auch *Bähre/Schneider*, (Fn. 17) §§ 46a–c Anm. 2.
67 Bericht und Antrag des Finanzausschusses über den Regierungsentwurf eines 2. Änderungsgesetzes zum KWG (BT-Drucks. 7/4631), Abschn. A. II. Nr. 17a § 46a, abgedruckt in *Reischauer/Kleinhans*, (Fn. 4) Kza. 583 (dort S. 13); *Bähre/Schneider*, (Fn. 17) §§ 46a–c Anm. 2; *Reischauer/Kleinhans*, (Fn. 4) § 46a Anm. 3; *Beck/Samm*, (Fn. 12) § 46a Rz. 11; *Szagunn/Haug/Ergenzinger*, (Fn. 12) § 46a Rz. 2.
68 So wohl auch VG Köln, WM 2001, 1612, 1613.
69 Vgl. noch unten bei B. I.
70 VG Köln, WM 2001, 1612, 1616.
71 Im Ergebnis ähnlich *Lindemann* in Boos/Fischer/Schulte-Mattler, (Fn. 13) § 46a Rz. 8.

2. Maßnahmen

Nach § 46a Abs. 1 S. 1 Nr. 1 KWG kann die Bundesanstalt ein Veräußerungs- und Zahlungsverbot erlassen. Es dient der Sicherung der vorhandenen Vermögenswerte. Das Veräußerungsverbot bezieht sich auf alle Sachen und Rechte, das Zahlungsverbot auf bare und bargeldlose Zahlungen. Von dem Verbot kann die BaFin Ausnahmen zulassen, insbesondere für Zahlungen, die die Verwaltung des Instituts betreffen, also etwa für Gehälter, Miete, Büromaterial und ähnliches, um im Rahmen der Sicherungsmaßnahmen auf die vorhandene Infrastruktur zurückgreifen zu können. Darüber hinaus kann die Durchführung laufender Geschäfte, die zur Abwicklung erforderlich sind, zugelassen werden, soweit die zuständige Einlagensicherungseinrichtung die erforderlichen Mittel zur Verfügung stellt oder für die entsprechenden Vermögensminderungen einsteht. Hauptanwendungsfall ist die Abwicklung von Aufträgen hinsichtlich Wertpapiergeschäften oder Devisentermingeschäften.[72]

Komplementär zum Veräußerungs- und Zahlungsverbot kann weiter ein Verbot der Entgegennahme von Zahlungen ausgesprochen werden (§ 46a Abs. 1 S. 1 Nr. 3 KWG). Zweck dieser Maßnahme ist der Schutz der potentiellen Neugläubiger, deren Einlagen aufgrund des Veräußerungs- und Zahlungsverbots sofort blockiert wären. Auch ist die Rückzahlung durch das Institut zweifelhaft, da die Eröffnung des Insolvenzverfahrens zu befürchten ist, mit der Folge, dass Einzahler – sofern nicht die Einlagensicherung eingreift – nur eine quotale Befriedigung ihres Anspruchs zu erwarten hätten. Nicht betroffen sind folglich aber Zahlungen zur Tilgung von Schulden, da insoweit die Vermögenswerte des Instituts gesichert werden. Ferner kann die Entgegennahme von Zahlungen gestattet werden, wenn die zuständige Einlagensicherungseinrichtung die Befriedigung der Berechtigten in vollem Umfang sicherstellt. Bei einer solchen Verpflichtungserklärung handelt es sich nach richtiger Auffassung um eine Garantieerklärung zugunsten der Berechtigten.[73]

Um das Veräußerungs- und Zahlungsverbot sowie das Entgegennahmeverbot in räumlicher Hinsicht zu unterstützen, kann gemäß § 46a Abs. 1 S. 1 Nr. 2 KWG die vorläufige Schließung des Instituts für den Verkehr mit der Kundschaft angeordnet werden. Neben der Schalterschließung betrifft dies auch die Geldausgabeautomaten und das Online-Banking.[74]

3. Folgen des Moratoriums

Wie bereits ausgeführt, bewirken die Maßnahmen der BaFin nach §§ 46, 46a KWG eine Stundung entsprechender Ansprüche gegen das Institut.[75] Schadensersatzansprüche der Kunden bestehen daher grundsätzlich nicht. Auch sind Aufrechnun-

72 *Kieper*, (Fn. 42) S. 202.

73 Zu Einzelheiten wird auf die zweite Auflage von *Pannen*, Krise und Insolvenz bei Kreditinstituten verwiesen.

74 *Lindemann* in Boos/Fischer/Schulte-Mattler, (Fn. 13) § 46a Rz. 44.

75 Siehe – mit ausführlichen Nachweisen zu § 46a KWG – oben unter A.II.3).

gen mangels Fälligkeit der Forderungen unzulässig.[76] Im Überweisungsverkehr ist zudem eine Besonderheit zu beachten. Zwar sind Kreditinstitute im Überweisungsverkehr grundsätzlich nicht verpflichtet, die Interessen ihrer Kunden besonders zu beachten. Die Verhängung eines Moratoriums über die Empfängerbank begründet jedoch eine Warnpflicht des erstbeauftragten Instituts gegenüber dem Auftraggeber einer Überweisung, sofern dem Institut die Anordnung der Maßnahmen bekannt ist.[77]

4. Verbotswidrige Geschäfte

Auch bei § 46a KWG stellt sich die Frage nach der Wirksamkeit von Geschäften, die gegen die Anordnungen der BaFin verstoßen. Bei Maßnahmen nach § 46a Abs. 1 S. 1 Nr. 1 KWG handelt es sich um ein behördliches Veräußerungsverbot gemäß §§ 136, 135 BGB, so dass Auszahlungen gegenüber dem Empfänger relativ unwirksam sind. Sie können daher von der Bank zurückgefordert werden. Der Entgegennahme dieser Rückforderung steht ein Verbot nach § 46a Abs. 1 S. 1 Nr. 3 KWG nicht entgegen, da es sich insoweit um die Tilgung einer Schuld handelt. Hinsichtlich der Entgegennahme von sonstigen Zahlungen gilt nichts anderes als bei § 46 KWG.[78] Die Entgegennahme ist zivilrechtlich wirksam. Problematisch ist insoweit, dass die Gelder aufgrund des Zahlungsverbots mit Eingang blockiert sind. An diesem Ergebnis würde sich aber auch dann nichts ändern, wenn man von der Unwirksamkeit ausginge, da das Zahlungsverbot umfassend ist. Um die Gläubiger zu schützen wäre unabhängig von der Wirksamkeit oder Unwirksamkeit eine ausdrückliche entsprechende Ausnahme in der Verfügung der BaFin erforderlich.[79] Fehlt eine solche Ausnahme, kommt ein Schadensersatzanspruch gegen die Verantwortlichen in Betracht, da diesen im Zeitpunkt der Entgegennahme bekannt ist, dass das Institut bereits im Moratorium an einer Auszahlung gehindert ist.

5. Ende der Maßnahmen

Bei Anordnungen nach § 46a KWG handelt es sich nach dem Wortlaut um vorübergehende Maßnahmen. Sie sind aufzuheben, wenn durch eine erfolgreiche Sanierung die Insolvenzgefahr nicht mehr besteht. Haben Sanierungsmaßnahmen dagegen keine Aussicht auf Erfolg, hat die BaFin nach pflichtgemäßem Ermessen gemäß § 46b KWG den Insolvenzantrag zu stellen. Dies berührt die Wirksamkeit der

---

76 *Zietsch*, WM 1997, 954, 956 f.; *Kieper*, (Fn. 42) S. 203.

77 BGH, ZIP 1986, 1537, 1538 f. und Vorinstanz LG Frankfurt/M., WM 1985, 224, 225; *Fischer*, BGH EWiR § 662 BGB 1/86, 1191, 1192; *Obermüller*, Insolvenzrecht in der Bankpraxis (6. Aufl. 2002) Rz. 3.47; *Canaris* in Staub, Handelsgesetzbuch – Großkommentar, 10. Lieferung: Bankvertragsrecht – 1. Teil (4. Aufl. 1988), Rz. 105; *Häuser* in MünchKomm-HGB (2001) ZahlungsV B 148; *Lindemann* in Boos/Fischer/Schulte-Mattler, (Fn. 13) § 46a Rz. 47; ausführlich auch *Beck/Samm*, (Fn. 12) § 46a Rz. 42 ff.

78 Vgl. oben A.II.4).

79 Eine solche Ausnahmeregelung soll in Zukunft grundsätzlich vorgesehen werden.

Anordnungen zunächst nicht.[80] Der Gläubigerschutz gebietet es, die Maßnahmen solange aufrechtzuerhalten, bis das Insolvenzgericht das Insolvenzverfahren eröffnet oder im Rahmen des vorläufigen Verfahrens gleichbedeutende Anordnungen auf Grundlage des § 21 InsO erlässt.[81]

B. Besonderheiten im Insolvenzverfahren

Gelingt eine Sanierung nicht und versprechen die vorgenannten Maßnahmen keinen Erfolg, wird bei Vorliegen eines Eröffnungsgrundes über das Vermögen des Kreditinstituts das Insolvenzverfahren eröffnet. Dabei ergeben sich einige Besonderheiten. In praktischer Hinsicht ist die häufig hohe Quotenerwartung zu nennen. Gleichzeitig ist aber eine Sanierung aus der Insolvenz nahezu ausgeschlossen. Soweit Sanierungschancen bestanden, sind diese im Vorfeld – spätestens im Rahmen des Moratoriums – geprüft worden. Zudem lässt der Vertrauensverlust des Publikums, den die Insolvenzeröffnung über eine Bank zwangsläufig mit sich bringt, eine Fortführung in der Regel aussichtslos erscheinen. Möglich ist jedoch in seltenen Fällen eine Rettung im vorläufigen Insolvenzverfahren, die zu einer Erledigterklärung des Insolvenzantrags durch die BaFin führen kann.[82] In der Regel findet ein vorläufiges Insolvenzverfahren jedoch nicht statt, da mit der dokumentierten Prüfung durch die BaFin das Vorliegen eines Eröffnungsgrundes nachgewiesen wird und ausreichend Masse für das Verfahren vorhanden ist.

Wird das Insolvenzverfahren eröffnet, kann die BaFin gemäß § 35 Abs. 2 Nr. 4 KWG die Bankerlaubnis aufheben. Ein automatisches Erlöschen ist – wie auch bei der Gewerbeerlaubnis in der Insolvenz des Gewerbetreibenden[83] – nicht vorgesehen. Es handelt sich vielmehr um einen belastenden Verwaltungsakt.[84] Nach § 49 KWG hat ein dagegen gerichteter Widerspruch oder eine Anfechtungsklage keine aufschiebende Wirkung.

I. Antragsmonopol der BaFin

Der wesentliche Unterschied zum üblichen Insolvenzverfahren ist bei Banken das Antragsmonopol der BaFin gemäß § 46 b Abs. 1 S. 4 KWG. Die Entscheidung, ob und

---

80 *Schmahl* in MünchKomm-InsO (2001) § 13 Rz. 50; mit verwaltungsrechtlicher Begründung *Lindemann* in Boos/Fischer/Schulte-Mattler, (Fn. 13) § 46 a Rz. 78 ff.

81 *Lindemann* in Boos/Fischer/Schulte-Mattler, (Fn. 13) § 46 a Rz. 83; *Kieper*, (Fn. 42) S. 208; *Schmahl* in MünchKomm-InsO, (Fn. 80) § 13 Rz. 50; ähnlich wohl *Szagunn/Haug/Ergenzinger*, (Fn. 12) § 46 a Rz. 6.

82 Dies ist – soweit ersichtlich – bislang in zwei Fällen vorgekommen; vgl. AG Düsseldorf, Beschluss vom 14.3.2003, Az. 503 IN 308/02 – nicht veröffentlicht; Hinweis bei Pressemitteilung der BaFin vom 24.7.2003; Meldung in der Financial Times Deutschland vom 15.3.2004, S. 21.

83 Vgl. nur *Lwowski* in MünchKomm-InsO, (Fn. 80) § 35 Rz. 512 m.w.N.; *Henckel* in Jaeger, Insolvenzordnung – Großkommentar (2004) § 35 Rz. 12.

84 *Reischauer/Kleinhans*, (Fn. 4) § 35 Anm. 13; *Szagunn/Haug/Ergenzinger*, (Fn. 12) § 35 Rz. 30.

wann ein Insolvenzantrag zu stellen ist, steht allein in ihrem Ermessen.[85] Dadurch wird insbesondere gewährleistet, dass Gläubiger das Institut nicht „in die Insolvenz hineintreiben“[86] und dadurch eventuell noch bestehende Sanierungschancen zunichte machen.

Die Bundesanstalt stellt den Antrag, wenn ein Insolvenzeröffnungsgrund vorliegt und andere Maßnahmen nicht Erfolg versprechend erscheinen. Seit Anfang 2004 ist auch bei Kreditinstituten die drohende Zahlungsunfähigkeit gemäß § 18 InsO als Eröffnungsgrund in § 46b Abs. 1 S. 3 KWG eingefügt worden, damit „das Kreditwesengesetz strukturell der Insolvenzordnung angepasst und die Handlungsmöglichkeiten der Bundesanstalt erweitert werden.“[87] Da es sich nach der Insolvenzordnung um ein Antragsrecht des Insolvenzschuldners handelt, ist der Antrag nach § 46b Abs. 1 S. 5 KWG jedoch an die Zustimmung des Instituts gebunden. Bei Zahlungsunfähigkeit oder Überschuldung ist eine Zustimmung dagegen nicht erforderlich. Vielmehr besteht gemäß § 46b Abs. 1 S. 1 KWG eine Anzeigepflicht der Geschäftsleiter, die gesellschaftsrechtliche Insolvenzantragspflichten ersetzt.[88] Eine Verletzung der Anzeigepflicht ist strafbar (§ 55 KWG), berührt das Insolvenzantragsrecht der BaFin jedoch nicht.

II. Rechtsnatur des Insolvenzantrags

Unklar ist die Rechtsnatur des Insolvenzantrags der BaFin. Ausgangspunkt ist die Rechtslage vor 1999. Ursprünglich war das Insolvenzgericht an den Antrag gebunden, hatte also – ohne eigene Prüfungskompetenz – das Insolvenzverfahren zu eröffnen. Damit enthielt bereits der Insolvenzantrag eine verbindliche Regelung, nämlich die Entscheidung über die Eröffnung des Insolvenzverfahrens. Der Antrag wurde entsprechend als Verwaltungsakt eingeordnet. Mit der Einführung der Insolvenzordnung wurde jedoch auch der § 46b KWG neu gefasst.[89] Die Bindungswirkung wurde aufgehoben. Damit entfiel zugleich der nach § 35 S. 1 VwVfG für einen

---

85 OVG Berlin, Beschluss vom 25.08.1980 – OVG I S 100/80 – abgedruckt in *Beckmann/Bauer*, (Fn. 30) Nr. 2 zu § 46b; VG Berlin, WM 1996, 295, dazu *Gramlich*, VG Berlin EWiR § 46b KWG 1/96, 133, 134; VG Köln, WM 2001, 1612, 1617; *Beck/Samm*, (Fn. 12) § 46b Rz. 11; *Szagunn/Haug/Ergenzinger*, (Fn. 12) § 46b Rz. 4; *Lindemann* in Boos/Fischer/Schulte-Mattler, (Fn. 13) § 46b Rz. 12; *Uhlenbruck* in Uhlenbruck, (Fn. 60) § 14 Rz. 109.

86 Bericht und Antrag des Finanzausschusses über den Regierungsentwurf eines 2. Änderungsgesetzes zum KWG (BT-Drucks. 7/4631), Abschn. A. II. Nr. 17a § 46b, abgedruckt in *Reischauer/Kleinhans*, (Fn. 4) Kza. 583 (dort S. 19).

87 Begründung des Regierungsentwurfs des „Gesetzes zur Umsetzung aufsichtsrechtlicher Bestimmungen zur Sanierung und Liquidation von Versicherungsunternehmen und Kreditinstituten“, BT-Drucks. 15/1653, S. 32.

88 *Beck/Samm*, (Fn. 12) § 46b Rz. 8; *Reischauer/Kleinhans*, (Fn. 4) § 46b Anm. 1; *Szagunn/Haug/Ergenzinger*, (Fn. 12) § 46b Rz. 3; *Lindemann* in Boos/Fischer/Schulte-Mattler, (Fn. 13) § 46b Rz. 7; *Schmahl* in MünchKomm-InsO, (Fn. 80) § 13 Rz. 47; *H.-F. Müller* in Jaeger, (Fn. 83) § 15 Rz. 73.

89 Durch das „Gesetz zur Änderung des Einführungsgesetzes zur Insolvenzordnung und anderer Gesetze (EGInsOÄndG)“ vom 19.12.1998 (BGBl. I S. 3836).

Verwaltungsakt erforderliche Regelungsgehalt. Der Antrag stellt daher nunmehr nach der Definition keinen – mit Widerspruch und Anfechtklage eigenständig angreifbaren – Verwaltungsakt dar.[90] Für die ähnliche Lage bei Insolvenzanträgen durch das Finanzamt nach § 14 Abs. 1 InsO ist dies auch überwiegende Auffassung.[91]

Dennoch bestimmt § 49 KWG, dass Widerspruch und Anfechtungsklage gegen Maßnahmen nach § 46b KWG keine aufschiebende Wirkung haben, beides also zulässig sein muss. Zwar sollte auch diese Regelung angesichts des Wegfalls der Verwaltungsaktsqualität gestrichen werden,[92] doch wurde davon – soweit ersichtlich ohne Begründung – im Änderungsgesetz zum Einführungsgesetz zur Insolvenzordnung wieder Abstand genommen. Der Gesetzgeber kann grundsätzlich durch eine spezialgesetzliche Regelung die Anwendbarkeit der für einen Verwaltungsakt geltenden Normen für ein Verwaltungshandeln – unabhängig von den Voraussetzungen im Einzelnen – vorsehen oder ausschließen.[93] Anerkannt ist dies jedenfalls für die Abgrenzung von Rechtsnormen und Verwaltungsakten.[94] Dabei wird die Anwendung des § 35 VwVfG verdrängt.[95] In diesem Sinne ist wohl auch § 49 KWG zu verstehen, so dass – trotz fehlendem Regelungsgehalt – Widerspruch und Anfechtungsklage gegen den Insolvenzantrag statthaft sind. Bedenklich ist dies jedoch im Hinblick auf die sofortige Beschwerde gegen einen Eröffnungsbeschluss des Insolvenzgerichts nach § 34 InsO. Es besteht die Gefahr paralleler Verfahren und damit divergierender rechtskräftiger Entscheidungen. Zudem wird von der Literatur die Überprüfung von Insolvenzanträgen durch die Prozessgerichte als unzulässiger Eingriff in die ausschließliche Prüfungskompetenz des Insolvenzgerichts abgelehnt.[96] Eine gesetzgeberische Klarstellung wäre daher wünschenswert.

---

90 Begründung des Regierungsentwurfs des Einführungsgesetzes zur Insolvenzordnung (EGInsO), BT-Drucks. 12/3803, S. 105; *Lindemann* in Boos/Fischer/Schulte-Mattler, (Fn. 13) § 46b Rz. 16; *Schmahl* in MünchKomm-InsO, (Fn. 80) § 13 Rz. 47; *Pape* in Kübler/Prütting, Kommentar zur Insolvenzordnung (Stand: November 2004) § 34 Rz. 39 und § 13 Rz. 74 (dort Fn. 179); widersprüchlich *Reischauer/Kleinhans*, (Fn. 4) § 46b Anm. 3; anderer Auffassung ist – ohne Begründung – *Uhlenbruck* in Uhlenbruck, (Fn. 60) § 14 Rz. 114.

91 FG Saarbrücken, Urteil vom 21.1.2004, Az. 1 K 67/03 – nicht veröffentlicht; FG Münster, EFG 2000, 634; FG München, EFG 1989, 237, bestätigt durch BFH (vgl. EFG 1990, 397); wohl auch BFH, ZIP 1991, 458, 460 m.w.N. und Anmerkung *Weiß*, ZIP 1991, 461; zum Insolvenzantrag eines Sozialversicherungsträgers BSG, NJW 1978, 2359; *Schmahl* in MünchKomm-InsO, (Fn. 80) § 14 Rz. 90; anderer Auffassung ist – ohne Begründung – FG Kassel, EFG 1979, 350.

92 Vgl. Begründung des Regierungsentwurfs des Einführungsgesetzes zur Insolvenzordnung (EGInsO), BT-Drucks. 12/3803, S. 106.

93 Vgl. etwa § 10 Abs. 1 BauGB, der für Bebauungspläne die Rechtsform der Satzung bestimmt, obwohl die Merkmale eines Verwaltungsaktes nach § 35 VwVfG vorlägen.

94 Vgl. BVerwGE 11, 14, 16; *Schenke*, NVwZ 1990, 1009, 1012; *Kopp/Schenke*, Verwaltungsgerichtsordnung – Kommentar (13. Aufl. 2003) Anh. § 42 Rz. 3; *Kopp/Ramsauer*, Verwaltungsverfahrensgesetz (7. Auflage 2000) § 35 Rz. 70.

95 *Schenke*, NVwZ 1990, 1009, 1012.

96 Entgegen der Rechtsprechung der vorgenannten Finanzgerichte und des BSG: *Uhlenbruck* in Uhlenbruck, (Fn. 60) § 14 Rz. 99; *Pape* in Kübler/Prütting, (Fn. 90) § 14 Rz. 16; *Schmahl* in MünchKomm-InsO, (Fn. 80) § 14 Rz. 93; *Häsemeyer*, Insolvenzrecht (3. Aufl. 2003) Rz. 7.09.

C. Einlagensicherung

Von elementarer Bedeutung für die Kunden einer insolventen Bank ist die Einlagensicherung. Hier kann nicht auf Einzelheiten eingegangen werden, doch sollen kurz die Eckpunkte der entsprechenden Systeme angesprochen werden.

I. Institutssicherung

Zunächst ist hinsichtlich der Zielsetzung zwischen der Institutssicherung und der Einlagensicherung zu unterscheiden. Bei der Institutssicherung wird durch Stützungsmaßnahmen, die aus beitragsfinanzierten Fonds und Garantien finanziert werden, der Bestand der angeschlossenen Institute gesichert. Eine Insolvenz ist dadurch grundsätzlich ausgeschlossen. Nach diesem Modell verfahren die Sparkassen und Landesbanken sowie die Genossenschaftsbanken. Bei den Sparkassen – als Anstalten des öffentlichen Rechts – trat bislang zudem die Gewährträgerhaftung und Anstaltslast des Staates neben das Sicherungssystem. Danach musste der Staat die Institute funktionsfähig halten und für ihre Verbindlichkeiten einstehen. Umstritten war jedoch, ob es sich dabei um eine europarechtlich unzulässige Beihilfe handelte. Am 17. Juli 2001 verständigte sich daher die Bundesregierung mit der EU-Kommission auf eine Abschaffung der Gewährträgerhaftung bis zum 18. Juli 2005 [97] und auf eine Modifikation der Anstaltslast.[98] Die Beziehung zwischen Träger und Anstalt ist danach so auszugestalten, dass sie derjenigen zwischen einem Eigner und einer Kapitalgesellschaft entspricht. Diese Anpassung bedeutet faktisch die Abschaffung der Anstaltslast.[99]

II. Gesetzliche Entschädigung nach dem ESAEG

Bei den übrigen Banken ist demgegenüber eine Einlagensicherung vorgesehen, die nicht die Insolvenz verhindern soll, sondern bei deren Eintritt für eine Entschädigung der Gläubiger des Instituts sorgt. Dabei ist wiederum zwischen der gesetzlichen Entschädigung und den freiwilligen Sicherungssystemen zu unterscheiden. Die gesetzliche Entschädigung basiert auf dem Einlagensicherungs- und Anlegerentschädigungsgesetz (ESAEG), mit dem zum 1. 8. 1998 die Einlagensicherungsrichtlinie (ESRL) [100] und die Anlegerentschädigungsrichtlinie (AERL) [101] in nationales

---

97 Zu den Übergangsregelungen vgl. *Schlierbach/Püttner,* Das Sparkassenrecht in der Bundesrepublik Deutschland (5. Aufl. 2003) S. 152; *Füßer,* ZBB 2002, 300 ff.

98 Vgl. dazu etwa *Möschel,* WM 2001, 1895 ff.; *Wiesel,* ZBB 2002, 288 ff.; *Witte/Rafiqpoor,* WM 2003, 1885 ff.; *Schlierbach/Püttner,* (Fn. 97) S. 150 ff.

99 *Möschel,* WM 2001, 1895, 1896; *Wiesel,* ZBB 2002, 288 f. und 294; *Witte/Rafiqpoor,* WM 2003, 1885, 1887.

100 Richtlinie 94/19/EG des Europäischen Parlaments und des Rates vom 30. Mai 1994 über Einlagensicherungssysteme (ABl. EG 1994 Nr. L 135 S. 5).

101 Richtlinie 97/9/EG des Europäischen Parlaments und des Rates vom 3.3.1997 über Systeme für die Entschädigung der Anleger (ABl. EG 1997 Nr. L 84 S. 22).

Recht umgesetzt wurden. Dabei wurde eine Einteilung in drei Institutsgruppen vorgenommen, für die jeweils eine Entschädigungseinrichtung gegründet wurde (vgl. § 6 ESAEG). Für die privatrechtlichen Banken ist dies als staatlich Beliehene die Entschädigungseinrichtung deutscher Banken GmbH (EdB)[102] und für öffentlich-rechtliche Kreditinstitute (wie etwa Landesförderbanken aber auch – durch besondere Zuweisung trotz der Rechtsform – die Postbank AG) die Entschädigungseinrichtung des Bundesverbandes Öffentlicher Banken Deutschlands GmbH (EdVÖB), ebenfalls als Beliehene.[103] Die sonstigen Institute, die unter den Sammelbegriff der Wertpapierhandelsunternehmen gefasst werden, besteht eine Entschädigungseinrichtung der Wertpapierhandelsunternehmen (EdW) als Sondervermögen bei der Kreditanstalt für Wiederaufbau.

Die gesetzlichen Entschädigungseinrichtungen sehen jedoch nur eine Basisdeckung vor. Gehört der Gläubiger zum Kreis der Berechtigten (§ 3 ESAEG), werden Einlagen und Verbindlichkeiten aus Wertpapiergeschäften bis zur einer Höhe von jeweils 20.000 Euro entschädigt bei einem Selbstbehalt von zehn Prozent (§ 4 ESAEG). Voraussetzung der Entschädigung ist die Feststellung des Entschädigungsfalles durch BaFin gemäß § 5 Abs. 1 ESAEG, wenn diese zu der Überzeugung gelangt, dass ein Institut aufgrund seiner finanziellen Situation nicht in der Lage ist, Einlagen zurückzuzahlen oder Verbindlichkeiten aus Wertpapiergeschäften zu erfüllen und keine Aussicht auf eine spätere Rückzahlung oder Erfüllung besteht (§ 1 Abs. 5 ESAEG). Wie bereits erwähnt ist der Entschädigungsfall gemäß § 5 Abs. 1 S. 2 ESAEG auch dann festzustellen, wenn ein Moratorium nach § 46a KWG länger als sechs Wochen andauert. Soweit die Entschädigung erfolgt, gehen gemäß § 5 Abs. 5 ESAEG die Ansprüche der Kunden auf die Entschädigungseinrichtung über, die die Forderungen dann im Insolvenzverfahren geltend macht.

III. Freiwillige Sicherungssysteme

Die gesetzliche Entschädigung wird bei den privatrechtlichen und öffentlich-rechtlichen Kreditinstituten – soweit keine Institutssicherung vorgesehen ist – durch eine freiwillige Anschlussdeckung ergänzt.[104] Diese wird durch die Einlagensicherungsfonds als Sondervermögen des jeweiligen Bundesverbandes gewährleistet. Die Absicherung ist auf nicht-institutionelle Gläubiger begrenzt und bezieht sich auf alle Ansprüche, die bei ordnungsgemäßer Bilanzierung in der Position „Verbindlichkeiten gegenüber Kunden“ auszuweisen sind.[105] Die Entschädigung erfolgt

---

102 Vgl. die „Verordnung über die Zuweisung von Aufgaben und Befugnissen einer Entschädigungseinrichtung an die Entschädigungseinrichtung deutscher Banken GmbH“ vom 24.8.1998 (BGBl. I S. 2391).

103 Vgl. die „Verordnung über die Zuweisung von Aufgaben und Befugnissen einer Entschädigungseinrichtung an die Entschädigungseinrichtung des Bundesverbandes Öffentlicher Banken Deutschlands GmbH“ vom 24.8.1998 (BGBl. I S. 2390).

104 Eine Anschlussdeckung der Wertpapierhandelsunternehmen besteht nicht.

105 § 6 des Statuts des Einlagensicherungsfonds des Bundesverbandes deutscher Banken e.V., dann grundsätzlich in voller Höhe. Es besteht jedoch eine Sicherungsgrenze.[106] Diese liegt je Gläubiger bei 30 % des maßgeblichen haftenden Eigenkapitals des Instituts.[107] Ein Anspruch auf die Leistungen besteht nicht.[108] Auch hier gehen die entsprechenden Ansprüche der Kunden auf den Einlagensicherungsfonds über.[109]

D. Internationales Insolvenzrecht

Das Internationale Insolvenzrecht gewinnt zunehmend an Bedeutung. Nicht zuletzt in Anbetracht der Globalisierung der Märkte im Finanzwesen gilt dies auch im Hinblick auf Insolvenzverfahren über das Vermögen von Kreditinstituten. Als Beispiele bekannter grenzüberschreitender Bankinsolvenzen seien etwa die Verfahren über die Vermögen der I.D. Herstatt KGaA und der Bank of Credit and Commerce International (BCCI) genannt.

Für grenzüberschreitende Insolvenzverfahren über das Vermögen von Kreditinstituten gelten besondere Vorschriften.[110] Bei Verfahren innerhalb Europas kann dabei die Verordnung (EG) Nr. 1346/2000 des Rates über Insolvenzverfahren (EuInsVO) nicht angewendet werden. Die EuInsVO findet zwar grundsätzlich auf alle in den Mitgliedstaaten eröffneten Insolvenzverfahren unmittelbar Anwendung.[111] Sie gilt jedoch gemäß Art. 1 Abs. 2 EuInsVO unter anderem nicht für Insolvenzverfahren über das Vermögen von Kreditinstituten. Diese Lücke hat der europäische Gesetzgeber mit der Richtlinie 2001/24/EG vom 4.4.2001 über die Sanierung und Liquidation von Kreditinstituten (im Folgenden: Bankenrichtlinie) geschlossen.[112] Die Bankenrichtlinie ist Teil des auf dem EU-Gipfel in Lissabon genehmigten Aktionsplans für Finanzdienstleistungen[113] und fügt sich in den gemeinschaftsrechtlichen

---

Stand: Mai 2004; etwas anders § 14 der Satzung für den Einlagensicherungsfonds des Bundesverbandes Öffentlicher Banken Deutschlands e.V., Stand: 8. Dezember 2003.

106 Die Sicherungsgrenze kann bei der Bank und auf der Internetseite des Bundesverbandes deutscher Banken e.V. abgefragt werden.

107 Zu Abweichungen und Einzelheiten vgl. § 6 Abs. 1 des Statuts und *Weber* in Bankrecht und Bankpraxis (Fn. 59) Rz. 1/641 ff.

108 § 6 Abs. 10 des Statuts; die streitige Frage, ob sich aus einem Gleichbehandlungsgebot oder aus einer Vertrauenshaftung etwas anderes ergibt, kann hier nicht weiter ausgeführt werden.

109 Vgl. Nr. 20 Abs. 4 AGB-Banken, wobei hier die dogmatische Konstruktion umstritten ist; § 17 Abs. 2 Satzung für den Einlagensicherungsfonds des Bundesverbandes Öffentlicher Banken Deutschlands e.V.

110 Vgl. hierzu ausführlich die in Kürze erscheinende zweite Auflage von *Pannen*, Krise und Insolvenz bei Kreditinstituten.

111 Besonderheiten gelten jedoch im Verhältnis zu Dänemark, Irland und zum Vereinigten Königreich (vgl. Art. 69 EGV). Irland und das Vereinigte Königreich beteiligen sich an der EuInsVO, nicht aber Dänemark (32. u. 33. Erwägungsgrund der EuInsVO).

112 ABl. EG 2001 Nr. L 125, S. 15; vgl. dazu auch *Wimmer*, ZInsO 2002, 897. Zur Geschichte der Richtlinie *Galanti*, International Insolvency Review 2002, 49 ff.

113 In dem Aktionsplan für Finanzdienstleistungen der Europäischen Kommission vom 11.5.1999 (Kommissionsmitteilung vom 11.5.1999, abgedruckt in: ZBB 1999, 254) wurden bis 2004 verschiedene politische Ziele und spezielle Maßnahmen zur Verbesserung des Binnenmarktes für Finanzdienstleistungen vorgeschlagen. Der Aktionsplan enthält eine Prioritätenliste

Rahmen ein, der mit den Bankrechtskoordinierungsrichtlinien und der so genannten „Tätigkeitsrichtlinie“[114] geschaffen wurde. Hauptanliegen der Bankenrichtlinie ist die EU-weite Anerkennung von Sanierungs- und Liquidationsverfahren über das Vermögen von Kreditinstituten (Erwägungsgrund 7 Bankenrichtlinie). Die Sanierungs- und Liquidationsmaßnahmen der zuständigen Stellen des Herkunftsmitgliedstaates – also des Staates, in dem das Kreditinstitut zugelassen wurde[115] – werden ohne weitere Förmlichkeiten in den anderen Mitgliedstaaten anerkannt (Erwägungsgrund 16 Bankenrichtlinie). Bei einem Ausfall bzw. der Sanierung eines Kreditinstituts soll ein für alle Gläubiger gleichermaßen geltendes, eindeutig zu bestimmendes Verfahren für die Verteilung des Vermögens zur Anwendung kommen. Dies harmoniert mit dem Grundsatz der Herkunftsmitgliedstaatskontrolle, der bereits zuvor Grundlage früherer europäischer Koordinierungsmaßnahmen war. Sowohl für das Sanierungs- als auch für das Liquidationsverfahren gilt grundsätzlich das Recht des Herkunftsmitgliedstaates (Erwägungsgrund 16 sowie Art. 10 Bankenrichtlinie). Daneben enthalten Art. 20ff. Bankenrichtlinie vom Herkunftsmitgliedstaatsprinzip abweichende Sonderanknüpfungen, die im Wesentlichen mit denjenigen der EuInsVO übereinstimmen (etwa für Arbeitsverträge, Verträge bezüglich der Nutzung oder des Erwerbs eines unbeweglichen Gegenstands, dingliche Rechte, Eigentumsvorbehalt, Aufrechnung, etc.).

Trotz einiger Parallelen zwischen den Normen der EuInsVO und der Bankenrichtlinie, unterscheiden sich die Regelungswerke aber auch in verschiedenen Punkten. So sind etwa im Anwendungsbereich der Bankenrichtlinie Sekundärinsolvenzverfahren unzulässig (anders: Art. 27ff. EuInsVO).[116] Zudem knüpft die Bankenrichtlinie für die Bestimmung der internationalen Zuständigkeit zur Eröffnung eines Insolvenzverfahrens über das Vermögen einer Bank an den Herkunftsmitgliedstaat an und nicht – wie die EuInsVO – an die Belegenheit des „centre of main interests“ (COMI, Art. 3 EuInsVO). Das Verfahren wird in dem Mitgliedstaat eingeleitet, in dem das Kreditinstitut seinen eingetragenen Sitz hat (Herkunftsmitgliedstaat). Damit ist – im Gegensatz zur Ermittlung des „COMI“ im Anwendungsbereich der EuInsVO – die Bestimmung der internationalen Zuständigkeit für ein grenzüberschreitendes Bankinsolvenzverfahren zweifelsfrei möglich.[117] Bei dem Ausfall eines Kreditinstituts mit Zweigstellen in anderen Mitgliedstaaten will die Bankenrichtlinie im Interesse aller Gläubiger und Anleger gewährleisten, dass

---

und einen Zeitplan für legislative und andere Maßnahmen. Vgl. hierzu auch *Keller/Langner*, BKR 2003, 616 ff.

114 Richtlinie 2000/12/EG des Europäischen Parlaments und des Rates vom 20. März 2000 über die Aufnahme und Ausübung der Tätigkeit der Kreditinstitute (ABl. EG 2000 Nr. L 126 S. 1).

115 Art. 2 erster Spiegelstrich Bankenrichtlinie i.V.m. Art. 1 Nr. 6 Tätigkeitsrichtlinie.

116 Siehe *Wimmer*, ZInsO 2002, 897 ff., sowie Synopse bei *Wessels*, Current Topics of International Insolvency Law (2004), S. 279. Bei außereuropäischen Bankinsolvenzen sind jedoch aus deutscher Perspektive Sekundärinsolvenzverfahren zulässig. Das ergibt sich aus einem Umkehrschluss zu § 46e Abs. 2 KWG.

117 Zu dem unbestimmten Begriff des „centre of main interests“ im Spiegel aktueller Fälle aus der Rechtsprechung vgl. etwa *Pannen/Riedemann*, NZI 2004, 646 ff.

europaweit nur ein Insolvenzverfahren eröffnet wird. Sekundärinsolvenzverfahren am Ort der Zweigstellen des Kreditinstituts sind folglich – trotz kontroverser Diskussionen bei den Verhandlungen [118] – nach der Bankenrichtlinie nicht zulässig.[119]

Im Gegensatz zu einer unmittelbar in allen Mitgliedstaaten geltenden Verordnung [120] muss die Bankenrichtlinie in den einzelnen Mitgliedstaaten in das jeweilige nationale Recht umgesetzt werden.[121] Der deutsche Gesetzgeber hat die europäischen Vorgaben mit der Neuregelung des deutschen autonomen internationalen Insolvenzrechts in den §§ 335 ff. InsO [122] sowie mit dem „Gesetz zur Umsetzung aufsichtrechtlicher Bestimmungen zur Sanierung und Liquidation von Versicherungsunternehmen und Kreditinstituten vom 16.12.2003“ in nationales Recht transformiert.

Aus deutscher Perspektive sind bei internationalen Bankinsolvenzen mithin sowohl das autonome internationale Insolvenzrecht (§§ 335 ff. InsO) als auch die einschlägigen Vorschriften des KWG (insbesondere die §§ 46 d–f KWG [123]), anzuwenden.[124] Für Auslegungsfragen kann ergänzend die Bankenrichtlinie hinzugezogen werden. Die EuInsVO und deren deutsche Ausführungsbestimmungen in Art. 102 EGInsO n. F.[125] gelten hingegen nicht für grenzüberschreitende Bankinsolvenzen.

E. Resümee

Das Kreditwesengesetz enthält mit den „Maßnahmen in besonderen Fällen“ der §§ 45 ff. KWG ein entsprechend den Stadien der Krise abgestuftes Krisenbewältigungssystem, dass es der BaFin einerseits erlaubt, lange bevor ein Insolvenzeröffnungsgrund vorliegt selbst auf eine Sanierung des betroffenen Kreditinstituts hinzuwirken. Gelingt dies nicht, kann sie andererseits – durch eine vorübergehende Einstellung des Geschäftsbetriebs der Bank – Zeit für externe Sanierungsbemühungen schaffen. Gleichzeitig werden durch die Anordnungen die Gläubiger des Instituts in der Krise geschützt. Schlagen die Rettungsversuche fehl, obliegt es der BaFin, den Insolvenzantrag zu stellen. Danach ist eine Sanierung in der Regel ausgeschlossen.

---

118 Vgl. *Galanti*, International Insolvency Review 2002, 49, 51; *Wessels*, (Fn. 116) S. 277.

119 Vgl. auch § 46e Abs. 2 KWG.

120 Art. 249 Abs. 2 EGV.

121 *Wessels*, (Fn. 116), S. 259. Die Richtlinie war gemäß Art. 34 Abs. 1 Bankenrichtlinie bis zum 5. Mai 2004 umzusetzen. Zum Stand der Umsetzung in den Mitgliedstaaten vgl. die zweite Auflage von *Pannen*, Krise und Insolvenz bei Kreditinstituten.

122 Vgl. Begründung des Regierungsentwurfs, BT-Drucks. 15/16, S. 14.

123 Neu eingefügt wurden zur Umsetzung der Bankenrichtlinie aber auch § 24 Abs. 1 Nr. 8 a KWG und § 35 Abs. 2 Nr. 4 KWG.

124 *Pannen* in Breutigam/Blersch/Goetsch, Insolvenzordnung – Kommentar (Stand: April 2005) Vorbem. zu §§ 335 ff. InsO Rz. 5.

125 Zu den deutschen Ausführungsbestimmungen zur EuInsVO vgl. *Pannen/Riedemann*, NZI 2004, 301 ff.

Bei grenzüberschreitenden europäischen Insolvenzverfahren über das Vermögen von Kreditinstituten finden die jeweiligen nationalen Umsetzungsvorschriften der Bankenrichtlinie, nicht jedoch die EuInsVO Anwendung. Dies führt dazu, dass die internationale Zuständigkeit für die Eröffnung eines europäischen Bankinsolvenzverfahrens sich nicht nach der Belegenheit des „centre of main interests" i.S.d. Art. 3 EuInsVO richtet, sondern in dem Herkunftsmitgliedstaat liegt und Sekundärinsolvenzverfahren über das Vermögen von Zweigstellen bei reinen EU-Binnensachverhalten nicht zulässig sind.

Sanierung und Reorganisation von Großunternehmen in der insolvenzrechtlichen Praxis

Rolf Rattunde

Große Unternehmen im Sinne der nachfolgenden Ausführungen sind Konzerne und börsennotierte Aktiengesellschaften. Ihre Sanierung bereitet gerichtlich wie außergerichtlich besondere Schwierigkeiten. Doch daran besteht Bedarf, weil sich die Zahl der Aktiengesellschaften in den letzten zehn Jahren auf über 15.000[1] verdreifacht hat, die Zahl der insolventen Aktiengesellschaften hat sich im selben Zeitraum sogar verzehnfacht[2]. Geraten solche Unternehmen in die Krise, löst diese immer – zunächst außergerichtliche – Sanierungsmaßnahmen aus.

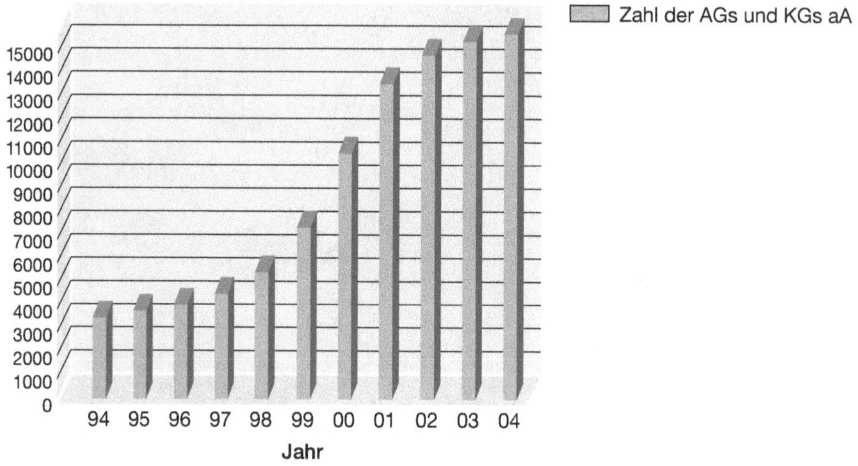

Bekanntlich sind außergerichtliche Vergleiche durch die Einführung der Insolvenzordnung erheblich erschwert worden. Die Insolvenzreife einer Kapitalgesellschaft tritt heute wesentlich früher ein als zuvor.[3] Der Vorstand einer Aktiengesellschaft hat unverzüglich, spätestens aber nach drei Wochen, den Insolvenzantrag gegen die AG zu stellen, wenn diese zahlungsunfähig wird oder überschuldet ist, § 92 Abs. 2 AktG. Eine Gesellschaft ist bereits dann zahlungsunfähig, wenn sie nicht mehr in der Lage ist, ihre sämtlichen Verbindlichkeiten bei Fälligkeit auszugleichen, § 17 Abs. 2 InsO. Hierfür genügt bereits ein geringfügiger Bruchteil der Zahlungs-

---

1 Quelle: Deutsche Bundesbank, DAI-Factbook, Stand August 2004.
2 Siehe Fn. 1.
3 Dies zeigt die aktuelle Insolvenzstatistik, vgl. www.statistisches-bundesamt.de

verpflichtungen und ein Verzug von lediglich einem Monat.[4] Noch früher tritt regelmäßig die Überschuldung ein, die nach § 19 InsO anzunehmen ist, wenn das Vermögen der Gesellschaft ihre Verbindlichkeiten nicht deckt. Für die Bewertung des Vermögens und der Schulden kommt es nach § 19 Abs. 2 Satz 2 InsO darauf an, ob von einer Fortführung des Unternehmens ausgegangen werden kann. Ist die Unternehmensfortführung nicht bis zum Ende des nächsten Geschäftsjahres[5] überwiegend wahrscheinlich, so dürfen nur noch Zerschlagungswerte aktiviert werden, während andererseits schließungsbedingte Schäden und Verluste zu passivieren sind,[6] wodurch regelmäßig Überschuldung eintreten wird. Gesellschaften in einer ausgesprochenen Notsituation sind daher regelmäßig überschuldet. Eine außergerichtliche Sanierung wird daher zumeist daran scheitern, dass es misslingt, innerhalb der Drei-Wochen-Frist die Insolvenzreife zu beseitigen.

Keine Alternative: Außergerichtlicher Vergleich

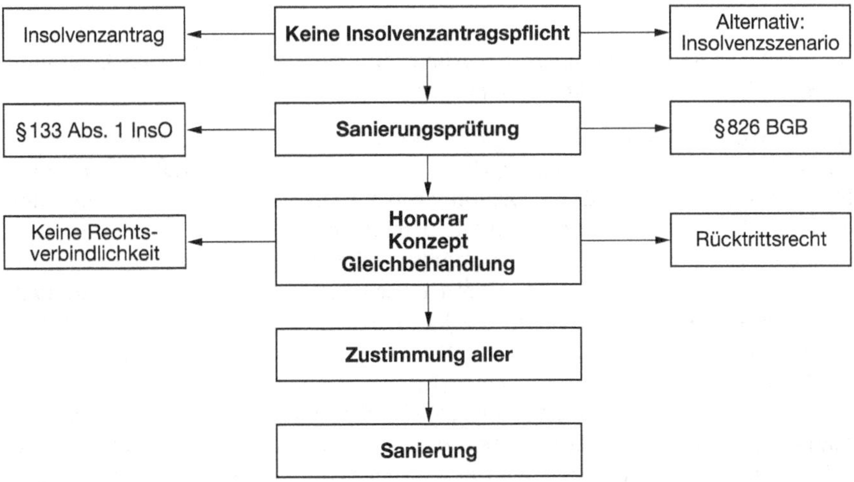

Bis 1999 sahen Konkursordnung und Gesamtvollstreckungsordnung die Gläubigerbefriedigung durch Verwertung des schuldnerischen Vermögens, mithin die Zerschlagung einer insolventen Aktiengesellschaft vor.

Gerichtliche Sanierungsverfahren blieben der Vergleichsordnung vorbehalten, die (seit 1975 nur noch in den alten Bundesländern) dem Schuldner alternativ zum Konkurs die Möglichkeit eröffnete, unter Aufsicht eines gerichtlich bestellten Vergleichsverwalters, aber im Besitz von Verwaltungs- und Verfügungsbefugnis einen

---

4 Vgl. Uhlenbruck, InsO, 12. Auflage, 2003, § 17 Rn. 9.
5 IDW-PS 270 „Die Beurteilung der Fortführung der Unternehmenstätigkeit im Rahmen der Abschlussprüfung", Wpg 2003, 775.
6 Siehe Rn. 5.

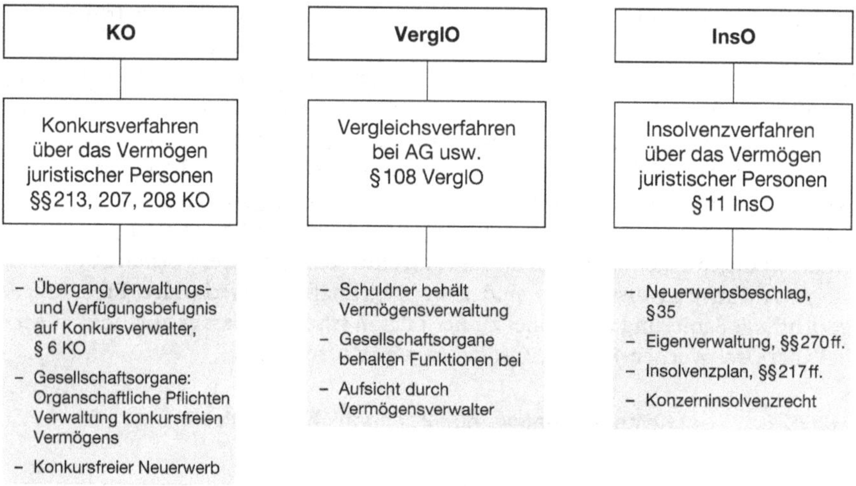

Ausgleich mit seinen Gläubigern zu suchen, ohne dass es zur förmlichen Eröffnung eines Insolvenzverfahrens kommen musste.

Heute sieht die Insolvenzordnung die Verwertung und Verteilung des schuldnerischen Vermögens nur noch als Regelfall[7] vor und erlaubt dem Schuldner oder dem Insolvenzverwalter, den Gläubigern einen Insolvenzplan vorzulegen, durch den diese den Fortbestand der Gesellschaft beschließen können, während sie anderweitig – z.B. quotal, durch Ratenzahlung, Sicherstellung, Stundung, etc. – befriedigt werden und der Schuldner im Übrigen Restschuldbefreiung erhält. Auch in diesem Verfahren ist es grundsätzlich möglich, dem Schuldner die Befugnis zu erhalten, sein Vermögen zu verwalten und darüber zu verfügen: Eigenverwaltung, §§ 270ff. InsO. Kommt es nicht zu einem Insolvenzplan, so hat es mit der Auflösung der Gesellschaft (§ 262 Abs. 1 Nr. 3 AktG) sein Bewenden. Diese wird dann grundsätzlich zerschlagen und abgewickelt. Das der Aktiengesellschaft gehörende Unternehmen kann freilich dadurch gerettet werden, dass im Rahmen der Zerschlagung der Betrieb, ein Betriebsteil oder – beim Konzern – Tochtergesellschaften an Auffanggesellschaften, Investoren oder sonstige Erwerber übertragen werden. Diese sog. übertragende Sanierung (vgl. §§ 160ff. InsO) wird in der Praxis einem Insolvenzplanverfahren regelmäßig vorgezogen, weil sie sehr schnell und rechtssicher umgesetzt werden kann.[8]

Die Insolvenzordnung ist insgesamt sanierungsfreundlich. Schon der vorläufige Verwalter soll das Unternehmen fortführen (§ 22 InsO), eine Stilllegung ist nur mit Zustimmung des Gerichts oder der Gläubiger zulässig (§ 157 InsO). Es gibt die übertragende Sanierung (§ 160ff. InsO), den Insolvenzplan (§§ 217ff. InsO) und die

7 Vgl. Amtl. Begründung zur InsO, § 22 Rn. 2ff.
8 Vgl. Uhlenbruck, InsO, 12. Auflage, 2003, § 11 Rn. 16 ff.

Übertragende Sanierung	Insolvenzplan	Eigenverwaltung
Pro: - Schnelligkeit - „Besonders interessiert" §162 InsO - „Unter Wert" §163 InsO	**Pro:** - Ungleichbehandlung möglich - Keine Kreditentscheidung - Anreiz für Verwalter: §3e InsVV - Keine Schlußrechnung - Kein Verfahrensabschluss	**Pro:** - Frühe Antragstellung - Kosten - Sachkunde - Verwalterwahl - Image
Contra: - Keine Restschuldbefreiung - Kleinunternehmen - Unübertragbare Rechte (Lizenzen, Mietverträge) - Investor oder Finanzierung	**Contra:** - Liquidität - Zeit - Obstruktion - Rechtsbehelfe - Gesellschafter - Kein Konzern-Insolvenzrecht - Kapitalmaßnahmen	**Contra:** - Binnenkompetenz - „Bock als Gärtner" - Verhandlungspsychologie - Zerbrechlichkeit §270 Abs. 2 S. 2 InsO - Keine vorläufige EV - Überflüssig bei schnellem Insolvenzplan

Restschuldbefreiung (§§ 286ff. InsO), und der Insolvenzverwalter erhält für eine Sanierung sogar regelmäßig eine Extravergütung (§ 3 InsVV). Hierdurch werden Arbeitsplätze gesichert, Standorte und Betriebe erhalten, der in einer Unternehmung verkörperte Firmenwert, der Goodwill und das Know-how, bleiben erhalten und die im Verhältnis zu den Zerschlagungswerten regelmäßig höheren Fortführungswerte der Gegenstände des Anlage- und des Umlaufvermögens können für die Gläubiger realisiert werden.

Der Insolvenzverwalter kann übertragende oder Plansanierungen durch Rechtsmaßnahmen flankieren, um Kosten zu senken, Verlustquellen zu stopfen oder den Konzern zu strukturieren. Nach §§ 103ff. InsO kann der Insolvenzverwalter praktisch jeden noch nicht beiderseits voll erfüllten Vertrag beenden und somit zukünftige Verluste verhindern;[9] der hierdurch regelmäßig geschädigte Vertragspartner erhält bloß die Insolvenzquote. Das Insolvenzarbeitsrecht sieht erleichterte Kündigungsmöglichkeiten und die Schaffung einer neuen, am Betriebsinteresse orien-

Sanierungsaufgabe	
Sanierungsgebote: - Fortführungspflicht, §22 InsO - Stilllegungsverbot, §157 InsO - Übertragende Sanierung, §160 - Insolvenzplan, §§217ff. InsO - Restschuldbefreiung, §§286ff. - Verwaltervergütung, §3 InsVV	**Sanierungsergebnisse:** - Arbeitsplätze - Standorte und Betriebe - Goodwill/Know-How - Höhere Insolvenzmasse - Werterhaltung bei Sicherheiten - Die öffentliche Meinung

9 Näher: Rattunde, Sanierung durch Insolvenz, ZIP 2003, S. 2103 ff.

tierten Personalstruktur vor. Der Insolvenzverwalter kann (sogar langfristige) Mietverträge kündigen, um dann in Zeiten niedriger Mieten über Nachlässe zu verhandeln. Er hat die Möglichkeit, nachteilige Vermögenstransfers der Vergangenheit durch Insolvenzanfechtung auszugleichen. Und schließlich können – wenn auch unter sehr engen Voraussetzungen – steuerlich günstige Folgerungen aus zwischenzeitlich eingetretenen Verlusten konserviert werden.

Insolvenzrechtliche Sanierungsinstrumente

Konzeptionell:	Instrumentell:
– Übertragende Sanierung – Insolvenzplanverfahren – Eigenverwaltung – Der frühe Insolvenzantrag	– Beendigung von Verlustverträgen – Insolvenzarbeitsrecht – Beschäftigungsgesellschaften – Insolvenzmietrecht – Anfechtungsmöglichkeiten – Steuerrecht: Verlustnutzung

Die übertragende Sanierung ist für Großunternehmen nicht immer das geeignete Mittel[10]. Je größer ein Unternehmen ist, desto schwerer lässt es sich verkaufen. Eine schnelle Transaktion ist bei Unternehmen erheblicher Größe schon wegen der Komplexität nahezu ausgeschlossen. Immobilienverkäufe kosten Grunderwerbsteuer, und mit zunehmender Größe eines Betriebes enthält dieser Gegenstände, die entweder gar nicht (Patente, Lizenzen, etc.) oder nur mit Zustimmung Dritter (Mietverträge, Liefer- oder Abnahmeverpflichtungen) übertragen werden können. Man wird deshalb bei einem börsennotierten Konzern eher einen Insolvenzplan versuchen. Dieser sieht schematisch so aus:

Bestandteile eines Insolvenzplans

1. Planverfasser	2. Gesetzlich vorgesehener Aufbau	3. Zusammenfassung des wesentlichen Inhalts (§ 235 InsO)	4. Plananlagen, § 229: Vermögensübersicht, Ergebnis- und Finanzplanung
– Schuldner oder Verwalter	– Darstellender Teil inkl. bewertender Teil, § 220 InsO – Gestaltender Teil, § 221 InsO – Einteilung der Gläubiger in Gruppen, § 222 InsO		

Für die Aufstellung von Insolvenzplänen lassen sich Regeln nur sehr allgemein formulieren.[11] Man sollte versuchen, einen möglichst simplen Plankern zu definieren, der gleichzeitig als Zusammenfassung des wesentlichen Inhalts im Sinne von

10 Rattunde, Sanierung durch Insolvenz , ZIP 2003, 2103, 2110.
11 Vgl. Smid/Rattunde, Der Insolvenzplan, 2. Auflage, Kapitel 4 Rn. 7.

§ 235 InsO verwendet werden kann. Ich würde einen möglichst kurzen, schlanken Plan, der aus sich heraus verständlich und für einen durchschnittlich interessierten Gläubiger noch lesbar ist, vorziehen. Man benutze eine möglichst präzise, begriffliche und bildhafte Sprache, vermeide Juristen- und Manager-Deutsch und sei vollständig, transparent und glaubwürdig. Wichtiger noch als das Handwerkszeug ist die planbegleitende Vorbereitung sowie die sofortige und offene Kommunikation mit allen Beteiligten. Für jene ist eine sofortige, insolvenzorientierte Liquiditätsplanung bis zum prognostizierten Verfahrensabschluss erforderlich. Ferner müssen, um den Vorwurf der Gläubigerbenachteiligung auszuschließen, Verwertungsalternativen nachgewiesen werden.

Bei den Planformulierungen sind Gläubiger soweit nur irgend möglich einzubeziehen und auf ihre Bedürfnisse und Interessen ist weitest gehend Rücksicht zu nehmen. Ein geschickter Planverfasser wird hier zwei verhandlungspsychologische Vorteile nutzen können, die ihm außergerichtlich nicht zu Gebote stehen. Zum Einen führt das Eingehen auf Gläubigerwünsche zu einer Identifikation der dort tätigen Personen mit den Planzielen. Zum Anderen entfällt wegen der gesetzlich vorgeschriebenen Gläubigergleichbehandlung in den einzelnen Gruppen einerseits und die Möglichkeit, dissentierende Gläubiger zu überstimmen, andererseits der in Moratorien übliche Verhandlungspoker mit dem „letzten" Gläubiger. Da die Planannahme auf Mehrheitsbeschluss und Gerichtsentscheidung beruht, ist sie gerade für institutionelle Gläubiger in der Regel akzeptabel, weil sich der konkret handelnde Gläubigervertreter einer Verzichtsentscheidung wegen nicht zu rechtfertigen braucht.

Vorbereitung von Plänen

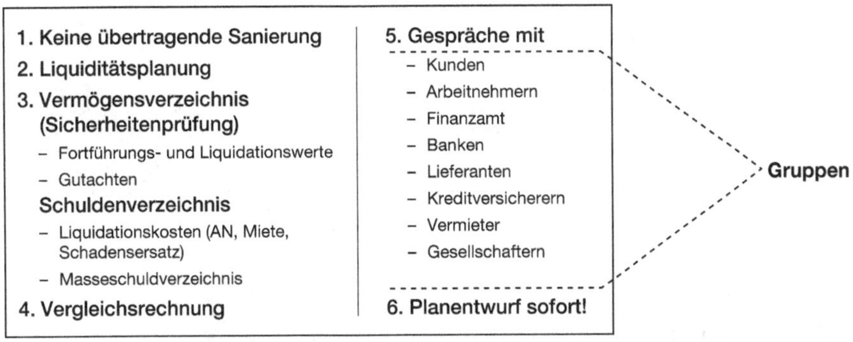

Der Insolvenzplan durchläuft ein amtsgerichtliches Verfahren, mit dessen Eröffnung er bereits vorgelegt werden sollte (s. Abb. S. 64).

Insolvenzpläne lassen sich sehr schnell verwirklichen. Dies zeigt besonders anschaulich das Beispiel des Herlitz-Konzerns, der in wenigen Wochen durch ein Insolvenzplanverfahren saniert werden konnte, nachdem jahrelange außergerichtliche Vergleichsbemühungen letztlich gescheitert waren (s. Abb. S. 64).

Wege des vorgelegten Insolvenzplans

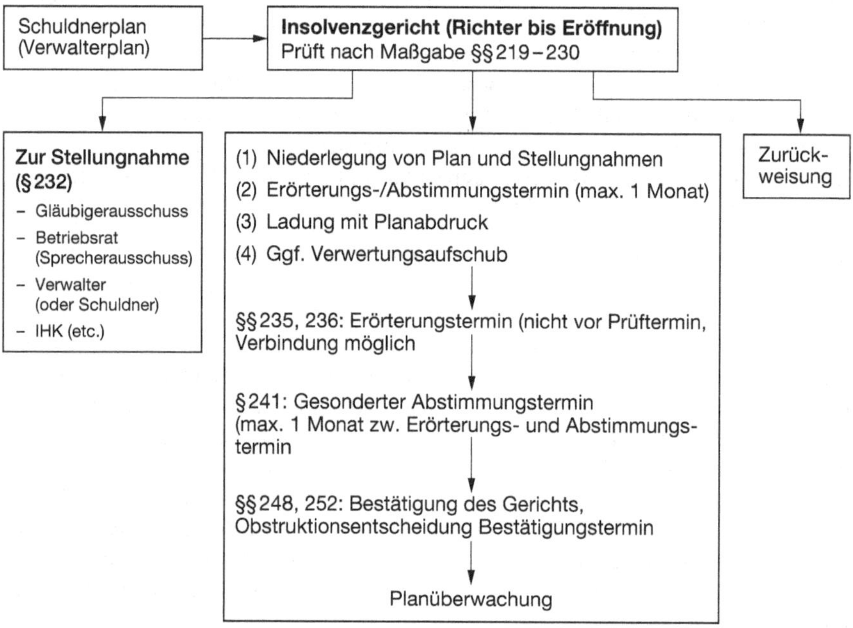

1. Verlauf des Verfahrens

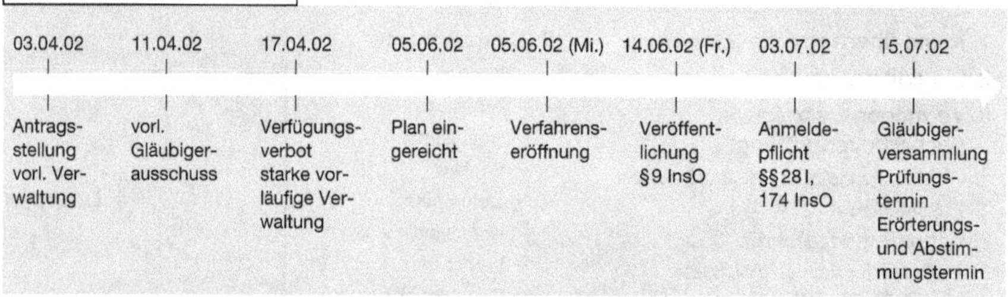

2. Planentwicklung

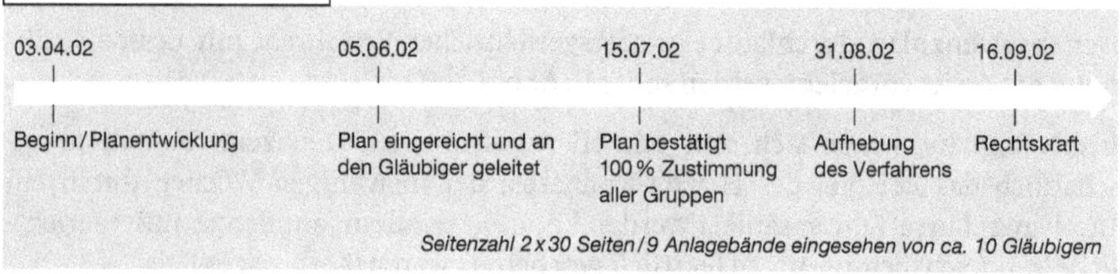

Anlagen zum Insolvenzplan der Herlitz PBS AG/Herlitz AG

Anlage 1:	Verzeichnis der Gläubiger
Anlage 2:	Verbundene Unternehmen und Unternehmensverträge
Anlage 3:	Kreditverträge, Sicherheitenverträge und Abgrenzungen
Anlage 4:	Bürgschaften und Eventualverbindlichkeiten
Anlage 5:	Jahresabschlüsse 2001 (Entwurf), 2000, 1999, 1998
Anlage 6:	Stellungnahme der Sachverständigen
Anlage 7:	Grundbuchauszüge, Gutachten, Erbbaurechtsverträge und Verkaufsverträge
Anlage 8:	Gutachten für Mobiliarsicherheiten
Anlage 9:	Bilanz-, Ergebnis- und Liquiditätsrechnungen per 31.03.2002, 31.05.2002, 31.12.2002, 31.12.2003

Hierbei dürfen die Probleme nicht übersehen werden, die die Sanierung von Groß-AGs durch Insolvenzpläne aufwirft, weil das deutsche Aktienrecht und das deutsche Insolvenzrecht aufeinander nicht abgestimmt sind. War früher die Sanierung einer Aktiengesellschaft innerhalb eines laufenden Konkursverfahrens allenfalls als systemwidrige Ausnahme durch sog. Zwangsvergleich §§ 173 ff. KO möglich, so sollen nach der Konzeption der Insolvenzordnung Insolvenzpläne einen Weiterbestand des Schuldners über die Beendigung des Insolvenzverfahrens hinaus gewährleisten. Freilich hat man bei der Einführung der Insolvenzordnung das Aktiengesetz, mit Ausnahme redaktioneller Formulierungsnotwendigkeiten, nicht auf den Paradigmenwechsel eingestellt[12]. So ist etwa im bekannten Fall der Eigenverwaltung bei der Babcock-Borsig AG die Frage diskutiert worden, ob eine Veräußerung wesentlicher Teile des Geschäftsbetriebs der Zustimmung der Hauptversammlung[13] bedarf, wenn sie durch den eigenverwaltenden Vorstand erfolgt, was außerhalb eines Insolvenzverfahrens nach der bekannten Holzmüller-Doktrin des BGH[14] wohl erforderlich gewesen wäre.

Ob die Mitwirkungspflichten und die Publizitätserfordernisse des WpHG im Insolvenzverfahren einer börsennotierten Gesellschaft weiterlaufen und wer die Pflichten zu erfüllen hat (Vorstand oder Verwalter?) ist durch die jüngste (vom Verfasser erwirkte) Entscheidung des Bundesverwaltungsgerichts[15] nur teilweise geklärt. Knapp formuliert geht es in diesen Punkten um die Frage, in welchem Verhältnis der Verwalter zu der juristischen Person, deren Vermögen er verwaltet, steht, oder: Ob die juristische Person, vergleichbar der natürlichen Person, ein Privatleben hat,

---

12 Vgl. Art. 47 EG InsO.

13 Einerseits: Noack, „Holzmüller" in der Eigenverwaltung – Zur Stellung von Vorstand und Hauptversammlung im Insolvenzverfahren, ZIP 2002, 1873 ff.; andererseits: Ringstmeier/Homann, Nebeneinander von Gesellschaftsrecht und Insolvenzrecht bei der Eigenverwaltung, NZI 2002, S. 406 ff.

14 BGHZ 83, 122 ff.

15 BVerwG, Urteil vom 13.04.2005 Az.: 6C 4/04.

welches sich dem Einflussbereich des Insolvenzverwalters entzieht. Die Frage ist nach bisher herrschender Meinung[16] (Amtstheorie)[17] zu bejahen. Bereits Friedrich Weber hat die bis heute akzeptierte Teilung der Körperschaft in eine Vermögenssphäre (für die der Verwalter zuständig ist) und eine reine Gesellschaftssphäre, die die Aktionäre und Organe – so sie denn wollen – verwalten können, vertreten.[18]

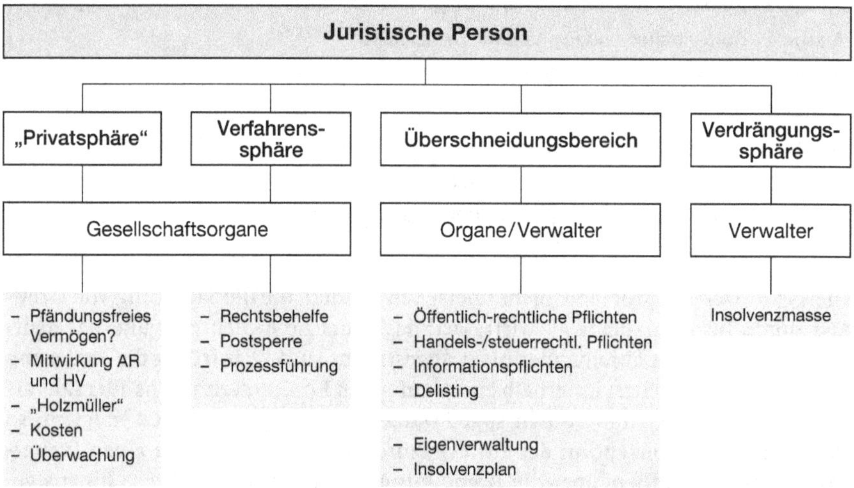

Bekanntlich hat sich die Ansicht Karsten Schmidts[19], der Insolvenzverwalter einer juristischen Person sei ihr Zwangsliquidator (sog. modifizierte Organtheorie), nicht

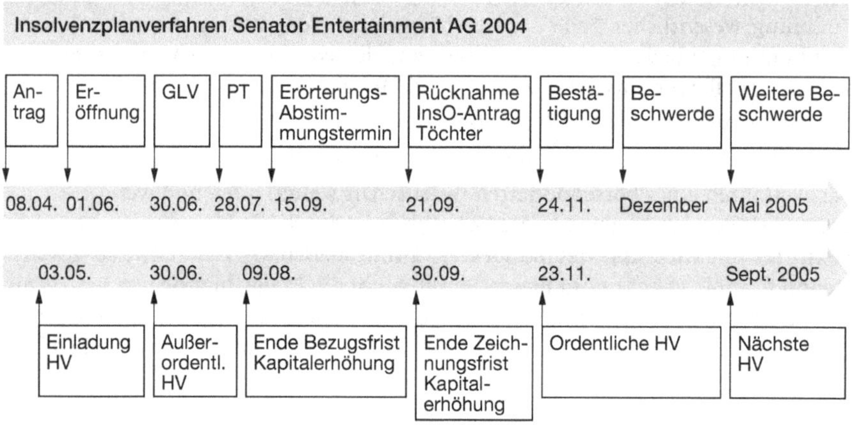

16 Münchner Kommentar, InsO, 2001, § 80 Rn. 27.
17 Smid/Rattunde, InsO Kommentar, 2. Auflage, 2001, § 80 Rn. 12 ff.
18 Weber, Die Funktionsteilung zwischen Konkursverwalter und Gesellschaftsorganen im Konkurs der Kapitalgesellschaft, KTS 1970, 73 ff.
19 Vgl. Karsten Schmidt, Der Konkursverwalter als Gesellschaftsorgan und als Repräsentant des Gemeinschuldners – Versuch einer Konkursverwaltertheorie für heute und morgen, KTS 1984,

durchsetzen können. Bei den Insolvenzverwaltern ist das Ergebnis dieses Meinungsstreits stets begrüßt worden, erlaubt es ihnen doch die Freigabe nutzloser oder gar schädlicher Gegenstände. Doch in Planfällen muss gründlicher nachgedacht werden, wie folgender Beispielsfall des Verfassers, der Insolvenzverwalter der SENATOR Entertainment AG, eines Filmkonzerns, ist, zeigt Abb. auf S. 66.

Da im SENATOR-Fall, anders als im Herlitz-Fall, keine starken Aktionäre mit Geld oder Kredit zur Verfügung standen, wählte der Verwalter in Abstimmung mit dem Management einen Kapitalschnitt.

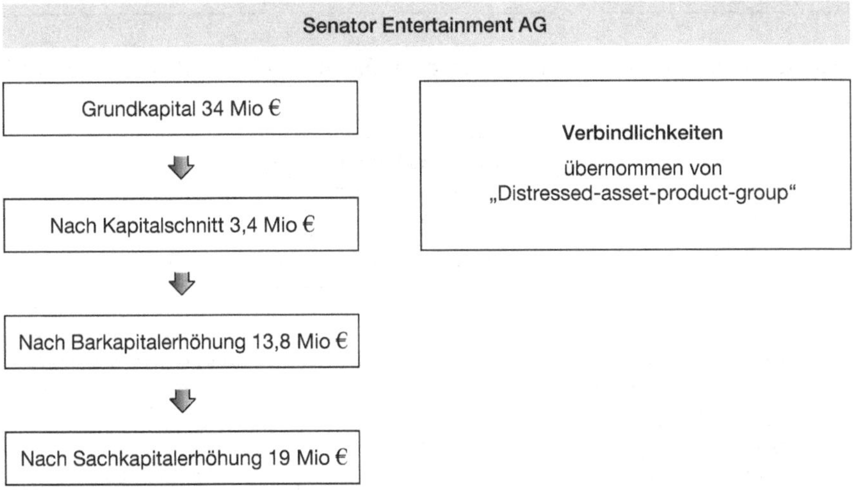

In zwei Hauptversammlungen wurde das Grundkapital der Gesellschaft zunächst dezimiert, später teilweise wieder aufgefüllt, und zwar durch Barkapitalerhöhung (Börsengang!) als auch durch Sachkapitalerhöhung (Sacheinlage). Hier mussten aufgrund des erheblichen Streubesitzes weltweit Einladungen zu den Hauptversammlungen erfolgen und es gab die in derartigen Fällen üblichen Hauptversammlungsschwierigkeiten (kritische Aktionäre, Saalschutz, etc.; SENATOR war im nemax 50 indiziert). Weil hier ein Insolvenzplan und damit der Fortbestand des Konzerns ins Auge gefasst war, entschloss sich der Verwalter, die Abhaltung der Hauptversammlung zu organisieren und zu finanzieren. Nach der Lehre Webers[20] wäre dies die Begleichung einer Nicht-Masseschuld, einer gesellschaftseigenen Schuld, gewesen. Doch wenn der Verfahrenszweck das Fortbestehen der Gesellschaft selbst ist, wird dann die Aufgabe der Gesellschafter zur Verwalteraufgabe werden. Natürlich müssen in solchen Fällen – trotz entgegenstehender höchstrichterlicher Rechtsprechung[21] – auch die Aufwendungen des Aufsichtsrats bezahlt werden, etc.

345; dagegen jüngst BVerwG, Urteil vom 13.04.2005 Az.: 6C 4/04; BGH, Urteil vom 21.April 2005, Az. IX ZR 281/03.

20 Siehe Fn. 18.

21 Seit RGZ 81, 332, 338 f.

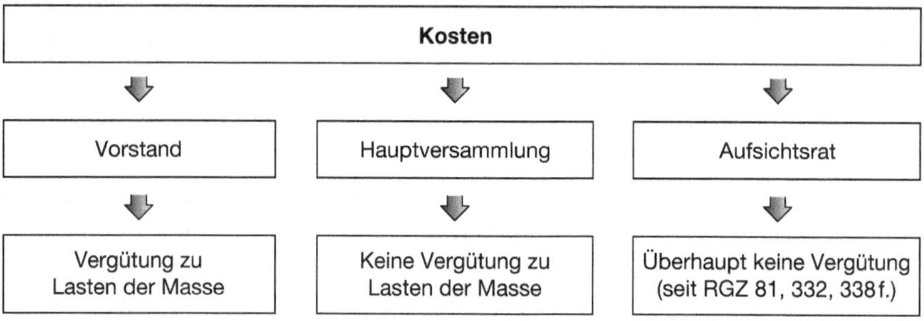

Das Insolvenzplanverfahren lässt sich dem aktienrechtlichen Verfahren parallel ordnen.

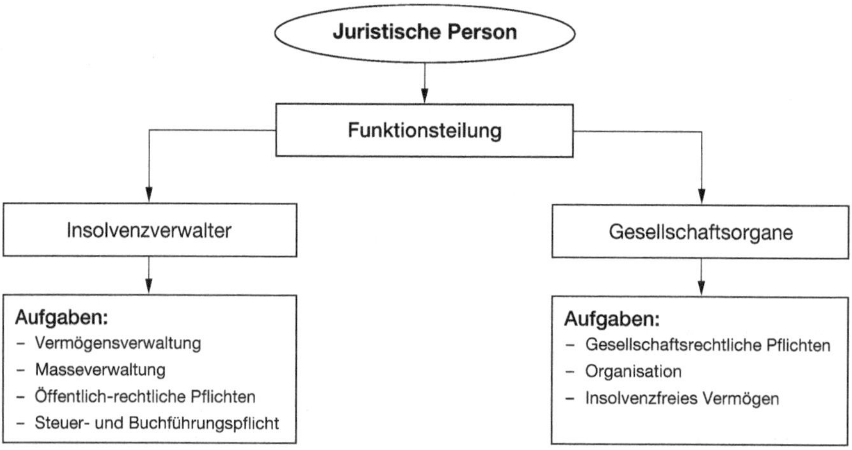

Ein derartiges Sanierungsmodell wirft – nächstes Problem – steuerliche Fragen auf. Einerseits sollten die Verlustvorträge nach Möglichkeit konserviert werden, damit zukünftig Liquidität geschont und zukünftigen Investoren der Einstieg schmackhaft gemacht wird. Der Erlass des Bundesministeriums für Finanzen vom 27.03.2003[22] hilft hier nur begrenzt und ist auf Fälle wie dem vorliegenden nur dann anwendbar, wenn die steuerliche Organschaft, die die vertikale Verlustnutzung überhaupt ermöglicht, die Insolvenzeröffnung überlebt. Genau dies war aber nach der früherer höchstrichterlichen Rechtsprechung[23] nicht der Fall.

Der Sanierungsgewinn gefährdet aber nicht nur den steuerlichen Verlustvortrag, sondern ist selbst bei der gebotenen Verrechnung mit den vorhandenen Verlustvorträgen ein plangefährdendes Liquiditätsproblem. Denn nach § 10d EStG sind Gewinne über 1 Mio. Euro, die an sich mit Verlusten verrechnet werden könnten,

22 Vgl. www.bundesfinanzministerium.de.
23 BGHZ 103, 1 ff.

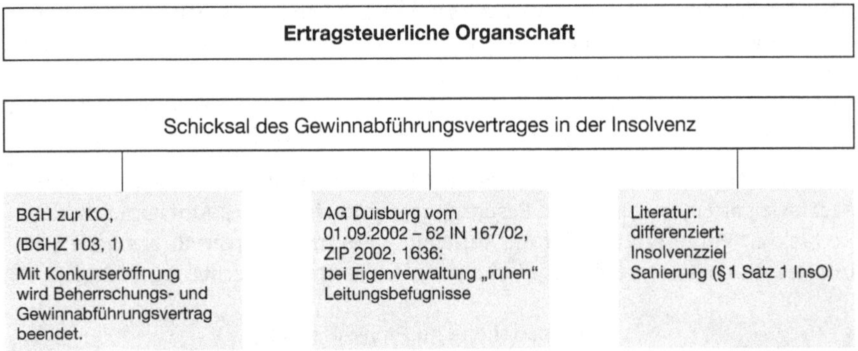

nach den Grundsätzen der sog. Mindestbesteuerung gleichwohl zu versteuern; und dies, obwohl der BMF-Erlass vom 27.03.2003 gerade die Verlustverrechnung erzwingen will!

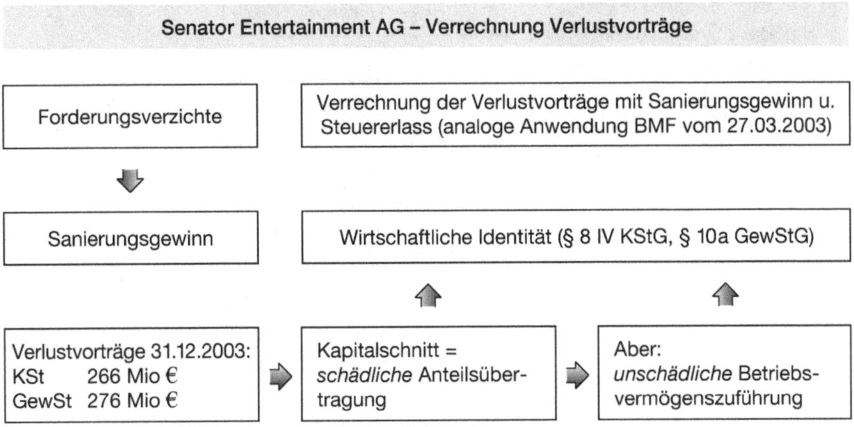

Sind trotz dieser Widrigkeiten Pläne für Konzerne grundsätzlich machbar, und haben die Gläubiger – wie im SENATOR-Fall einstimmig – den Insolvenzplan beschlossen, so ist die Angelegenheit keineswegs beendet. Zunächst ist damit zu rechnen, dass kritische Aktionäre, die heute praktisch gegen alle Hauptversammlungsbeschlüsse aller Publikumsgesellschaften klagen, auch und gerade in den Sanierungsfällen klagen, weil hier Unsicherheiten und Verzögerungen regelmäßig besonders weh tun. Hiergegen könnte die Insolvenzordnung die Möglichkeit vorsehen, obstruktive Aktionäre auszuschließen, deren Aktien in der Insolvenz ohnehin nichts wert sein sollten. Tatsächlich ist dergleichen im Zuge der Insolvenzrechtsreform immer gefordert worden[24], aber aus angeblich verfassungsrechtlichen

24 Erster Bericht der Kommission für Insolvenzrecht – Leitsätze, Hrsg. Bundesministerium für Justiz, 1985; Uhlenbruck, Die Sanierung notleidender Unternehmen als Aufgabe der Insolvenzrechtsreform, AnwBl. 1982, 338, 345; Flessner, Sanierung von Unternehmen, ZRP 1982, 245, 246.

Gründen (Art. 14 GG) wurde es nicht Gesetz[25]. Nachdem inzwischen der Gesetzgeber es aber (sogar) bei nicht-sanierungsbedürftigen Gesellschaften für möglich hält, Minderheitsaktionäre auszuschließen (sog. squeeze-out-Verfahren gem. §§ 327 a ff. AktG) ist der Verweis auf die Grundrechte überholt. Die Klagebefugnis solcher Aktionäre wird nach zukünftigem Aktienrecht übrigens durch das UMAG[26] beschränkt.

Sind die klagenden Aktionäre zugleich Gläubiger, steht ihnen noch ein zweiter Rechtsweg offen, weil auch die Bestätigungsentscheidung des Amtsgerichts, deren Rechtskraft Voraussetzung für die Aufhebung des Insolvenzverfahrens nach § 253 InsO ist, durch Beschwerde angefochten werden kann. Der Rechtsweg ist folgender:

Rechtsbehelfe im Planverfahren

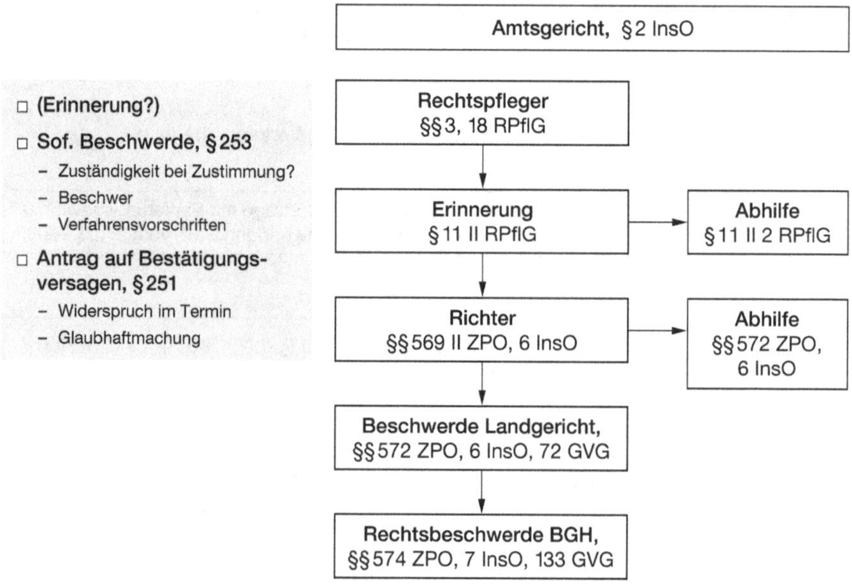

Das amtsgerichtliche Verfahren ist eigentlich auf rasche Erledigung gerichtet: der Rechtspfleger oder die Rechtspflegerin beim Amtsgericht muss das gesamte Insolvenzplanverfahren, mit allen Rechtsproblemen, in einem Monat durchgezogen haben. Die Bearbeitungsfrist bei Rechtsmittelgerichten, die sich keineswegs mit dem gesamten Planverfahren beschäftigen müssen, sieht dagegen völlig anders aus.

---

25 Balz, Sanierung von Unternehmen oder von Unternehmensträgern, S. 63 ff.; Karsten Schmidt, Gutachten zum 54. DJT, D 83; Smid/Rattunde, InsO Kommentar, 2. Auflage, 2001, § 221 Rn. 17 ff.; Ulmer, Die gesellschaftsrechtlichen Regelungsvorschläge der Kommission für Insolvenzrecht, ZHR 149 (1985), 550 f.

26 Gesetz zur Unternehmensintegrität und zur Modernisierung des Anfechtungsrechts; vgl. www.bundesjustizministerium.de

Angesichts der Überlastung des IX. Zivilsenats besteht für Insolvenzpläne daher ein erhebliches Zeitrisiko.

Im Rahmen dieses Vortrags können die wesentlichen Probleme, die bei einer Konzernsanierung im Insolvenzverfahren entstehen, nur angerissen werden. Man wird zwar sagen können, dass die Fälle nicht eben häufig sind, aber man darf daraus nicht schließen, dass man diese Probleme deshalb vernachlässigen könnte. Zwar werden Insolvenzverfahren heute ganz überwiegend über Privatpersonen, kleine und mittlere Unternehmen eröffnet. Aber wenn mal ein Konzern falliert, wird man feststellen müssen, dass das gegenwärtige Aktien-Insolvenzrecht auf diesen Fall nicht optimal vorbereitet ist. Die volkswirtschaftlichen Folgen können katastrophal sein. Hier besteht Handlungsbedarf.

Eigenverwaltung des Insolvenzschuldners als Regelinsolvenzverfahren, Insolvenzbeschlag des schuldnerischen Vermögens und Insolvenzplan – Thesen –

Silke Wehdeking

Die Überschrift, unter der die folgenden Überlegungen stehen, mag provokant erscheinen – was durchaus nicht unbeabsichtigt ist. Der herkömmliche Umgang mit der Insolvenzordnung unterstellt, diese sehe ein Regelverfahren vor, das im Großen und Ganzen dem althergebrachten Konkurs entspreche. Daneben soll die InsO Ausnahmefälle normieren, die rechtstatsächlich-statistisch in der Tat eine eher marginale Rolle spielen. Dagegen werde ich eine Reihe von Argumenten zu setzen versuchen, die meine Behauptung untermauern sollen, wonach insbesondere das Verfahren unter Anordnung der Eigenverwaltung eine Form des „Regelinsolvenzverfahrens" darstellt – wenn man überhaupt an dieser Sprechweise festhalten will.

I.

Die insolvenzgerichtliche Anordnung, dem Insolvenzschuldner auf seinen Antrag hin die Befugnis zur Verwaltung seines Vermögens zu übertragen, nachdem darüber das Insolvenzverfahren mit der Folge des Insolvenzbeschlages eröffnet worden ist (§§ 27 Abs. 1 S. 2, 35, 270 InsO), stellt sich vor dem Hintergrund des Verhältnismäßigkeitsgrundsatzes[1] (vgl. auch Art. 6 Abs. 1 MRK[2]) als mildester Eingriff in die Stellung des Schuldners dar.[3]

Im deutschen Recht wird – vergleichbar der Lage im nordamerikanischen Recht[4] – mit der Verfahrenseröffnung das Vermögen des Insolvenzschuldners vom Insolvenzbeschlag erfasst und damit der allseitigen Haftungsordnung[5] des Insolvenz-

---

1 BGH, Urt. v. 18.7.2002, IX ZR 195/01, DZWIR 2002, 470.

2 *Puschner*, Konkurs und Europäische Menschenrechtskonvention, S. 1ff., 17ff.; *Grabenwarter*, Europäische Menschenrechtskonvention, 2. Aufl. 2005, § 24 RdNr. 5 ff.; 12 ff. m.w.N.

3 *Wehdeking*, Masseverwaltung durch den insolventen Schuldner, 2005, Einl. RdNr. 29 Kap. 3 RdNr. 20 ff.

4 Im deutschen Recht werden die Verrichtungen des Insolvenzgerichts als Tätigkeiten *materieller Verwaltung* qualifiziert, vgl. BGH, B. v. 4.3.2004, IX ZB 133/03, ZIP 2004, 915; *Smid*, Grundzüge des Insolvenzrechts, 4. Aufl. 2002 § 1 RdNr. 64 ff.

5 Vgl. allein *Häsemeyer*, Insolvenzrecht, 3. Aufl. RdNr. 1.11 ff.

rechts gemeinschaftlich zugunsten aller Gläubiger des Insolvenzschuldners unterworfen.[6] Dies ergibt sich seit dem Inkrafttreten der EuInsVO aus deren Art. 1 Abs. 1 in Zusammenspiel mit der Legaldefinition des Insolvenz- als „Gesamtverfahren" nach Art. 2 lit a EuInsVO iVm Anhang A der EuInsVO, die das Insolvenzverfahren mit Anordnung der Eigenverwaltung gem. § 270 InsO nicht anders als das Verfahren mit Bestellung eines Insolvenzverwalters behandelt; Art. 2 lit b EuInsVO i.V.m. Anhang C den gem. § 274 InsO bei Anordnung der Eigenverwaltung zu bestellenden Sachwalter als „Verwalter" i.S.d. Art. 1 Abs. 1 EuInsVO[7]. Da Art. 1 Abs. 1 EuInsVO ein Insolvenzverfahren durch Vermögensbeschlag und Einsetzung eines Verwalters in dem bezeichneten Sinn qualifiziert, liegt im Falle des unter Eigenverwaltung des Insolvenzschuldners durchgeführten Verfahrens zweifellos ein Insolvenzverfahren vor, dass im übrigen den Anforderungen des Art. 1 Abs. 1 EuInsVO – Vermögensbeschlag – genügt.

Das Eröffnungsverfahren der §§ 21ff. InsO – in dem nach dem Verhältnismäßigkeitsgrundsatz die Verwaltungsbefugnisse des Schuldners möglichst weitestgehend unangetastet zu bleiben haben[8], wird das schuldnerische Vermögen nicht mit einem Insolvenzbeschlag belegt.[9] Vielmehr werden nur – teilweise oder umfassende – Verfügungsbeschränkungen gegen den Schuldner verhängt (§ 21 Abs. 2 Nr. 2 InsO). Dieses Verfahren stellt sich nicht als Insolvenzverfahren i.S.d. Art. 1 Abs. 1, Art. 2 lit a EuInsVO i.V.m. Anhang A dar; der vorläufige Verwalter (§ 21 Abs. 2 Nr. 1 InsO) ist kein Verwalter i.S.v. Art. 1 Abs. 1, Art. 2 lit b EuInsVO i.V.m. Anhang C und dort auch nicht aufgeführt.

Im österreichischen Recht geht die überkommene Lehre davon aus, im Ausgleichsverfahren werde eine Ausgleichsmasse nicht gebildet[10], sondern dem Ausgleichsschuldner Verfügungsbeschränkungen auferlegt. Dem liegt der Gedanke zugrunde, dass die österreichische Lehre die Konkursmasse als Sondervermögen ansieht; der Gemeinschuldner verliert maW durch die Eröffnung des Konkurses die Inhaberschaft über sein Vermögen, das als damit zur „Masse" – einem subjektlosen Sondervermögen – umgewandelt wird. Da seit der Reform des § 3 AO durch das IRÄG 1997 die Verwaltungsbefugnisse des Ausgleichsschuldners wieder erheblich erweitert worden sind, wird es von der Lehre als gekünstelt und nicht sachgerecht angesehen, mit Eröffnung des Ausgleichsverfahrens das Schuldnervermögen als Sondervermögen zu qualifizieren, das von diesem verwaltet (!) und dann nach (erfolgreichen) Abschluss ihm zurückgegeben wird. Für den Privatkonkurs, der als Sonderform des Konkurses indes durch die Beschlagnahme des Schuldnervermögens und damit die

---

6 *Smid*, Grundzüge, 4. Aufl. § 1 RdNr. 2 ff.

7 *Smid*, Deutsches und Europäisches Internationales Insolvenzrecht, Kommentar, 2004, Art. 1 EuInsVO RdNr. 21 ff., 23.

8 BGH, Urt. v. 18.7.2002, IX ZR 195/01, DZWIR 2002, 470.

9 Eingehend hierzu *Thiemann*, Die vorläufige Masseverwaltung im Insolvenzeröffnungsverfahren, 2000, 94 ff., 141 ff.

10 *Holzhammer*, Österreichisches Konkursrecht. Konkurs und Ausgleich, 5. Aufl. S. 239. Vgl. zu den Problemen krit. *Wehdeking* (Fußn. 3) Kap. 1 RdNr. 16 ff.

Bildung einer Masse geprägt wird, treten diese Fragen ebenfalls auf – da im Privatkonkurs von Gesetzes wegen der Gemeinschuldner sein Vermögen verwaltet.[11]

Es spricht viel dafür, dass die skizzierte österreichische Lehre durch Art. 1 Abs. 1 EuInsVO überholt ist. Denn nach Art. 2 lit a EuInsVO i.V.m. Anhang A wird das Ausgleichsverfahren als Insolvenzverfahren qualifiziert, das gem. Art. 1 Abs. 1 EuInsVO einen Vermögensbeschlag verwirklicht – und, wie der Vergleich mit dem deutschen Eröffnungsverfahren zeigt, nicht nur Verfügungsbeschränkungen gegen den Schuldner verhängt. Die österreichische Lehre bestimmt freilich den Vermögensbeschlag *weit* auch durch Verfügungsbeschränkungen, die gegen den Ausgleichsschuldner verhängt werden.[12] Das könnte das Argument nahelegen, der Vermögensbeschlag i.S.v. Art. 1 Abs. 1 EuInsVO könne auch in dem Sinne weit verstanden werden, dass an die Stelle der Konstitution einer Masse i.e.S. auch Verfügungsbeschränkungen gegen den Ausgleichsschuldner treten könnten. Zwar ist die EuInsVO in den jeweiligen Mitgliedsstaaten der EU (mit Ausnahme Dänemarks) *unmittelbar geltendes innerstaatliches Recht.*[13] Die Regelungen der EuInsVO dürfen indes *nicht* von dem hermeneutischen Vorverständnis des jeweiligen nationalen Rechts eines Mitgliedsstaates her ausgelegt werden, sondern unterliegen einer europäisch-autonomen Auslegung.[14] Als sekundäres Gemeinschaftsrecht geht die EuInsVO dem österreichischen Recht vor. Ein Rückgriff auf Maßstäbe des nationalen Rechts zur Auslegung von Rechtsnormen der EuInsVO ist unzulässig.

Daraus folgt aber umgekehrt, dass – soll das österreichische Recht nicht riskieren, dass die Wirkungen des Ausgleichsverfahrens in zwei in Österreich geltenden insolvenzrechtlichen gesetzlichen Regelwerken in unterschiedlicher Weise bestimmt wird – aus Gründen systematisch-rechtsdogmatischer Stimmigkeit nunmehr nach Inkrafttreten der EuInsVO von der Konstitution einer Ausgleichsmasse auszugehen ist. Dies harmonisiert zudem die Behandlung der Eigenverwaltung des Ausgleichschuldners mit der des Gemeinschuldners im Privatkonkurs. – Das Gemeinschaftsrecht, dass das nationale Recht nicht ändern soll[15], zeitigt gleichwohl Wirkungen auf die Auslegung des jeweiligen nationalen Rechts.[16]

Ob dies alles dafür sprechen kann, die Konstruktion der Masse als Sondervermögen aufzugeben, kann hier dahingestellt bleiben; das europäische Insolvenzrecht be-

---

11 *Konecny,* in: BeitrZPR V (1995) 45 ff., 59 f.

12 *Konecny* (Fußn. 11) S. 53; *Wehdeking* (Fußn. 3) Kap. 2 RdNr. 15 ff., 21 ff.

13 Vgl. allein *Smid,* Deutsches und Europäisches Internationales Insolvenzrecht, Kommentar, 2004, Vor Art. 1 EuInsVO Rdnr. 3 ff.; Art. 1 RdNr. 6 m.w.N.

14 BGH, B. v. 27.11.2003, IX ZB 418/02, ZInsO 2004, 34. Hierzu *Mankowski* EWiR 2004, 229 und *Liersch* NZI 2004, 141; *Smid,* Deutsches und Europäisches Internationales Insolvenzrecht, Kommentar, 2004, Vor Art. 1 EuInsVO RdNr. 12 ff.; Moss/Fletcher/Isaacs –*Fletcher* EC Regulation.

15 Erwägungsgrund Nr. 6 zur EuInsVO, vgl. den Bericht von *Virgos* und *Schmit* (z.B. in: *Stoll,* [Hrsg.], Vorschläge und Gutachten zur Umsetzung des EU-Übereinkommens über Insolvenzverfahren im deutschen Recht, Tübingen 1997).

16 Hierauf hat früh *Smid,* Europäisches Internationales Insolvenzrecht, Wien 2002, § 2 RdNr. 1 a.E. aufmerksam gemacht.

stärkt den Eindruck, dass die Stellung des eigenverwaltenden Schuldners sowohl für das deutsche als auch das österreichische Insolvenzrecht sinnvoll am ehesten mit dem Institut eines Amtswalters in eigenen Angelegenheiten[17] beschrieben wird.

Im deutschen Insolvenzrecht mag rechtstatsächlich aufgrund der Praxis der Insolvenzgerichte die seltene Ausnahme bilden. Und die kollektive Erfahrung der Insolvenzpraktiker ebenso wie die von Wirtschaftsstrafrechtlern[18] lehrt mit sehr starker Evidenz, dass die Fortdauer der Rechtsmacht des insolventen Schuldners Missbräuche befördern kann, die am ehesten durch die Entmachtung des Schuldners und die Bestellung eines Insolvenz- bzw. Masseverwalters vermieden werden.

In allen Rechtsordnungen[19], in denen die Eigenverwaltung des insolventen Schuldners vorgesehen ist, wird daher die Einleitung eines insolvenzrechtlichen Haftungsverfahrens, in dem dem Schuldner Befugnisse zur Masseverwaltung überantwortet werden, *verfahrensrechtlich* daran geknüpft, dass der Schuldner einen entsprechenden *Antrag* stellt. Hier genügt es, darauf zu verweisen, dass dies im deutschen Recht durch § 270 InsO[20] geregelt wird.

Im Falle, dass der Schuldner einen solchen Antrag stellt, gebietet es sich jedenfalls in den europäischen Rechtsordnungen aus der Sicht des Verhältnismäßigkeitsgrundsatzes, dem Schuldner die Befugnis zur Eigenverwaltung der Masse zu überantworten, es sei denn, es sprächen entscheidungserhebliche Gründe dagegen.

In diesem eingeschränkten Sinne lässt sich daher trotz der oben Pkt. 4 zitierten Bedenken das Verfahren einer Eigenverwaltung der Masse durch den insolventen Schuldner als *Regelfall* jedenfalls des deutschen Insolvenzverfahrens beschreiben.

Entscheidungserheblicher Grund gegen die Eigenverwaltung des insolventen Schuldners kann nach alledem weder der Tatbestand der materiellen Insolvenz des Schuldners (seine Zahlungsunfähigkeit oder, im Falle juristischer Personen, die Überschuldung) sein noch die allgemeinen Befürchtungen aufgrund der oben Pkt. 4 zitierten Erfahrungen der Insolvenzpraxis. Ein derartiges Verständnis würde gesetzlichen Regelungen der Eigenverwaltung ihres Anwendungsbereichs berauben. Das aber würde den Zwecken des Gesetzes[21] eklatant widersprechen. Der insolvente Schuldner soll durch die gesetzliche Einräumung der Möglichkeit der Eigenverwaltung nach dem erklärten Willen des Gesetzgebers[22] dazu ermutigt werden, alsbald in das Insolvenzverfahren einzutreten.

---

17 *Häsemeyer*, Insolvenzrecht, 3. Aufl. RdNr. 8.13 f.

18 *Bittmann*, Insolvenzstrafrecht, 2004.

19 Zum Rechtsvergleich *Wehdeking* (Fußn. 3) Kap. 1 zum Strukturvergleich des, nordamerikanischen, italienischen und dänischen Insolvenzrecht sowie Kap. 2 des österreichischen und Kap. 4 des deutschen Insolvenzrechts.

20 *Wehdeking* (Fußn. 3) Kap. 4 2 ff.; *dies.*, in: Flöther/Wehdeking/Smid, Eigenverwaltung, 2005, Kap. 2 RdNr. 2 ff. et passim.

21 Vgl. *Huhn*, Die Eigenverwaltung im Insolvenzverfahren, 2003, RdNr. 66 ff. *Wehdeking* (Fußn. 3) Kap. 4 RdNr. 20 ff., 21.

22 RegE InsO BT-Drucks. 12/2443; *Smid/Wehdeking*, in: in: Flöther/Wehdeking/Smid, Eigenverwaltung, 2005, Kap. 1 RdNr. 2 ff.

Ein entscheidungserheblicher Grund gegen die Eigenverwaltung des insolventen Schuldners liegt daher nur dann vor, wenn die Eigenverwaltung droht, *Nachteile* gegenüber der Bestellung eines Insolvenz- bzw. Masseverwalters zu Lasten der Gläubiger auszulösen. Dies sieht § 186 Abs. 2 Nr. 2 KO in Österreich ebenso wie in Deutschland § 270 Abs. 2 Nr. 3 InsO vor, ohne dass es insoweit darauf ankommt, dass das Gesetz in Österreich bei Einleitung eines Privatkonkurses zunächst dem Schuldner ohne weitere Prüfung die Eigenverwaltungsbefugnis zuweist.

Die Eigenverwaltung zieht für die Gläubiger Nachteile nach sich, wenn aus berechtigter Sicht der Schuldner persönlich unzuverlässig ist. So kennt die österreichische AO (§ 3 Abs. 1 AO[23]) und kannte die deutsche VerglO (§§ 18, 19 VerglO[24]) den Begriff der Vergleichsunwürdigkeit, die dem Schuldner die Möglichkeit eines Ausgleichs oder Vergleichs verstellt. Für den Privatkonkurs über natürliche Personen oder ein Insolvenzverfahren deutschen Rechts über selbständige oder Einzelhandelskaufleute lässt sich diese persönliche Unzuverlässigkeit durch einen Rückgriff auf das bisherige Verhalten des Schuldners, namentlich eine wirtschaftsstrafrechtliche Auffälligkeit, feststellen. Wie das österreichische Recht zeigt, kann ein Versagungsgrund wegen persönlicher Unzuverlässlichkeit auch in der mangelnden Befähigung des Schuldners zur Masseverwaltung in eigener Person liegen.

Im Falle der Insolvenz juristischer Personen kann eine derartige Anknüpfung am Verhalten der handelnden natürlichen Personen nur bedingt aussagekräftig sein.[25] So können frühere Geschäftsführer oder Vorstandsmitglieder sich im Vorfeld der Insolvenz wegen die Existenz der Gesellschaft bedrohender Handlungen[26] haft- und sogar strafbar gemacht haben. Hat die Gesellschafter- bzw. die Hauptversammlung diese Personen abgelöst und beschlossen[27], z.B. einen Insolvenz- und Sanierungspraktiker zum Vorstandsvorsitzenden bzw. Geschäftsführer zu berufen (wie in den Fällen der Babcock-Borsig AG[28] und der Kirch Media AG mit der Berufung der Herren Piepenburg bzw. Betterey geschehen), wird der Hinderungsgrund persönlicher Unzuverlässigkeit ausgeräumt. Nur am Rande bemerkt zeigen auch die share holders als „Eigentümer“ des schuldnerischen Unternehmens ihre Sanierungsbereitschaft. Es kommt insofern also auf die Personen von Vorstand oder Geschäftsführung nur vermittelt an.

---

23 *Wehdeking* (Fußn. 3) Kap. 1 RdNr. 28.

24 *Smid/Rattunde*, Der Insolvenzplan, 2. Aufl. 2005, RdNr. 9.15 ff.; die Kritik, die daran in Folge des Verfahrens über das Bankhaus I. D. Herstatt zu Köln geübt worden ist, betraf die Frage, ob überhaupt in solchen Fällen ein reorganisierendes Verfahren durchgeführt werden kann. Sie ist durch die Befugnis des Insolvenzverwalters zur Einreichung eines Insolvenzplans (§ 218 InsO) weithin überholt und betrifft im übrigen nicht das hier zu erörternde Sachproblem.

25 Krit. *Marotzke*, in: Kirchhof-Festschr., 2003, 311, 330 (Fremdverwaltung in der Form der Eigenverwaltung?) und *Förster*, in: Kirchhof-Festschr., 2003, 103 (Stärkung der „Bankenmacht“ durch die Eigenverwaltung).

26 Hierzu BGH (Vulkan), Urt. v. 17.9.2001, II ZR 178/99, BGHZ 149, 10.

27 Gesellschaftsrechtlich bedeutsam wegen der „Holzmüller“-Entscheidung des BGH: BGHZ Bd. 83, S. 122, 128.

28 AG Duisburg DZWIR 2002, 522 ff. m. Anm. *Smid*, DZWIR 2002, 493 ff.

Eine Auswechslung dieser Personen widerspricht entgegen der Annahme des AG Duisburg[29] auch nicht dem Ziel des Gesetzgebers[30], die besonderen Kenntnisse des Schuldners durch die Anordnung der Eigenverwaltung nutzen zu können. Denn Subjekt der Eigenverwaltung ist nicht der Vorstand bzw. Geschäftsführer[31] als organschaftlicher Vertreter, sondern die insolvente Gesellschaft handelnd in ihrer gesellschaftsrechtlichen Verfasstheit.[32]

Im übrigen lässt die generalklauselartige Fomulierung[33] des Nachteilsbegriffs unterschiedliche Deutungen und Auslegungen zu. Das österreichische Recht verwehrt dem insolventen Schuldner in den als weniger bedeutsam und wenig komplex eingestuften Verfahren des Privatkonkurses dem Schuldner die Eigenverwaltung nur *ausnahmsweise* in den oben Pkt. 8 behandelten Fällen *ausdrücklich festgestellter* persönlicher Unzuverlässigkeit.[34] Wegen einer vermuteten besonderen Gefährlichkeit der Eigenverwaltung des insolventen Schuldners (oben Pkt. 4) werden die gesetzlichen Voraussetzungen der Anordnung der Eigenverwaltung im Wege der Auslegung verschärft und wird die Anordnung der Eigenverwaltung sehr oft davon abhängig gemacht, dass sie für die Gläubiger vorteilhaft sei.

Ein Beispiel hierfür ist die Verwertung sicherungszedierter Lizenzen des Schuldners durch den eigenverwaltenden Schuldner aus Sicht der nach § 51 Nr. 1 InsO absonderungsberechtigten Sicherungszessionare. Dies war im Verfahren der Kirch Media AG der Fall. Der Hintergrund dafür liegt darin, dass der eigenverwaltende Schuldner zwar zur Verwertung dieser Rechte befugt ist (§ 282 Abs. 1 S. 1 i.V.m. § 166 Abs. 2 InsO, die Absonderungsberechtigten aber keine Feststellungskosten gem. § 171 Abs. 1 InsO tragen müssen, vgl. § 282 Abs. 1 S. 2 InsO.

Damit wird aber die positiv-gesetzliche Regelung verkannt, die ausdrücklich nicht von dem Nachweis von Vorteilen, sondern negativ vom Nichtvorliegen von Nachteilen ausgeht.

Damit fragt sich, welche Behauptungs- und Darlegungslasten den Schuldner im deutschen Verfahren wegen des geforderten Nicht-Vorliegens von drohenden Nachteilen bei Anordnung der Eigenverwaltung treffen. Einer verfahrensrechtlichen Maßstäben verpflichteten Betrachtungsweise mag es zunächst erscheinen, dass der Schuldner mit seinem Antrag nach § 270 InsO dessen Voraussetzungen – also das Nicht-Vorliegen von Nachteilen – zu behaupten und gegebenenfalls zu beweisen hat. Denn auch wenn man mit der jüngsten Judikatur des BGH[35] davon ausgeht, dass sowohl das Insolvenzeröffnungsverfahren als auch das eröffnete Verfahren

29 Nachw. Fußn. 28.

30 Nachw. Fußn. 22.

31 So aber z.B. AG Mönchengladbach, B. v. 27.4.2004, 19IN54/04, ZIP 2004, 1064.

32 *Wehdeking* (Fußn. 3) Kap. 6 RdNr. 27 ff. m.w.N.; *Smid* (Fußn. 28) zu AG Duisburg.

33 Zur Methodik ihrer Auslegung beispielhaft: *Wieacker*, Zur rechtstheoretischen Präzisierung des § 242 BGB, Göttingen 1956.

34 Vgl. *Kodek*, Privatkonkurs, 2002 RdNr. 164 ff.; *Wehdeking* (Fußn. 3) Kap. 2 RdNr. 10 ff.

35 BGH, B. v. 4.3.2004, IX ZB 133/03, ZIP 2004, 915; hierzu *Smid* DZWIR 359 ff.; vgl. auch *Smid*, Grundzüge des Insolvenzrechts, 4. Aufl. 2002, § 1 RdNr. 64 ff.

funktional dem Bereich nichtstreitiger freiwilliger Gerichtsbarkeit zuzuordnen sind, begehrt doch der Schuldner mit seinem Antrag eine ihm günstige Entscheidung, deren Voraussetzungen nachzuweisen ihn nach allgemeinen Grundsätzen auch im nichtstreitigen Verfahren die prozessuale Last träfe. Dies aber würde der Sache nach den Schuldner contra legem dazu zwingen, Vorteile der Eigenverwaltung darzulegen, da ihm ansonsten ein nicht zu führender Negativbeweis zugemutet würde.

Im Lichte des Verhältnismäßigkeitsgrundsatzes erweisen sich diese Erwägungen aber als nicht tragfähig. Die im österreichischen Recht des Privatkonkurses mit von Gesetzes wegen eintretender Eigenverwaltung zum Ausdruck kommende Wertung findet ihren Niederschlag auch in der Auslegung des deutschen Rechts. Denn mit der Eröffnung des Insolvenzverfahrens über sein Vermögen wird in Grundrechte des Schuldners eingegriffen.[36] Bei Vorliegen des Antrags nach § 270 InsO wahrt das Insolvenzgericht die verfassungsrechtlich zwingend vorgeschriebene Zweck-Mittel-Relation dieses Grundrechtseingriffs nur, wenn es seiner gesetzlich normierten (§ 5 Abs. 1 InsO, in Österreich übrigens § 173 Abs. 5 KO) Pflicht zur Amtsermittlung genügt und ermittelt hat, ob die begehrte Anordnung der Eigenverwaltung Nachteile nach sich ziehen würde. Daher ist die Eigenverwaltung anzuordnen, wenn der Schuldner mit seinem Antrag behauptet, die Anordnung sei für die Gläubiger nicht nachteilig und wenn das Insolvenzgericht im Zuge seiner amtswegigen Ermittlungen nicht feststellt, dass in Folge der Anordnung entsprechende Nachteile ausgelöst werden.

Auch die besonders starke Stellung, die das deutsche den Gläubigern durch weitreichende Befugnisse der Gläubigerautonomie einräumt, spricht nicht gegen diese Erwägungen. Die erste Gläubigerversammlung (Berichtstermin) kann die gerichtlich angeordnete Eigenverwaltung beenden und einen Insolvenzverwalter wählen, § 272 InsO.

Muss das Insolvenzgericht befürchten, dass es zur Wahl eines Insolvenzverwalters im Berichtstermin kommt, würden damit Verzögerungen des Verfahrens ausgelöst, die das Gesetz in § 270 Abs. 2 Nr. 3 InsO als besonderen Fall des drohenden Nachteils der Anordnung der Eigenverwaltung normiert.[37] Insofern ist es Sache des im Eröffnungsverfahren insolvenzgerichtlich bestellten Sachverständigen (§ 5 Abs. 1 S. 2 bzw. § 22 Abs. 1 Nr. 3 InsO) zu ermitteln, ob die Gläubiger sich mit Kopf- und Stimmenmehrheit gegen die Eigenverwaltung entscheiden werden; der Schuldner kann und wird regelmäßig[38] vorbereitend durch Verhandlung mit den Gläubigern und Veranlassung entsprechender Erklärungen an das Insolvenzgericht, den Sachverständigen oder den vorläufigen Verwalter diese Ermittlungen unterstützen.

Die Zulassung des insolventen Schuldners, gegen den nicht persönlichen Unzuverlässigkeit spricht, zur Eigenverwaltung in Ausgleich und im Privatkonkurs nach

---

36 Die auch für inländische juristische Personen eingreifen, vgl. Art. 19 Abs. 3 GG.
37 Vgl. dazu die Übersicht bei *Huhn* (Fußn. 21) RdNr. 152 ff., 206 ff.
38 Wie in dem berliner Verfahren *Gerhard Podstawski*, AG Charlottenburg

österreichischem Recht oder z.B. dem concordato preventivo italienischen Rechts ist in der gesetzlich geregelten Form angemessen, da das Gesetz den Gläubigern in diesen Verfahren mit der Statuierung von Mindestquoten (§ XX AO, § XX KO) die Gewissheit gibt, aufgrund des Verfahrens eine bestimmte Mindestbefriedigung ihrer Forderungen zu erhalten. Um in das Verfahren eintreten zu können muss der Schuldner daher die wirtschaftlichen Daten glaubhaft machen, aufgrund deren die Erfüllung der Ausgleichsquote beruht.

Im deutschen Recht erweist sich der Nachteilsbegriff des § 270 Abs. 2 Nr. 3 InsO deshalb als besonders sperrig, weil die Gläubiger anders als österreichischen Verfahrens des Ausgleichs oder des Privatkonkurses nicht von vornherein absehen können, welche Auswirkungen die Eigenverwaltung auf ihre Befriedigungsaussichten im Verfahren zeitigt. Das ist die zwingende Folge davon, dass der deutsche Gesetzgeber die Zweiteilung des Korpus insolvenzrechtlicher Gesetze in (reorganisierenden) Vergleich und (liquidierenden) Konkurs abgeschafft und an seine Stelle das sog. Einheitliche Insolvenzverfahren [39] hat treten lassen, das sowohl die Option der Liquidation als auch der Reorganisation und Sanierung des Schuldners bzw. des schuldnerischen Unternehmensträgers zulässt.[40] Den Antrag nach § 270 InsO hat der Gesetzgeber im übrigen entgegen ursprünglich formulierten anderslautenden Absichten nicht ausdrücklich an die gleichzeitige Vorlage eines Insolvenzplans geknüpft. Zudem geht die hL zutreffend davon aus, dass die Eigenverwaltung sowohl im Falle der Reorganisation als auch der Liquidation des schuldnerischen Vermögens angeordnet werden könne.

Damit mangelt es dem Insolvenzgericht aber an Anhaltspunkten, aufgrund derer es die Nachteiligkeit der Anordnung einer Eigenverwaltung beurteilen kann. Denn wegen der Trennung von Insolvenzplan und Eigenverwaltung fehlt es dem Insolvenzgericht an einer verbindlichen Auskunft des Schuldners darüber, wie er im Verfahren, sei es im Rahmen der Reorganisation, sei es durch Liquidation, seine Gläubiger zu befriedigen gedenkt und besonders zu welchem Umfang dies geschehen soll.

Seine Gläubiger muss der Schuldner indes über die beabsichtigten Maßnahmen unterrichten. Spätestens im Berichtstermin hat er gem. § 282 Abs. 2 InsO (an Stelle des nicht bestellten Insolvenzverwalters) einen Bericht zu erstatten (§ 156 InsO), auf dessen Grundlage die Gläubigerversammlung über die Abwicklung des Verfahrens gem. § 157 InsO entscheidet.

Berücksichtigt man die Berichtspflicht des insolventen Schuldners gem. § 282 Abs. 2, 156 InsO unbefangen, wird deutlich, dass ihm auch ohne ausdrückliche gesetzliche Anordnung vorgeschrieben wird, einen „Plan“ seiner Maßnahmen im Rahmen der Eigenverwaltung vorzulegen.

39 RegE InsO Allg. Begr. 4 a.
40 *Smid/Rattunde* (Fußn. 24) RdNr. 2.1 ff.

Sind all die vorangegangenen Erwägungen graue Theorie? Nicht allein der statistisch-rechtstatsächliche Befund scheint diese Vermutung nahezulegen. Das Gesetz selbst ist in einer Weise aufgebaut, dass die Eigenverwaltung in der Wirklichkeit ein Ding der Unmöglichkeit zu sein scheint. Denn liest man § 270 Abs. 2 Nr. 2 InsO, scheint die Eigenverwaltung daran scheitern zu müssen, wenn auch nur ein einzelner Gläubiger auf den Schuldnerantrag einen eigenen Fremdantrag folgen lässt und der Anordnung der Eigenverwaltung seine Zustimmung versagt.

Ob ein Fremdantrag eines Gläubigers nach § 14 InsO, der zeitlich nach dem Antrag des Schuldners und dem Antrag auf Eigenverwaltung gestellt worden ist, die Anordnung der Eigenverwaltung gemäß § 270 Abs. 2 Nr. 2 InsO ausschließt, ist neben anderen Fragen gegenwärtig Gegenstand einer dem IX. Zivilsenat des BGH vorliegenden Rechtsbeschwerde. Wäre dies mit vereinzelten amtsgerichtlichen Entscheidungen zu bejahen, stünde jedem Gläubiger ohne Beachtung der Schranken des § 272 InsO ein vom Insolvenzgericht zu beachtendes Veto-Recht gegen den Schuldnerantrag nach § 270 Abs. 1 InsO zu. Dagegen wird im Schrifttum von *Christoph Huhn*, dem ich mich angeschlossen habe, argumentiert, § 270 Abs. 2 Nr. 2 InsO müsse einschränkend ausgelegt werden, da anderenfalls die gesetzgeberische Entscheidung, dem Schuldner die Option der Eigenverwaltung zu eröffnen, leer liefe.

Das mag für sich genommen nicht genügen, um eine Korrektur der zitierten Vorschrift des § 270 Abs. 2 Nr. 2 InsO im Wege einer „teleologischen Reduktion" zu tragen – auch wenn eine solche einschränkende Auslegung naheliegt, da der Gesetzgeber die Eigenverwaltung des Schuldners als Anreiz frühzeitiger Eigenantragstellungen gewollt hat.

Den Ausschlag gibt in dieser Lage eine Betrachtung der Gesetzessystematik. Wie die jüngste Judikatur des BGH und des BVerfG zur Abwahl des Insolvenzverwalters durch das konstruktive Misstrauensvotum der Gläubiger im Berichtstermin nach § 57 InsO hat deutlich werden lassen, ist die Gläubigerautonomie das zentrale, bestimmende Element des Insolvenzverfahrens. Dies gilt nicht zuletzt auch für die Frage der Eigenverwaltung des Schuldners: Grundsätzlich kann die *Aufhebung* der Anordnung der Eigenverwaltung mit Mehrheitsentscheidung der Gläubigerversammlung beantragt werden, § 272 Abs. 1 Nr. 1 InsO. Ein solcher Antrag kann gem. § 272 Abs. 1 Nr. 2 InsO auch von einem einzelnen Absonderungsberechtigten oder einem Insolvenzgläubiger gestellt werden. Allerdings muss dann vorgetragen und ggf. unter Beweis gestellt werden, dass die gesetzlichen Voraussetzungen, die § 270 InsO für die Anordnung der Eigenverwaltung normiert, nicht mehr vorliegen. Eine *Vetobefugnis* einzelner Gläubiger ist dagegen dem Gesetz fremd.

Diese Überlegungen mögen die Eigenverwaltung denkbarer erscheinen lassen, als es die gegenwärtige Handhabung dieses Rechtsinstituts erscheinen lässt. Wegen ihrer gegenüber dem vom Insolvenzverwalter abgewickelten Verfahren deutlich niedrigeren Kosten im allgemeinen, die möglichen Vorteile für absonderungsberechtigte Gläubiger, aber auch mit Blick auf die gegenüber der des Insolvenzverwalters verringerte Haftung des Sachwalters kann dieses Verfahren auch für

Insolvenzpraktiker interessant sein; in dem Bändchen von *Flöther, Smid* und mir zur Eigenverwaltung haben wir dies etwas näher auszuführen versucht.[41] Dies mag in der folgenden Podiumsdiskussion vielleicht näher erörtert werden.

Karl Michaelis, der seine akademische Laufbahn vor einigen Jahren hundertjährig beschlossen in Kiel begonnen hat, pflegte gegenüber radikal erscheinenden Brüchen mit der bisherigen Art der Auslegung des geltenden Rechts mehr rhetorisch zu fragen, „ob das alles so" stimme. Diese Frage zu stellen wird Ihnen naheliegend erscheinen. Dass ich für die von mir entworfene Auslegung eine Lanze breche, werden Sie mir nachsehen. Ob es mit der Eigenverwaltung des Schuldners etwas werden wird, werden wir sehen, wenn der IX. Zivilsenat des BGH über die Rechtsbeschwerden von Schuldnern entschieden hat, die ihm nach der Ablehnung der Anordnung der Eigenverwaltung derzeit vorliegen.

---

41 *Flöther/Smid/Wehdeking*, Eigenverwaltung 2005.

Die Sanierungsfunktion des § 103 InsO

Thomas Rühle

I. Der Sanierungsgedanke in der InsO

1. Verhältnis von Sanierung und Haftungsverwirklichung

Die am 1.1.1999 in Kraft getretene Insolvenzordnung hat die Sanierung des schuldnerischen Unternehmens ausdrücklich zu einem gesetzlichen Ziel proklamiert, vgl. § 1 S. 1, Hs. 2 InsO. Obgleich die Haftungsverwirklichung par conditio creditorum der Hauptzweck des Insolvenzverfahrens bleibt, werden die Gläubigerinteressen gerade bei den öffentlichkeitswirksamen Insolvenzen von Großunternehmen häufig besser durch eine Sanierung als durch eine Zerschlagung des Unternehmens realisiert[1]. Dies gilt insbesondere bei Unternehmen, die eigentlich über ein starkes operatives Geschäft verfügen und nur aufgrund finanzwirtschaftlicher Probleme[2] oder Marktumstrukturierungen in die Insolvenz geraten sind. Mit der Zerschlagung eines sanierungsfähigen und – würdigen Unternehmens verlieren die Gläubiger eine Möglichkeit, auf dem Markt für ihre Güter und Dienstleistungen einen Gegenwert zu erlangen und somit Gewinne zu erzielen. Die Liquidation des schuldnerischen Unternehmens kann also den Gläubigerinteressen widersprechen. In solchen Fällen ist die Sanierung gleichsam Mittel zum Zwecke der (nachhaltigen) Gläubigerbefriedigung[3]. Sanierung ist der Inbegriff der Maßnahmen, die darauf abzielen, ein Unternehmen wieder zu einem profitablen und konkurrenzfähigen Marktteilnehmer zu machen[4]. Zu unterscheiden sind autonome Sanierungsmaßnahmen, die das Unternehmen selbst und auch außerhalb eines Insolvenzverfahrens ergreifen kann und heteronome Sanierungsmaßnahmen, die der Mitwirkung Dritter – etwa im Rahmen eines Insolvenzverfahrens – bedürfen[5].

2. Sanierungskonzepte der InsO

Zu den in der InsO angelegten Sanierungskonzepten sind die übertragende Sanierung, die Eigenverwaltung und das Insolvenzplanverfahren zu zählen[6]. Eine über-

---

1 Vgl. Smid-*Smid*, InsO, 2. Aufl., § 1 RdNr. 26f.; *Smid/Rattunde*, Der Insolvenzplan, 2. Aufl., RdNr. 1.2.

2 Vgl. z. B. den „Fall Herlitz“, vgl. hierzu *Rattunde*, ZIP 2003, 596.

3 FK-*Schmerbach*, InsO, 3. Aufl., § 1 RdNr. 12; HK-*Kirchhof*, InsO, 3. Aufl., § 1 RdNr. 3; MünchKomm-*Eidenmüller*, InsO, vor §§ 217 bis 269, RdNr. 8.

4 Vgl. *Picot/Aleth*, Unternehmenskrise und Insolvenz, S. 2 m. w. N.

5 *Smid/Rattunde*, Der Insolvenzplan, 2. Aufl., RdNr. 5.31 ff.

6 FK-*Schmerbach*, InsO, 3. Aufl., § 1 RdNr. 12; *Smid/Rattunde*, Der Insolvenzplan, 2. Aufl., RdNr. 0.18.

tragende Sanierung[7] bietet sich an, wenn in kurzer Zeit ein Investor gefunden werden kann, der das Unternehmen im Wege eines „asset deals“[8] übernimmt. Der für das Unternehmen gezahlte Kaufpreis wird dann für die (quotale) Gläubigerbefriedigung benutzt. Problematisch wird der Weg über die übertragende Sanierung, wenn zur Zeit kein adäquater Investor bereitsteht oder der schuldnerische Unternehmensträger nicht übertragbare Immaterialgüter (z.B. Lizenzen) hält[9]. In solchen Fällen bietet sich das Insolvenzplanverfahren zur Sanierung und Reorganisation des Unternehmensträgers, u.U. auch in Verbindung mit der Eigenverwaltung, an. Der Insolvenzplan besteht aus einem darstellenden (§ 220 InsO) und einem gestaltenden Teil (§ 221 InsO). Während der darstellende Teil die (autonomen und heteronomen) Sanierungsmaßnahmen „beschreibt“, „vollzieht“ der gestaltende Teil die insolvenzspezifische Sanierung in Form der nachhaltigen Einwirkung auf die Rechtsstellungen der Beteiligten. Der Insolvenzplan zielt i.d.R. auf eine Schuldenreorganisation des insolventen Unternehmensträgers ab[10]. Es kommt dann zu einer teilweisen Schuldbefreiung, vgl. § 227 InsO. Der Insolvenzplan ermöglicht eine vom Regelinsolvenzverfahren abweichende Befriedigung der absonderungsberechtigten Gläubiger und der Insolvenzgläubiger, bei der insbesondere eine Differenzierung nach Gläubigergruppen möglich ist, § 222 InsO. Die meisten Gläubiger sind mit dem Schuldner aufgrund eines gegenseitigen Vertrages i.S.d. §§ 320ff. BGB rechtlich verbunden. Das Schicksal solcher Verträge steht in Abhängigkeit zum vertraglichen Abwicklungsstadium und bemisst sich nach den §§ 103ff., 55 Abs. 1 Nr. 2, 38 InsO. Die wichtigste Vorschrift ist die des § 103 InsO, der für den gegenseitigen, beiderseits nicht vollständig erfüllten Austauschvertrag in der Insolvenz gilt und durch die §§ 104–107 InsO sowie § 55 Abs. 1 Nr. 2 InsO ergänzt wird. Die §§ 108ff. InsO betreffen spezielle Regelungen über die Behandlung von Dauerschuldverhältnissen in der Insolvenz[11].

Der Zweck der Regelung des § 103 InsO ist heftig umstritten[12]. Die einen sehen den Gläubigerschutz im Vordergrund, andere hingegen den Schutz der Masse. Zum Teil wird auch die Ermöglichung der (vorübergehenden) Unternehmensfortführung in der Insolvenz als ratio legis angesehen[13]. Der zur Disposition des Insolvenzverwalters gestellte Abwicklungsmodus – „normale“ beiderseitige Erfüllung oder „insolvenzbedingte“ Nichterfüllung – des schwebenden Vertrags erhöht die Chancen einer wirtschaftlichen Regeneration des Schuldners. Der Insolvenzverwalter wird es nämlich bei der infolge der Verfahrenseröffnung (vgl. § 38 InsO) eingetretenen Nichterfüllung von Verlustverträgen belassen, während er die Erfüllung von für

7 Vgl. hierzu *K. Schmidt,* ZIP 1980, 328, 336.

8 Vorteilhaft ist hierbei insbesondere, dass der Erwerber nicht nach § 25 HGB für die Verbindlichkeiten des Schuldners haftet, vgl. BGHZ 104, 151, 153.

9 Vgl. *Smid/Rattunde,* Der Insolvenzplan, 2. Aufl., RdNr. 2.18 ff.

10 Vgl. MünchKomm-*Eidenmüller,* InsO, vor §§ 217 bis 269, RdNr. 9.

11 *Häsemeyer,* Insolvenzrecht, 3. Aufl., RdNr. 20.10.

12 Vgl. *Henckel,* ZZP 99 [1986], 419, 420 ff.; *Marotzke,* Gegenseitige Verträge im neuen Insolvenzrecht, 3. Aufl., RdNr. 2.6 ff. m.w.N.

13 Uhlenbruck-*Uhlenbruck,* InsO, 12. Aufl., Vor § 103 RdNr. 2.

den Schuldner günstigen Verträgen verlangen wird. Das in § 103 InsO normierte Wahlrecht ist deshalb grundsätzlich zur Sanierung geeignet. Freilich kann von einer Sanierungsfunktion des § 103 InsO nur dann die Rede sein, wenn eine dauerhafte Unternehmensfortführung mit dem schuldnerischen Unternehmensträger geplant ist. Eine solche lässt sich in geeigneten Fällen durch das Insolvenzplanverfahren erreichen. Um diese über das Verfahrensende hinausreichende Sanierungsfunktion des § 103 InsO bestimmen zu können, muss allerdings zunächst die Bedeutung dieser Vorschrift während des Insolvenzverfahrens näher beleuchtet werden.

II. Bedeutung des § 103 InsO während der Insolvenz

1. Interessenlage der Beteiligten

§ 103 InsO behandelt das funktionelle Synallagma während des Insolvenzverfahrens und ergänzt damit die Vorschriften über gegenseitige Verträge im materiellen Recht (§§ 320ff. BGB) und in der Einzelzwangsvollstreckung (§§ 756, 765 ZPO). Die strikte Einhaltung des funktionellen Synallagmas in der Insolvenz lässt sich nicht mit dem insolvenzrechtlichen Gleichbehandlungsgrundsatz vereinbaren[14]. Die InsO normiert Haftungsrecht[15]; sie zielt auf die gleichmäßige („quotale") Befriedigung (vgl. § 1 S. 1 InsO) der Gläubiger aus einem insolventen Schuldnervermögen („Teilungsmasse") ab. Der Kontrahent eines gegenseitigen, beiderseits noch nicht vollständig erfüllten Vertrages darf deshalb grundsätzlich nicht besser gestellt werden als die übrigen Insolvenzgläubiger, vgl. § 38 InsO. Andererseits muss das Insolvenzrecht die enge Verknüpfung von Leistung und Gegenleistung beim gegenseitigen Vertrag („do ut des"), der im bürgerlichen Recht insbesondere durch §§ 320, 322, 326 BGB Rechnung getragen wird, respektieren[16]. Das Einfordern der vollen Leistung durch den Insolvenzverwalter gegen die bloße Quote auf den Gegenleistungsanspruch verbietet sich aus diesem Grunde[17]. § 103 InsO löst die Kollision vom Gleichbehandlungsgrundsatz und funktionellem Synallagma dahingehend auf, dass der Insolvenzverwalter darüber entscheiden kann, ob es bei der insolvenzbedingten Nichterfüllung des Vertrages (Primat der Gleichbehandlung) bleiben oder ob der Vertrag beiderseits vollständig erfüllt werden soll (Primat der Vertragstreue). Bei oberflächlicher Betrachtung könnte man die Notwendigkeit des § 103 InsO insofern in Frage stellen wollen, als dass der Insolvenzverwalter auch ohne diese Regelung mit dem Vertragspartner des Schuldners einen neuen Vertrag eingehen kann, bei dem die Forderung desselben dann eine Masseverbindlichkeit ist (§ 55 Abs. 1 Nr. 1 InsO). Allerdings wird sich der Vertragspartner vielfach nicht (ohne

---

14 Smid-*Smid*, InsO, 2. Aufl., § 103 RdNr. 2.

15 Vgl. *Häsemeyer*, Insolvenzrecht, 3. Aufl., RdNr. 1.13, 2.14, 12.02, 20.04; *Smid*, Grundzüge des Insolvenzrechts, 4. Aufl., § 1 RdNr. 22.

16 Vgl. Kübler/Prütting-*Tintelnot*, InsO, § 103 RdNr. 5.

17 *Smid*, Grundzüge des Insolvenzrechts, 4. Aufl., § 17 RdNr. 4.

weiteres) auf einen neuen Vertrag zu den alten Konditionen einlassen, insbesondere wenn er vor Verfahrenseröffnung schon erhebliche Teilleistungen erbracht hat. Durch das Wahlrecht erhält der Insolvenzverwalter in solchen Fällen die Möglichkeit die restliche Erfüllung des gegenseitigen Vertrages zu verlangen, ohne dass er den der Vorleistung entsprechenden Anspruch auf die Gegenleistung als Masseverbindlichkeit bedienen müsste, vgl. § 105 S. 1 InsO. Die besondere Bedeutung des Verwalterwahlrechts besteht mithin in zweierlei Hinsicht: Zunächst erlaubt es dem Insolvenzverwalter unter Beachtung des funktionellen Synallagmas (entgegen der Regelung des § 38 InsO), den Vertragspartner zu einem Massegläubiger zu machen und die Masse somit in den Genuss der Gegenleistung zu bringen [18], ohne dass er hierzu einen neuen Vertrag abschließen müsste. Ferner beschränkt § 105 S. 1 InsO die nach § 55 Abs. 1 Nr. 2, Var. 1 InsO infolge des Erfüllungsverlangens eintretende Aufwertung der Gläubigerforderung zur Masseverbindlichkeit auf den Teil der Forderung, welcher der noch offenen Gegenforderung der Masse entspricht. Das funktionelle Synallagma wird in der Insolvenz nur soweit geschützt, wie es tatsächlich noch zugunsten des Vertragspartners besteht [19].

2. Ermöglichung einer vorübergehenden Unternehmensfortführung

Das Wahlrecht des Insolvenzverwalters ermöglicht die (vorübergehende [20]) Anpassung der Rechtsbeziehungen des Schuldners zu seinen Vertragspartnern an die Insolvenzsituation und schafft somit eine günstige Lage für die Unternehmensfortführung in der Insolvenz. Der Insolvenzverwalter ist bei seiner Entscheidung nämlich nicht wirklich „frei", sondern hat das Interesse der Gläubigergemeinschaft an einer größtmöglichen Teilungsmasse umzusetzen [21]. Er darf daher nur dann die Erfüllung des gegenseitigen Vertrages wählen, wenn dies für die Masse günstiger als die Nichterfüllung ist. Die Entscheidung des Insolvenzverwalters hängt von verschiedenen Kriterien ab [22], wie etwa dem Äquivalenzverhältnis des Vertrages, dem Abwicklungsstand, dem geplanten Fortgang des Insolvenzverfahrens (Zer-

---

18 Vgl. Nerlich/Römermann-*Balthasar,* InsO, § 103 RdNr. 3.

19 Anders im materiellen Recht, vgl. (e contrario) § 320 Abs. 2 BGB bezüglich des Rechts zur Verweigerung der Gegenleistung bei Ausstehen einer Teilleistung. Ein vergleichbarer Rechtsgedanke wie in § 105 S. 1 InsO findet sich allerdings in §§ 326 Abs. 1 S. 1, Hs. 2, 441 Abs. 3 BGB (sog. konditionelles Synallagma): Hier wird das Äquivalenzverhältnis bei Teilunmöglichkeit einer im Gegenseitigkeitsverhältnis stehenden Leistungspflicht beibehalten.

20 Nach mittlerweile h.M. führen weder die Verfahrenseröffnung noch die Erfüllungsablehnung zu einer materiellrechtlichen Umgestaltung des Schuldverhältnisses. Die noch offenen Erfüllungsansprüche werden demzufolge nach Verfahrensaufhebung grundsätzlich wieder „durchsetzbar". Vgl. BGHZ 150, 353 („Durchsetzbarkeitstheorie"); ähnlich *Häsemeyer,* Insolvenzrecht, 3. Aufl., RdNr. 20.07, 20.16, 20.23, 25.14; *Marotzke* (Fußn. 12), RdNr. 3.48 ff. Etwas anderes gilt nur, wenn es während des Insolvenzverfahrens zu einer materiellrechtlichen Umgestaltung des Schuldverhältnisses durch Anmeldung einer „Forderung wegen der Nichterfüllung" oder in sonstiger Weise gekommen ist. Vgl. hierzu *Rühle,* Gegenseitige Verträge nach Aufhebung des Insolvenzverfahrens, [in Vorbereitung] Kap. D.II.3.

21 Smid-*Smid,* InsO, 2. Aufl., § 103 RdNr. 35; Uhlenbruck-*Berscheid,* InsO, 12. Aufl., § 103 RdNr. 2.

22 *Häsemeyer,* Insolvenzrecht, 3. Aufl., RdNr. 20.10; *Windel,* JURA 2002, 230, 233.

schlagung oder (übertragende) Sanierung?) und fordert dem Insolvenzverwalter eine riskante[23] Prognose auf häufig ungesicherter Tatsachengrundlage[24] ab.

Der Insolvenzverwalter wird jedenfalls die Erfüllung von für die (vorübergehende) Unternehmensfortführung essentiellen Lieferverträgen, wie insbesondere über Energie und Betriebsmittel verlangen[25] und die Erfüllung evident ungünstiger Verträge („Verlustverträge"), wie etwa einen Kaufvertrag über einen Maschinenpark bei einer zeitnah geplanten Liquidation, ablehnen. Die Reglung des § 105 S. 1 InsO verhindert zudem, dass der Insolvenzverwalter aufgrund seines Erfüllungsverlangens eine teilweise Gegenleistung an den Vertragspartner erbringen muss, die einer Teilleistung desselben an den Schuldner vor Verfahrenseröffnung entspricht und die deshalb nicht der Masse zugute gekommen ist.

3. Sanierung des Schuldners mit Hilfe von § 103 InsO?

Wie soeben festgestellt, ermöglicht bzw. begünstigt das Verwalterwahlrecht in § 103 InsO die Unternehmensfortführung während des laufenden Insolvenzverfahrens, indem die gegenseitigen „schwebenden" Verträge entsprechend ihrer Nützlichkeit für die Masse an die Insolvenzsituation „angepasst" werden können[26]. Eine „Neuordnung" der Rechtsbeziehung des Schuldners zu seinen Gläubigern ist in den allermeisten Fällen eine notwendige Voraussetzung für eine erfolgreiche Sanierung. Aus dieser Erkenntnis könnte man ableiten wollen, dass es sich deshalb bei § 103 InsO um ein Sanierungsinstrument handelt. Eine solche Schlussfolgerung ist allerdings voreilig, denn in vielen Insolvenzfällen ist die Sanierung des Unternehmens(trägers) nicht geplant. Vielmehr geht es dann um die Haftungsverwirklichung durch Liquidation des Schuldnervermögens bzw. durch übertragene Sanierung. Außerdem ist zu bedenken, dass die Einwirkungen des (materiellen) Insolvenzrechts auf die Rechtsbeziehungen zwischen dem Schuldner und seinen Gläubigern grundsätzlich dinglich auf die Insolvenzmasse und zeitlich auf die

---

23 Eine Anfechtung gem. §§ 119 ff. BGB scheidet jedenfalls im Falle einer falschen Kalkulation aus, da dann nur ein unbeachtlicher Motivirrtum vorliegt, vgl. MünchKomm-*Huber*, InsO, § 103 RdNr. 206.

24 Dies gilt insbesondere, wenn im schuldnerischen Unternehmen keine ordnungsgemäß geführte Buchhaltung mehr vorhanden ist.

25 Nach richtiger Ansicht (insb. *Marotzke*, KTS 2002, 1 ff., 29) sind Lösungsrechte des Vertragspartner nach bürgerlichrechtlichen Leistungsstörungsrecht (insbesondere Rücktritt) solange gesperrt, wie der Insolvenzverwalter sein Wahlrecht nicht ausgeübt bzw. verwirkt hat, vgl. § 103 Abs. 2 S. 3 InsO. Ein nach diesem Zeitpunkt ausgeübter Rücktritt kann auch nicht zu einem (in natura zu befriedigenden) Rückgabeanspruch führen, vgl. § 105 S. 2 InsO. Vgl. zu sog. „Lösungsklauseln" *Schwörer*, Lösungsklauseln für den Insolvenzfall, S. 1 ff.

26 Allerdings grds. nur für die Dauer des Insolvenzverfahrens. Vgl. oben Fußn. 16. Instruktiv *Häsemeyer* Insolvenzrecht, 3. Aufl., RdNr. 25.14: Vorschrift des § 103 InsO sei „allseitig-haftungsrechtlich konzipiert [...] ihre Geltung entfällt mit ihrem Regelungszweck bei Beendigung des Verfahrens." § 103 InsO verleiht nach mittlerweile h.M. kein materiellrechtliches Gestaltungsrecht. Ausführlich zum Streit über die Wirkungen der Verfahrenseröffnung und Wahlrechtsausübung *Rühle* (Fußn. 20), Kap. C.

Dauer des Insolvenzverfahrens beschränkt ist[27], vgl. auch § 201 Abs. 1 InsO. Demnach können die Vertragspartner nach Aufhebung des Insolvenzverfahrens gem. § 200 Abs. 1 InsO jedenfalls dann grundsätzlich wieder ihre ursprünglichen Primäransprüche trotz einer Erfüllungsablehnung durch den Insolvenzverwalter durchsetzen, wenn sie sich nicht am Insolvenzverfahren durch Anmeldung einer „Forderung wegen der Nichterfüllung" (§ 103 Abs. 2 S. 1 InsO) beteiligt haben[28]. Freilich wird dieser Grundsatz dann durchbrochen, wenn es bei der Insolvenz einer natürlichen Person zu einer Restschuldbefreiung nach §§ 286 ff. InsO kommt, vgl. § 201 Abs. 3 InsO. Zudem wird bei der Insolvenz einer juristischen Person meist nach Aufhebung des Insolvenzverfahrens infolge vollzogener Schlussverteilung der Rechtsträger liquidiert, so dass eine „freie Nachforderung" schon aus diesem Grund nicht in Betracht kommt. Bei einer „normalen" Verfahrensaufhebung nach § 200 Abs. 1 InsO kommt dem Wahlrecht des Insolvenzverwalters daher keine (über das Verfahrensende hinausreichende) Sanierungsfunktion zu.

III. Bedeutung des § 103 InsO für das Insolvenzplanverfahren

Die Gläubigerversammlung kann den Insolvenzverwalter im Berichtstermin zur Ausarbeitung eines Insolvenzplans beauftragen, § 157 S. 2 InsO. Zur Planvorlage selbst berechtigt sind der Insolvenzverwalter und der Schuldner, § 218 Abs. 1 S. 1 InsO. Der Insolvenzplan zielt in den meisten Fällen auf die (finanzielle und leistungswirtschaftliche) Sanierung des gesamten Unternehmensträgers ab[29]. Sinnvoll ist ein sog. Sanierungsinsolvenzplan – allgemein formuliert – immer dann, wenn sich die gemeinschaftliche Befriedigung der Gläubiger bei Fortführung des Unternehmens besser darstellt als bei einer Zerschlagung oder einer übertragenden Sanierung. Eine Sanierung des Rechtsträgers ist in aller Regel nur über den teilweisen Erlass von Schulden und Stundungen zu erreichen. Es bedarf also einer dauerhaften (und nicht bloß vorübergehenden und dinglich beschränkten) Neuordnung der Rechtsbeziehungen des Schuldners zu seinen Gläubigern. In diesem Kontext gewinnt die Vorschrift des § 103 InsO an Bedeutung.

1. Entscheidung über die Planbetroffenheit

Zunächst einmal entscheidet die Ausübung bzw. Nichtausübung des Verwalterwahlrechts darüber, ob der Vertragspartner von den Festsetzungen im gestaltenden Teil des Insolvenzplans (§§ 254, 221 InsO) erfasst wird. Wählt der Insolvenzverwalter die Erfüllung des gegenseitigen Vertrages, so wird der Vertragspartner zu einem

---

27 *Häsemeyer*, Insolvenzrecht, 3. Aufl., RdNr. 20.07, 20.16, 20.23; *Rühle* (Fußn. 20), Kap. A. III., C. VI.
28 Mittlerweile wohl h.M., vgl. BGHZ 72, 234; BGH NJW 1996, 2035; HK-*Marotzke*, InsO, 3. Aufl., § 103 RdNr. 42; *ders.*, Gegenseitige Verträge im neuen Insolvenzrecht, 3. Aufl., RdNr. 340 m.w.N. Zur Frage, wann es im Insolvenzverfahren zu einer materiellrechtlichen Umgestaltung des Schuldverhältnisses kommt, vgl. *Rühle* (Fußn. 20), Kap. D. II.
29 MünchKomm-*Eidenmüller*, InsO, vor §§ 217 bis 269, RdNr. 9.

Massegläubiger, § 55 Abs. 1 Nr. 2, Var. 1 InsO. Ein Massegläubiger ist vorweg, d. h. vor Verfahrensaufhebung zu befriedigen (§ 53 InsO) und kann überdies nicht vom Insolvenzplan betroffen werden (argumentum e contrario aus § 217 InsO). In allen übrigen Fällen, also wenn der Insolvenzverwalter die Erfüllung des gegenseitigen Vertrages ausdrücklich oder konkludent ablehnt, er sein Wahlrecht gem. § 103 Abs. 2 S. 3 InsO verwirkt oder sowohl der Insolvenzverwalter als auch der Vertragspartner hinsichtlich der Vertragsabwicklung passiv geblieben sind („unterlassene Wahlrechtsausübung"), wird der Vertragspartner vom Insolvenzplan betroffen. Der „Planbetroffenheit" steht es auch nicht entgegen, dass der Vertragspartner keine „Forderung wegen der Nichterfüllung" zur Tabelle angemeldet hat, vgl. § 254 Abs. 1 S. 3 InsO. Anderenfalls läge es in der Hand einzelner obstruierender Gläubiger, den gesamten Insolvenzplan zum Scheitern zu bringen. Fraglich ist daher nicht das „Ob" der „Planbetroffenheit", sondern wie diese im Einzelfall aussieht.

2. Art der Planbetroffenheit

Von den gestaltenden Wirkungen des Insolvenzplans erfasst sein könnte entweder der ursprüngliche Erfüllungsanspruch des Vertragspartners oder seine „Forderung wegen der Nichterfüllung". Einfach ist die Beantwortung dieser Frage, wenn aufgrund der Forderungsanmeldung nur noch eine „Forderung wegen der Nichterfüllung" besteht, da es zu einer materiellrechtlichen Umgestaltung des Schuldverhältnisses in eben diese einseitige Differenzforderung gekommen ist. Dann ist selbstverständlich diese Forderung planbetroffen[30]. Komplizierter ist demgegenüber die Rechtslage, wenn der Vertragspartner während des Insolvenzverfahrens passiv geblieben ist, etwa weil zu seinen Gunsten gar kein positiver Saldo bestand oder er sich seinen Erfüllungsanspruch für die Zeit nach Aufhebung des Insolvenzverfahrens „aufheben" wollte, beispielsweise weil er mit dem Insolvenzplan nicht einverstanden war. In derartigen Fällen ist dann der ursprüngliche Erfüllungsanspruch des Vertragspartners von den gestaltenden Festsetzungen des Insolvenzplans betroffen[31].

3. Schutz des funktionellen Synallagmas nach Verfahrensaufhebung

Ist der ursprüngliche Erfüllungsanspruch des Vertragspartners planbetroffen, so entsteht eine Situation, die mit der nach Eröffnung des Insolvenzverfahrens bestehenden Situation vergleichbar ist: Das Synallagma kollidiert mit dem Gleichbehandlungsgrundsatz. Es kann nicht angehen, dass der Vertragspartner seinerseits voll leisten muss und im Gegenzug nur die Quote auf seinen Gegenleistungsanspruch bekommt[32]. Hierdurch würde nämlich das funktionelle Synallagma auf-

---

30 *Rühle* (Fußn. 20), Kap. E.II.2.b)aa).
31 Ausführlich zur Art der Planbetroffenheit des Vertragspartners *Rühle* (Fußn. 20), Kap. E.II.2.b).
32 Vgl. *Marotzke* (Fußn. 12), RdNr. 12.13 ff.

gehoben werden, was offensichtlich nicht interessengerecht ist. Auf der anderen Seite würde es den insolvenzrechtlichen Gleichbehandlungsgrundsatz verletzen, wenn der Vertragspartner stets nominal befriedigt werden würde. Wie sich aus § 254 Abs. 3 InsO ergibt, ist dem Schuldner jedoch generell eine über die Festsetzungen im Insolvenzplan hinausgehende Befriedigung des Vertragspartners möglich. Deshalb erscheint es nahe liegend, nach der Verfahrensaufhebung gem. § 258 Abs. 1 InsO dem Schuldner die Entscheidung über die Erfüllung des gegenseitigen „schwebenden" Vertrages zu überantworten[33].

4. Verfahrensüberdauernde Sanierung des Schuldners in „Eigenregie" durch entsprechende Anwendung des § 103 InsO

Während des Insolvenzverfahrens dient § 103 InsO – wie bereits festgestellt – u.a. der vorübergehenden (im „Regelinsolvenzverfahren" bis zur Betriebsstilllegung dauernden) Unternehmensfortführung. Wenn nun aber das Unternehmen dauerhaft fortgeführt werden soll, ohne dass es von dem insolventen Rechtsträger getrennt wird, erweitert sich die Bedeutung des Wahlrechts. Die Sanierung und damit die Rettung der schuldnerischen Gesellschaft bedürfen einer Reorganisation der Rechtsbeziehungen des Schuldners zu seinen Gläubigern. Neben dem teilweisen Erlass von Forderungen ist es einer Sanierung dienlich, wenn der Schuldner (ebenso wie der Insolvenzverwalter während des Verfahrens) zwischen der (beiderseits vollständigen) Erfüllung für ihn günstiger Verträge und der Nichterfüllung nachteiliger Verträge (Rechtsfolgen ergeben sich dann aus dem gestaltenden Teil des Insolvenzplans, vgl. § 254 Abs. 1 InsO) wählen kann. Auf dieser Erkenntnis beruht etwa die Regelung des § 279 InsO, nach welcher der Schuldner bei Anordnung der Eigenverwaltung das Wahlrecht nach § 103 InsO selbst ausüben darf.

Allerdings fragt es sich, ob das Wahlrecht nach § 103 InsO bei einer Erfüllungsablehnung bzw. Verwirkung nicht dergestalt „verbraucht" ist, dass der Schuldner nach der Verfahrensaufhebung an die vorherige Erklärung des Insolvenzverwalters gebunden ist[34]. Hierfür scheint zunächst zu sprechen, dass die Verfahrensaufhebung nur ex nunc wirkt, so dass die Rechtshandlungen des Insolvenzverwalters für den Schuldner i.d.R. bindend sind[35]. Allerdings können die Parteien des gegenseitigen Vertrages nach zutreffender und mittlerweile h.M. nach einer „normalen" Verfahrensaufhebung wieder ihre gegenseitigen, noch offenen Erfüllungsansprüche geltend machen[36], wenn nicht der Vertragspartner eine „Forderung wegen der Nichterfüllung" angemeldet hat oder es anderweitig zu einer Vertragsumgestal-

---

33 Vgl. *Marotzke* (Fußn. 12), RdNr. 12.24, allerdings nur für den Fall der „unterlassenen Wahlrechtsausübung des Verwalters".

34 Hierfür *Marotzke* (Fußn. 12), RdNr. 12.18, der insoweit eine entsprechende Anwendung des § 103 Abs. 2 S. 3 InsO für geboten hält.

35 Rechtsgedanke aus § 34 Abs. 3 S. 3 InsO.

36 BGHZ 72, 234; BGH NJW 1996, 2035; HK-*Marotzke*, InsO, 3. Aufl., § 103 RdNr. 42; *ders.*, Gegenseitige Verträge im neuen Insolvenzrecht, 3. Aufl., RdNr. 340 m.w.N tung oder -aufhebung nach bürgerlichem Recht[37] gekommen ist. Das Verwalterwahlrecht hat mithin nur eine verfahrensinterne Wirkung[38], beschränkt sich also auf die Regelung der Rechtsbeziehungen der Gläubiger untereinander in Bezug auf die Masse. Die Vertragsbeziehung darf mithin nicht umgestaltet werden, ohne dass ein eine materiellrechtliche Umgestaltung vorsehender bürgerlichrechtlicher Tatbestand[39] gegeben ist. Dem widerspricht es, eine Bindung des Schuldners an die während des Insolvenzverfahrens getroffene Entscheidung des Verwalters anzunehmen. Auch der Schutz des Vertragspartners vor einem andauernden Schwebezustand gebietet keine Wirkung der Erfüllungsablehnung über das Verfahrensende hinaus. Vielfach hat der Vertragspartner die Möglichkeit, das Schuldverhältnis durch Anmeldung einer „Forderung wegen der Nichterfüllung" nachhaltig umzugestalten[40]. Der Vertragspartner kann sich ferner ab dem Zeitpunkt der Erfüllungsablehnung bzw. Verwirkung seines Wahlrechts bei Vorliegen der entsprechenden bürgerlichrechtlichen Voraussetzungen – insbesondere durch Rücktritt bzw. Kündigung[41] – vom Vertrag lösen[42]. Von einer Perpetuierung der insolvenzbedingten (und daher grundsätzlich auf die Dauer des Insolvenzverfahrens beschränkten) Umgestaltung des Schuldverhältnisses über das Verfahrensende hinaus können die Vertragspartner seit der grundlegenden Entscheidung BGHZ 150, 353 grundsätzlich nicht mehr ausgehen. Der BGH hat ausdrücklich festgestellt, dass die noch offenen Erfüllungsansprüche[43] nicht durch die Verfahrenseröffnung (und auch nicht durch die Erfüllungsablehnung[44]) erlöschen, sondern nur ihre Durchsetzbarkeit verlieren. Auf die hieraus resultierende Notwendigkeit, sich als Vertragspartner von dem Vertrag durch Rücktritt[45] – soweit nicht ohnehin schon während des Insolvenzverfahrens Unmöglichkeit eintritt[46] – zu lösen, damit ein Rückgriff des Schuldners auf den ursprünglichen Erfüllungsanspruch ausgeschlossen ist, sollte der Insolvenzverwalter den Vertragspartner hinweisen. Falls der Vertragspartner weder die Möglichkeit hat, eine „Forderung wegen der Nichterfüllung" anzumel-

---

37 Z.B. durch Rücktritt oder Unmöglichkeit.

38 *Häsemeyer,* Insolvenzrecht, 3. Aufl., RdNr. 20.07, 25.14 betont in diesem Zusammenhang den haftungsrechtlichen Charakter der Abwicklungsregelungen für schwebende Geschäfte. Vgl. auch BGHZ 150, 353.

39 Etwa § 281 Abs. 4 BGB, wenn der Vertragspartner „Schadensersatz" verlangt hat, vgl. *Rühle* (Fußn. 20), Kap. D. II.3.c).

40 Str. Die Beantwortung der Frage, unter welchen Voraussetzungen eine materiellrechtliche Umgestaltung des Schuldverhältnisses eintritt, hängt insbesondere von der rechtlichen Einordnung der „Forderung wegen der Nichterfüllung" ab. Vgl. hierzu *Rühle* (Fußn. 20), Kap. B.IV.3a), D.II.3.c).

41 Z.B. bei Sukzessivlieferungsverträgen.

42 *Marotzke,* KTS 2002, 1, 29.

43 Genauer: der noch offene Erfüllungsanspruch des Vertragspartners.

44 Die frühere „Gestaltungstheorie", nach der die Erfüllungsablehnung das Schuldverhältnis nachhaltig umgestalte, hat der BGH Ende der 80er Jahre des letzten Jahrhunderts aufgegeben. Vgl. hierzu *Rühle* (Fußn. 20), Kap. C.II.

45 Ab dem Zeitpunkt der Erfüllungsablehnung möglich, soweit die bürgerlichrechtlichen Voraussetzung hierfür vorliegen.

46 Etwa weil die vom Schuldner zu leistende Speziessache verwertet wird. Dies wird allerdings beim Sanierungsinsolvenzplan die Ausnahme sein.

den noch nach bürgerlichem Recht zurückzutreten, da noch nicht mal die Voraussetzungen des § 323 Abs. 4 BGB vorliegen, beruht der Schwebezustand nicht auf der Insolvenz, sondern auf der vertraglichen Vereinbarung selbst[47]. Dann ist es nur gerecht, den Vertragspartner nach Verfahrensaufhebung – ebenso wie ohne ein vorangegangenes Insolvenzverfahren – an seinem Leistungsversprechen festzuhalten. Außerdem sind § 103 Abs. 2 S. 2, 3 InsO entsprechend anzuwenden, so dass der Vertragspartner die Ungewissheit über die Vertragserfüllung oder -nichterfüllung durch eine Aufforderung an den Schuldner, sich hierüber unverzüglich zu erklären, beenden kann[48]. Einem Übergang des Wahlrechts nach § 103 InsO steht somit auch nicht die Schutzbedürftigkeit des Vertragspartners entgegen.

Die entsprechende Anwendung des § 103 InsO für die Zeit nach Verfahrensaufhebung trotz vorheriger Erfüllungsablehnung durch den Insolvenzverwalter kann insbesondere dann für eine erfolgreiche Sanierung wichtig sein, wenn sich die der Erfüllungsablehnung zugrunde liegende Prognose nachträglich als falsch herausstellt, die beiderseitige Vertragserfüllung also doch für den Schuldner günstig ist. Dies kann beispielsweise der Fall sein, wenn der Insolvenzverwalter die Erfüllung von gewissen Lieferungsverträgen „vorsichtshalber" abgelehnt hat und diese sich jedoch später als für die Unternehmensfortführung notwendig herausstellen. In derartigen Fällen kann es nämlich für den Schuldner aufgrund des mit einer Insolvenz verbundenen Vertrauensschadens schwer sein, mit den Lieferanten im Wege der Novation (zu den ursprünglichen Konditionen) zu kontrahieren. Gleiches gilt, wenn der Vertragspartner vor der Verfahrenseröffnung schon Vorleistungen erbracht hat und er den Abschluss eines neuen Vertrages deshalb von einer entsprechenden Anrechnung abhängig macht. Lässt man das Wahlrecht des § 103 InsO nach Verfahrensaufhebung auf den Schuldner übergehen, so kann der Vertragspartner konsequenterweise nur für den Teil seiner Leistung, den er zeitlich nach dem Eröffnungsbeschluss erbringt, die volle, d.h. über die Festsetzungen des Insolvenzplans hinausgehende Gegenleistung verlangen, § 105 S. 1 InsO analog. Der verbleibende Teil des Gegenleistungsanspruchs bleibt planbetroffen. Das funktionelle Synallgma wird also auch nach Inkrafttreten des Insolvenzplans nur soweit geschützt, wie es tatsächlich noch besteht.

IV. Fazit

Dem Verwalterwahlrecht in § 103 InsO liegt die Kollision von funktionellem Synallagma und dem insolvenzrechtlichen Gleichbehandlungsgrundsatz zugrunde. Die Vorschrift ermöglicht die vorübergehende Unternehmensfortführung in der Insolvenz. Soweit ein Unternehmensträger mit Hilfe eines Insolvenzplans erhalten

47 *Rühle* (Fußn. 20), Kap. E.II.2.b)bb).

48 So *Marotzke* (Fußn. 12), RdNr. 12.24, allerdings nur für den Fall, dass der Insolvenzverwalter sich nicht über die Erfüllung des Vertrages erklärt und der Vertragspartner in auch nicht hierzu aufgefordert hat („unterlassene Wahlrechtsausübung").

werden soll, ermöglicht § 103 InsO die für eine Sanierung notwendige dauerhafte Neuordnung der Rechtsbeziehungen. Da eine Erfüllungsablehnung des Insolvenzverwalters nur verfahrensinterne Bedeutung hat, bindet sie den Schuldner nach Verfahrensaufhebung nicht. Wenn es während des Insolvenzverfahrens nicht zu einer dauerhaften Umgestaltung des Schuldverhältnisses durch Unmöglichkeit, Forderungsanmeldung (§ 281 Abs. 4 BGB) oder Rücktritt gekommen ist, geht das Wahlrecht nach Inkrafttreten des Insolvenzplans auf den Schuldner über. Dieser entscheidet dann, ob der Vertrag beiderseits vollständig erfüllt oder ob der Vertragspartner mit einer „Forderung wegen der Nichterfüllung" entsprechend der im Insolvenzplan vorgesehenen Quote befriedigt werden soll. Bei Vorleistungen des Schuldners gilt § 105 S. 1 InsO entsprechend. Dem Schutz des Vertragspartners vor einer andauernden Schwebelage wird dadurch Genüge getan, dass er sich bei Vorliegen der entsprechenden bürgerlichrechtlichen Voraussetzungen – insbesondere durch Rücktritt – ab der Erfüllungsablehnung des Insolvenzverwalters vom Vertrag lösen kann. Außerdem kann er vor der Verfahrensaufhebung häufig eine „Forderung wegen der Nichterfüllung" mit der Folge zur Tabelle anmelden, dass das Schuldverhältnis dann in eben diese (einseitige) Forderung umgestaltet wird und es deshalb schon am Fortbestand der Erfüllungsansprüche als Grundlage für ein Wahlrecht des Schuldners fehlt. Schließlich hat der Vertragspartner die Möglichkeit, den Schuldner entsprechend § 103 Abs. 2 S. 2 InsO zur Ausübung seines Wahlrechts aufzufordern und somit die Ungewissheit über die Erfüllung des Vertrages selbst auszuräumen.

Probleme bei der Verwertung in Deutschland – Was kann man verwerten und wie?

Herbert Karner und Bodo Kipper

I. Einleitung

Die folgenden Ausführungen basieren auf den praktischen Erfahrungen, die wir als Auktionshaus und inzwischen internationale Unternehmensgruppe für die Vermarktung und den Verkauf gebrauchter Investitionsgüter über mehr als 20 Jahre gesammelt haben. Dabei wagen wir zu behaupten, dass sich grundsätzlich (nahezu) alles verwerten lässt. Vom 286-er PC bis zum europaweiten Telecom-Netz, von Beständen an Kopierpapier bis zum kompletten Papierwerk, von Zellproben über Kundendatenbanken bis hin zum spezifischen ERP-Softwarepaket, vom Rennpferd bis zum kompletten Zoo, vom Fahrrad bis zum Papst-Golf.

Und dennoch steckt die Tücke im Detail. Ist die tatsächliche Verfügungsgewalt gewährleistet, sind die Produkteigenschaften abgesichert, existiert ein Markt für die zu veräußernden Vermögenswerte und kann dieser in dem vorgegebenen Zeitrahmen mobilisiert werden? Eine Vielzahl von Faktoren bestimmen letztlich, ob ein Vermögenswert erfolgreich verwertet werden kann und wie.

Für unsere weiteren Betrachtungen möchten wir uns an der Ausgangssituation des Insolvenzverwalters orientieren, der sich zunächst anhand der Bilanz einen Überblick über die im insolventen Unternehmen vorhandenen Vermögenswerte verschafft. Gemäß Bilanzgliederung nach § 266 HGB ergeben sich für die Aktivseite folgende Positionen:

A. Anlagevermögen
I. Immaterielle Vermögensgegenstände
II. Sachanlagen
III. Finanzanlagen

B. Umlaufvermögen
I. Vorräte
II. Forderungen und sonstige Vermögensgegenstände
III. Wertpapiere
IV. Schecks, Kassenbestand, Bundesbank- und Postgiroguthaben, Guthaben bei Kreditinstituten

Dabei berücksichtig die Gliederung der Aktivseite bereits Unterschiede in der kurzfristigen Liquidierbarkeit der verschiedenen Gruppen von Vermögenswerten. Diese nimmt von unten nach oben ab.

Im weiteren möchten wir uns auf die ersten beiden Positionen des Anlagevermögens, also Immaterielle Vermögenswerte und Sachanlagen konzentrieren, da diese, wie bereits ihre Stellung auf der Aktivseite suggeriert, die größten Anforderungen an den professionellen Vermarkter stellen.

II. Verwertung immaterieller Vermögenswerte

Unter immaterielle Vermögenswerte fasst der Gesetzgeber folgende Positionen:

- Konzessionen, gewerbliche Schutzrechte und ähnliche Rechte sowie Lizenzen an solchen Rechten und Werten (Software, Patente, Lizenzen ...)
- Geschäfts- oder Firmenwert (Goodwill)
- Geleistete Anzahlungen

Wir möchten im Folgenden auf die ersten beiden Positionen eingehen.

II.1. Konzessionen, gewerbliche Schutzrechte und ähnliche Rechte

Für die Position Software, Patente und Lizenzen stellt sich zunächst die Frage, ob es sich um Standardprodukte oder „einmalige" bzw. noch nicht kommerziell vermarktete Produkte handelt. Für Standardprodukte gibt es in jedem Fall einen Markt, und selbst der Verkauf von „gebrauchten" Softwarelizenzen, der lange Zeit rechtlich umstritten war, stellt heute in der Regel kein Problem mehr da.

Ganz anders sieht es jedoch aus, wenn es sich nicht um Standardprodukte handelt. Hier stellen sich dem Veräußerer zunächst zwei Aufgaben. Zum einen muss er den Nachweis der Nachhaltigkeit/Substanz der Software, des Patents oder der Lizenz erbringen, und zum anderen ist ein entsprechender Marktwert zu bestimmen.

Leistet das Produkt wirklich das, was die Entwickler vorgeben? Ist dieser Nutzen auch für einen Dritten realisierbar? Dies lässt sich objektiv und nachprüfbar meist nur mit großem Aufwand und durch ausgewiesene Experten nachweisen, was in der Regel aus Kostengründen nicht darstellbar ist. In der Praxis wird zunächst meist auf die Darstellung der Unternehmensvertreter vertraut und dem Kaufinteressenten eine Art Due-Dilligence-Phase angeboten, d.h. er kann nach Unterzeichnung des Kaufvertrages über einen vordefinierten Zeitraum die Produkteigenschaften testen und ist bei nachweislich wesentlichen Abweichungen berechtigt, entweder vom Vertrag zurückzutreten oder den Kaufpreis neu zu verhandeln.

Ein nicht minder großes Problem stellt die Bestimmung des Marktwertes für „einmalige" bzw. noch nicht kommerziell vermarktete Software, Patente und Lizenzen dar. Häufig existiert ein solcher Marktwert überhaupt nur dann, wenn die Möglichkeit besteht, die Software, das Patent oder die Lizenz in einer Art „Going-Concern-Lösung", d.h. im Rahmen eines zumindest Teil-Unternehmensverkaufs unter Einbeziehung der wesentlichen Wissensträger im Unternehmen zu veräußern. Erfahrungsgemäß sind die Entwicklungsarbeiten noch nicht abgeschlossen und die

Dokumentation unzureichend, so dass es Dritten ohne den Zugriff auf die Hauptwissensträger unmöglich ist, an den Entwicklungsstand der Software oder des Patents anzuknüpfen.

Grundsätzlich bestehen vier Ansatzpunkte für eine Bewertung dieser Vermögenswerte:

1. Historischer Entwicklungsaufwand (aufgelaufene Entwicklungskosten)
2. Opportunitätskosten einer Eigenentwicklung für potenzielle Käufer
3. Im Rahmen bestehender Kundenverträge „gesicherte" Wartungs- und Folgeumsätze
4. Discounted Cash-Flows erwarteter zukünftiger Umsätze mit der Software, dem Patent bzw. der Lizenz

Den sinnvollsten Ansatz stellt eine Kombination aus 3. und 4. dar. Jeder potenzielle Käufer wird für sich eine Investitionsentscheidung treffen, die im wesentlichen auf Annahmen über zukünftig erzielbare Umsätze mit dem neuen Produkt beruhen und diese den erwarteten zusätzlichen Kosten gegenüberstellen. Da der Betrachtungsraum für derartige Entscheidungen in der Regel mindestens 5–10 Jahre betragen sollte, sind die erwarteten zukünftigen Umsätze auf den Tag der Entscheidung abzudiskontieren. Oftmals sind im insolventen Unternehmen entsprechende Planungen zumindest rudimentär bereits durchgeführt worden. Diese sind jedoch kritisch zu hinterfragen und müssen mit erheblichen Abschlägen versehen werden, um der Tatsache Rechnung zu tragen, dass der Erwerb aus der Insolvenz erfolgt und der Transfer in eine neue Unternehmenssituation zum Teil mit erheblichen Risiken verbunden ist.

Den griffigsten Ansatzpunkt für die Bestimmung eines Marktwertes stellen sicherlich die so genannten „gesicherten" Wartungsumsätze dar. Doch auch hier ist Vorsicht geboten und genau zu überprüfen, in welchem Umfang diese Umsätze tatsächlich gesichert sind. Häufig enthalten Wartungsverträge „Insolvenzklauseln", die eine kurzfristige Beendigung des Vertrags im Falle der Insolvenz des Auftragsnehmers zulassen. In diesem Fall wird jeder einzelne Kunde für sich abwägen, ob er lieber die Zusatzkosten eines Wechsels der Software in Kauf nimmt oder aber das Risiko trägt, dass ein möglicher Übernehmer des Wartungsvertrags die vereinbarten Wartungsleistungen nicht erfüllen kann.

Von Vertretern des insolventen Unternehmens häufig angeführt, aber in der Praxis nur von untergeordneter Bedeutung sind die historischen Entwicklungskosten, da diese möglicherweise durch erhebliche Ineffizienzen „aufgebläht" sind. Sie können daher allenfalls als erste grobe Indikation für die mögliche Substanz des Produktes dienen. Wesentlich relevanter, aber in der Praxis nur sehr schwer zu ermitteln, sind die anzusetzenden Opportunitätskosten für eine Eigenentwicklung des Produktes durch den potenziellen Käufer.

Im Endeffekt wird man sich an allen verfügbaren Datenpunkten orientieren, um eine erste grobe Orientierung zu bekommen und die letztendliche Preisgestaltung den Kräften des Marktes überlassen. Um diese jedoch optimal nutzen zu können, ist es für den Veräußerer entscheidend, Gewissheit darüber zu haben, dass das tatsächliche Marktinteresse im Rahmen einer professionellen internationalen Vermarktung wirkungsvoll aufgedeckt wurde und die vorliegenden Angebote tatsächlich im Wesentlichen die augenblicklich erzielbare Nachfrage widerspiegeln.

II.2. Geschäfts- oder Firmenwert (Goodwill)

„Der Geschäfts- oder Firmenwert bzw. Goodwill (alle drei Begriffe werden synonym verwendet) ist der Mehrwert eines Unternehmens, der über die Summe der Zeitwerte sämtlicher Vermögensgegenstände abzüglich der Schulden hinausgeht.“ [1]

Dieser Wert trägt der Tatsache Rechnung, dass im Unternehmen in der Regel viele Vermögenswerte existieren, die nicht unmittelbar Eingang in die Bilanz finden. Hierzu zählen spezifisches Know-How der Mitarbeiter/des Unternehmens, etablierte Kundenbeziehungen (Stammkunden), ein Markenname, ein bestimmtes Marktimage des Unternehmens etc. Diese Positionen können auch beim insolventen Unternehmen erhebliche Vermögenswerte darstellen. Eine entsprechende Verwertung bedingt jedoch meist den Verkauf zumindest von Teilen des Unternehmens „Going-Concern“, d.h. zur Fortführung.

Nicht zuletzt aufgrund der Möglichkeit zum Erhalt zumindest eines Teils der Arbeitsplätze stellt der Verkauf des insolventen Unternehmens zur Fortführung ohnehin zunächst die interessanteste Verwertungsoption dar. Erfahrungsgemäß existieren jedoch eine ganze Reihe limitierender Faktoren, die einen „Going-Concern“ Verkauf insolventer Unternehmen erschweren:

- Zeitrestriktion (meist zwischen sechs Wochen und sechs Monaten)
- Ungenügendes Zahlenwerk und Dokumentation im Unternehmen
- Mangelnde Kooperationsbereitschaft des Managements bzw. erfolgskritischer Mitarbeiter (insbesondere bei konkurrierenden MBO-Szenarien)
- Probleme des § 613a BGB für Übernehmer, die nur einen Teil der Mitarbeiter übernehmen wollen
- Überprüfung der vom Unternehmen bereitgestellten Informationen vorab kaum möglich

Die beschriebenen Faktoren führen häufig dazu, dass trotz zum Teil nicht unerheblicher internationaler Marktnachfrage letztlich ein Übernehmer aus dem unmittelbaren Umfeld des Schuldners zum Zuge kommt (direkter, oft lokaler Wettbewerber, MBO, etc.) bzw. eine „Going-Concern“ Lösung platzt.

Dennoch bietet eine professionelle „Going-Concern“ Vermarktung erhebliche Vorteile:

- Generierung maximalen Interesses im Markt durch proaktive Ansprache möglicher Käufer

---

1 Lück, Wolfgang: Rechnungslegung nach Handels- und Steuerrecht. 7. Auflage. Stollfuß Verlag, Bonn

- Einbindung auch internationaler Kaufinteressenten (oftmals messen internationale Käufer dem Unternehmen einen höheren Wert bei: Möglichkeit des Markteintritts)
- Preisoptimierung durch Ausweitung des Bieterkreises
- Erbringung des Nachweises, ob ausreichendes Marktinteresse für eine „Going-Concern“ Lösung besteht

Wir gehen bei der Vermarktung von Unternehmen „Going-Concern“ wie folgt vor:

- Analyse der Ausgangslage/Datensammlung
- Erstellung eines Kurzprofils des Unternehmens sowie eines Vermarktungsplans (Beschreibung potenzieller Käufer sowie der geeigneten Marketingmaßnahmen, um diese zu erreichen)
- Marktkommunikation (Tel. Direktansprache, E-Mail Versand, gezielte Mailings an Geschäftsleitung, Anzeigen in der Fachpresse ...)
- Auswahl und Bewertung der Interessenten, Präsentation des Unternehmens
- Moderation der Verkaufsverhandlungen bis zum Vertragsabschluss

III. Verwertung von Sachanlagen

Die Position „Sachanlagen“ wird gemäß HGB weiter unterteilt in:

1. Grundstücke, grundstücksgleiche Rechte und Bauten einschließlich der Bauten auf fremden Grundstücken
2. Technische Anlagen und Maschinen
3. Andere Anlagen, Betriebs- und Geschäftsausstattung

Unter Verwertungsgesichtspunkten ist in erster Linie die Unterscheidung zwischen Immobilien und Mobilien relevant.

III.1. Immobilien

Grundsätzlich gilt, dass die Immobilität des Vermögenswertes die Verwertbarkeit generell einschränkt und maßgeblich wertbestimmend ist. Nicht umsonst gilt für Immobilien der Grundsatz, entscheidend ist die Lage.

Im wesentlichen bestimmen die folgenden Faktoren die Werthaltigkeit einer Immobilie:

- Makro- und Mikrolage
- Gebäudezustand
- Funktionalität/Drittverwendbarkeit (wie vielseitig ist die Immobilie nutzbar)
- Schädliche Bodenveränderungen/Schadstoffe in Gebäuden (Auflagen gemäß Bundesbodenschutzgesetz)
- Aktuelle Marktlage (regional/sektoral)

Im Gegensatz zu Mobilien, die sich grundsätzlich international vermarkten und veräußern lassen, beschränkt sich der Markt für Immobilien in der Regel auf eine

Region, allenfalls ein Land, was den Kreis potenzieller Interessenten von vornherein erheblich einschränkt. Zudem erschweren oft unrealistische Preiserwartungen der finanzierenden Banken die Verwertung. Anstelle von Marktwerten orientiert sich die Preissetzung hier häufig zunächst an der aktuellen Beleihung bzw. an historischen Beleihungswerten.

Eine professionelle Vermarktung/Verwertung von Immobilien sollte folgende Schritte beinhalten:

- Detaillierte Daten- und Bestandsaufnahme sowie Bewertung der Immobilie (verbunden mit Erkundigungen beim Bauamt der Stadt/ Gemeinde bzgl. Bebauungsplan/Auflagen)
- Ggfs. Erstellung einer Umnutzungsplanung/Projektentwicklung
- Bestimmung der potenziellen Käuferzielgruppe
- Erstellung eines aussagefähigen Verkaufsprospektes
- Auswahl der geeigneten Marketinginstrumente zur Ansprache der potenziellen Käufer, meist Direktwerbung und Anzeigenschaltungen in Zeitschriften und elektronischen Publikationen
- Ortsbesichtigungen mit Interessenten
- Vertragsverhandlungen, Notartermin, Zahlungsabwicklung

Die Transaktionszeit für den Verkauf von Immobilien liegt bei marktgerechter Preissetzung erfahrungsgemäß bei 6–18 Monaten.

III.2. Mobilien

Bei Mobilien hängt der Verwertungserfolg in erster Linie von drei Faktoren ab:

- Verfügbarkeit
- Zeitrahmen
- Markttransparenz

Unter Verfügbarkeit versteht man zunächst einmal die rechtliche Verfügungsgewalt, die eine Klärung möglicher Fremdrechte wie Eigentumsvorbehalt, Sicherungsübereignung, Leasing oder Vermieterpfandrecht bedingt. Zudem muss jedoch der Zugang zu den zu verwertenden Objekten gesichert sein, was zunächst die Lokalisierung der Vermögenswerte und im zweiten Schritt ihre geeignete Bereitstellung bedingt. Was zunächst sehr simpel erscheint, kann schnell zur großen Herausforderung werden, wenn sich die Vermögenswerte z.B. im schwer zugänglichen Ausland befinden. Sind die Vermögenswerte grundsätzlich verfügbar, lokalisiert und auch bereit gestellt, so ist ferner darauf zu achten, dass sie auch bis zum Zeitpunkt des Verkaufs gesichert werden.

Ebenso entscheidend wie die grundsätzliche Verfügbarkeit ist der Zeitraum, der für die Vermarktung und den Verkauf der Vermögenswerte bereit steht. Je nach Art der Vermögenswerte und dem daraus abgeleiteten idealen Verkaufsformat beträgt dieser im Minimum 3 Wochen und im Maximum eineinhalb Jahre. Wobei der dreiwöchige Zeitraum eine Online-Auktion mit sehr gut vermarkt- und handel-

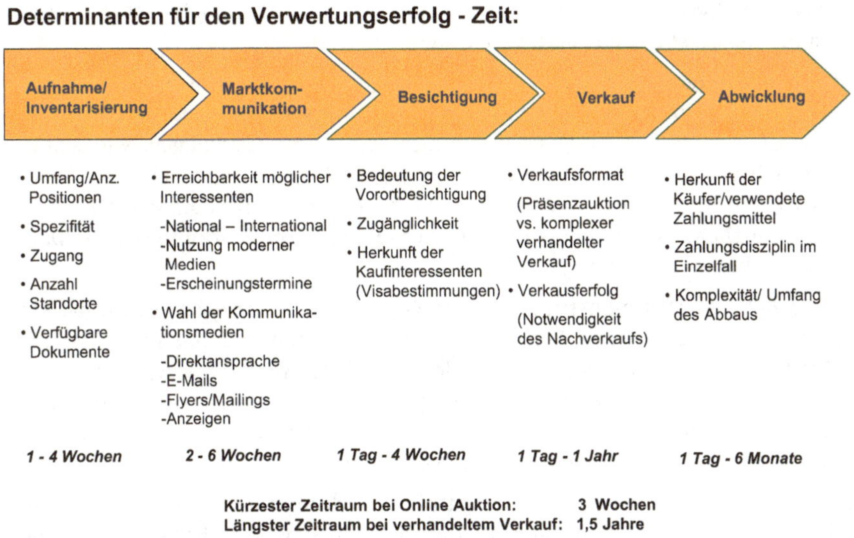

Abb. 1

baren Vermögenswerten wie z.B. Gabelstaplern, Standard-Bearbeitungszentren oder Fahrzeugen bedingen würde, während eineinhalb Jahre den Zeitbedarf für sehr komplexe und große Projekte wie z.B. den Verkauf einer gesamten Chemiefabrik, eines Papierwerks oder einer Gießerei etc. beschreibt. Derartige Vermögenswerte haben nur einen sehr engen Markt und sollten in jedem Fall in Form eines verhandelten Verkaufs mit entsprechend langer Überprüfungs- und Verhandlungsphase veräußert werden. Der im konkreten Fall relevante Zeitrahmen für die gesamte Verwertung ergibt sich aus dem Umfang bzw. dem Zeitbedarf für die einzelnen Verwertungsschritte (siehe hierzu Abbildung 1).

Der Begriff Markttransparenz hat vier Dimensionen:

- Wissen um Produkteigenschaften
- Einschätzung der Marktlage
- Erreichen potenzieller Interessenten
- Wahl des optimalen Verkaufsformats

Je besser potenzielle Käufer die wesentlichen Produkteigenschaften kennen und verstehen, umso geringer ist ihr antizipiertes Risiko bei der Transaktion und um so geringer fällt der hierfür angesetzte Preisabschlag aus. Zu den Produkteigenschaften zählen im Wesentlichen der Hersteller, genaue Maschinentyp (einschließlich Sonderausstattung etc.), Nutzungsgrad (bisheriger Einsatz), Technologiestand, aktuelle Neupreise sowie die anzusetzenden De- und Remontagekosten.

Die Einschätzung der Marktlage ist grundsätzlich vom Vermarkter durchzuführen. Dies sollte seine Kernkompetenz sein. Hier spielen die Branchensituation, die geographische Verteilung der Nachfrage, Technologietrends und gegenwärtige Preistrends eine entscheidende Rolle. Übergreifende Markttrends wie z.B. Branchenkonsolidierung, Verlagerungsbewegungen und Technologiewechsel müssen erkannt und entsprechend berücksichtigt werden.

Sind Produkteigenschaften und Marktlage ausreichend umrissen, geht es im nächsten Schritt darum, möglichst viele potenzielle Interessenten zu erreichen. Hierzu ist zunächst das „Käuferprofil" zu bestimmen, d.h. es ist festzulegen, wie sich die potenziellen Käufer geografisch verteilen, welche Informationsquellen sie nutzen und wie sie Anlagegüter einkaufen. Je nach „Käuferprofil" kommen schließlich unterschiedliche Marketinginstrumente zum Einsatz und bestimmt sich die Dauer der Marktkommunikation.

Wesentliche Marketinginstrumente der GoIndustry Unternehmensgruppe sind Anzeigen in der Fachpresse, Versand von Broschüren und Versteigerungskatalogen, E-Mail-Marketing (Versand von auf den einzelnen Verkauf bezogenen Werbe-E-Mails), Faxversand sowie die Bewerbung der Verkäufe auf der GoIndustry Internet-Seite. Ergänzt werden diese Instrumente häufig durch die Bewerbung von Verkäufen auf den gängigen Internet-Suchmaschinen.

Die Wahl des geeigneten Verkaufsformats leitet sich sowohl von den Produkteigenschaften als auch vom ermittelten „Käuferprofil" ab. Grundsätzlich stehen folgende Verkaufsformate zur Auswahl (siehe Abbildung 2):

Die Präsenz-Auktion ermöglicht den Verkauf aller Vermögenswerte zu einem Zeitpunkt mit relativ kurzer Vorlaufzeit von durchschnittlich 6 bis 8 Wochen und eignet sich damit für Vermögenswerte, für die sich in relativ kurzer Zeit eine große Anzahl potenzieller Käufer gewinnen lässt.

Den Gegenpol hierzu bildet der verhandelte Verkauf, der auf komplexe erklärungsbedürftige und meist sehr hochwertige Einzelanlagen bzw. komplette Produktionswerke ausgelegt ist und der Tatsache Rechnung trägt, dass in diesen Fällen zum

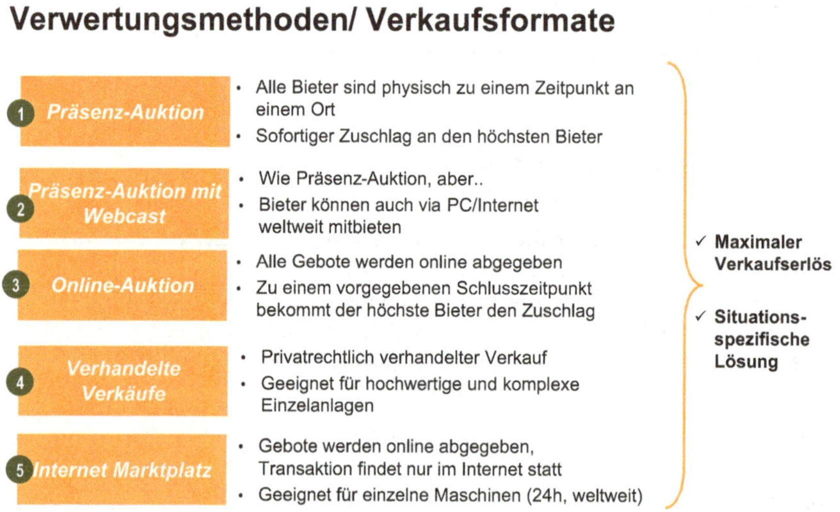

Abb. 2

einen der Markt potenzieller Käufer wesentlich enger ist und zum anderen diese in der Regel einen Prüfungs- und Entscheidungsprozess von mehreren Monaten benötigen.

Die Präsenz-Auktion mit Webcast erweitert den Kreis potenzieller Käufer für die Präsenz-Auktion um die Interessenten, die es vorziehen, an ihrem heimischen Computer an der Auktion teilzunehmen und somit die Reisekosten und den extra Zeitaufwand einer Teilnahme vor Ort einsparen. Bedingung hierfür ist jedoch, dass diese Interessenten keine Berührungsängste vor dem Internet und der Webcast-Technologie haben. Wie wir in der GoIndustry-Gruppe feststellen konnten, hat die Akzeptanz oder besser gesagt Beliebtheit von Webcast über die letzten vier Jahre erheblich zugenommen (Siehe hierzu Abbildung 3).

Der besondere Charme der Online-Auktion besteht zum einen in der sehr kurzen benötigten Vorlaufzeit von 3–4 Wochen und zum anderen in der Möglichkeit, internationales Publikum aus allen Ländern der Welt einzubeziehen, ohne Formalitäten wie Visabestimmungen etc. berücksichtigen zu müssen. Dies verringert natürlich auch die „Einstiegsbarriere“ für internationale Käufer erheblich. Wie beim Webcast entfallen der Zeitaufwand und die Kosten der An- und Abreise. Zusätzlich muss der Bieter nicht den gesamten Verlauf der Auktion verfolgen, bis das von ihm favorisierte Objekt aufgerufen wird, sondern er kann jederzeit während der in der Regel ein- bis zweiwöchigen Laufzeit der Online-Auktion ein Gebot auf „sein Objekt“ abgeben. Allerdings eignen sich nicht alle Arten von mobilen Vermögenswerten für Online-Auktionen. Je bedeutender eine Vor-Ort-Inspektion ist und je umfang-

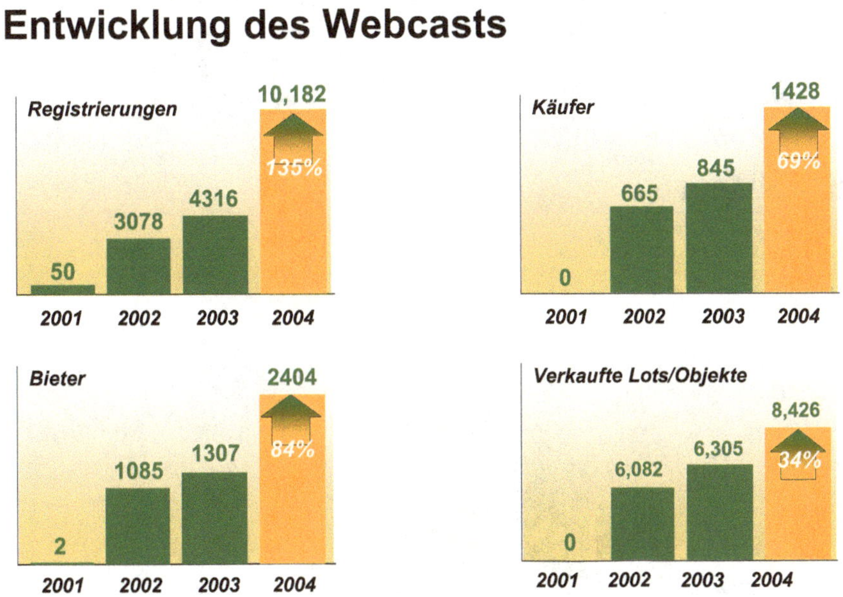

Abb. 3

reicher sich Vermögenswerte sowohl zum Kauf im Verbund als auch zum Einzelkauf eignen, umso weniger eignet sich das Format der Online-Auktion.

Der Internet-Marktplatz schließlich ist in erster Linie für Einzelmaschinen gedacht, für die sich eine explizite Vermarktung in Form einer Auktion oder eines verhandelten Verkaufs nicht rechnen würde. Auch dieser Marktplatz profitiert allerdings von der Bewerbung aller anderen Verkäufe, da potenzielle Interessenten, die durch einen anderen Verkauf auf die Webseite gelockt werden, oftmals auch den Marktplatz nach passenden Angeboten durchsuchen.

Wie in Abbildung 4 und 5 ersichtlich, hat sich für die GoIndustry-Gruppe in den letzten vier Jahren die allgemein zunehmende Akzeptanz des Internets sowohl in einer erheblich gestiegenen Bedeutung der Webseite als Marketinginstrument (siehe Abbildung 4) als auch in der deutlich höheren Akzeptanz von Online-Auktion als Verkaufsformat (siehe Abbildung 5) niedergeschlagen.

Bedeutung der Webseite

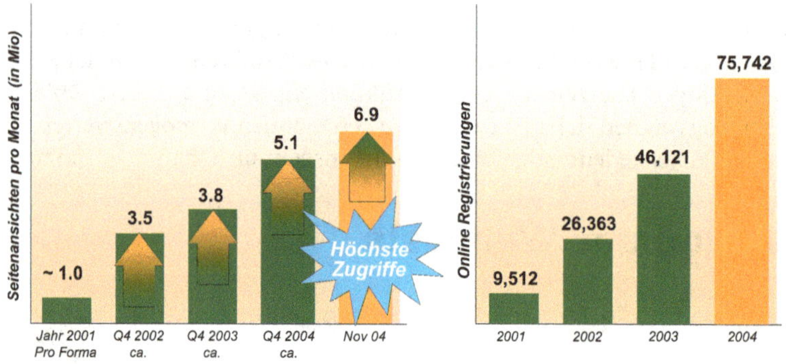

Abb. 4

Online Verkäufe

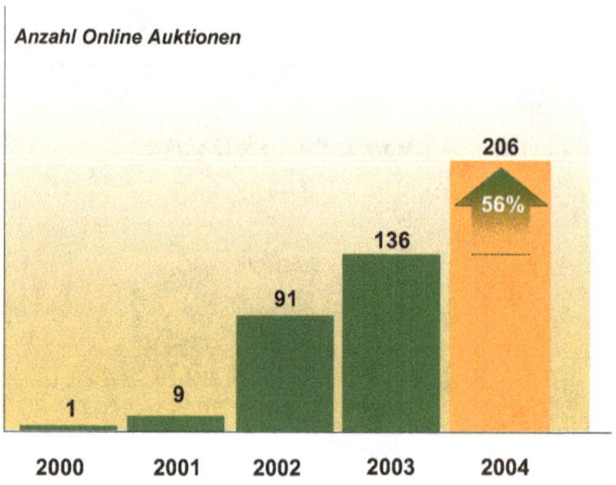

Abb. 5

Podiumsdiskussion „Bietet das deutsche Insolvenzrecht geeignete Instrumentarien zur Sanierung krisenbefallener Unternehmensträger?“

Wilhelm Wessel

Nachdem im Verlaufe der Tagung der Insolvenzplan und die Eigenverwaltung bereits einen großen Raum eingenommen haben, wies Dr. Wessel bei der Einleitung der Podiumsdiskussion auf die praktischen Bedürfnisse und Schwierigkeiten bei der Betriebsfortführung hin.

1. Die Betriebsfortführung ist in der InsO nur unzureichend geregelt. Im Insolvenzeröffnungsverfahren besteht die Verpflichtung zur Fortführung nach § 22 Abs. 1 Ziff. 2 für den vorläufigen Insolvenzverwalter. Die Fortführung nach Insolvenzeröffnung bis zum Berichtstermin ergibt sich aus dem Verbund der Vorschriften der §§ 158, 160, 162 und 163 InsO. Die Art und Weise der Betriebsfortführung ist nicht geregelt. Dr. Wessel wies darauf hin, dass vor 1999 die Konkursordnung die Liquidation des Unternehmens zum Ziel hatte, die Betriebsfortführung aber auch praktiziert wurde und stets am Konkurszweck (Sequestrationszweck) ausgerichtet war.

2. Das Postulat der Ökonomen ist, dass der nicht im Markt erfolgreich agierende Unternehmer dann aus dem Markt austreten muss, wenn der Wettbewerber durch bessere Leistungen, und damit auch zu besseren Preisen, dem verdrängten Mitbewerber keine Erträge mehr zulässt. Mit anderen Worten, wenn der ins Abseits gestellte Unternehmer nur mit Unterdeckung arbeitet und keine Erträge mehr erwirtschaften kann, muss er aus dem Markt ausscheiden. Soweit er noch alle Schulden bedienen kann, wird er still liquidiert. Soweit er die Schulden nicht mehr bedienen kann, erfolgt die Gesamtvollstreckung. Die mit der Gesetzesreform 1999 eingeführte Betriebsfortführungspflicht verfolgt sozial- und arbeitsmarktpolitisch Ziele, insbesondere den Erhalt der Arbeitsplätze.

3. Diese Aufgabe ist besonderes schwer zu meistern für den eingesetzten Verwalter, da sich in der Regel im Betrieb Verluste über einen längeren Zeitraum aufgebaut haben und der Turnaround von der Geschäftsleitung nicht gemeistert wurde. Der Verwalter muss also von heute auf morgen versuchen, den Betrieb mit einem ausgeglichenen Ergebnis zu führen, zumindest liquiditätsmäßig.

4. Im Insolvenzeröffnungsverfahren kann er diese Aufgabe meistern, da das Instrument der Insolvenzausfallgeldfinanzierung ihm die Personalkosten, und damit den größten Kostenblock, nimmt. In dieser Phase kann auch Masse gebildet werden.

5. Masse kann aber dann nicht mehr gebildet werden, wenn das Insolvenzverfahren eröffnet wird und der Insolvenzverwalter sich allen Kostenstrukturen mit der Qualität von Masseverbindlichkeiten nach § 55 InsO ausgesetzt sieht.

6. Es ist daher seine Entscheidung, welche Betriebsstelle er am Leben erhält und welche Kosten sparenden Maßnahmen er verfügt. Hier gibt es keine von der Insolvenzordnung vorgegebenen Spielregeln.

7. Der Verwalter könnte erfinderisch sein und z.B. einen stillen Gesellschafter aufnehmen, der nur am Geschäftserfolg der Betriebsfortführung an der Insolvenz beteiligt ist, aber auch vice versa am Haftungsrisiko partizipiert. Dieser etwas theoretische Ansatz (siehe Wessel, KTS 1980, Seite 299) soll nur ein Beispiel geben für den weiten Handlungsspielraum des Verwalters, aktiv tätig zu sein.

Seine Aktionen sind begrenzt durch den Insolvenzzweck. Widrige Handlungen, z.B. durch Zahlungszuflüsse aus anderen Insolvenzmassen, sollte er unterlassen. Erforderlich wird bei einer Betriebsfortführung aber auch sein, dass ein Insolvenzverwalter selbst auch das persönliche finanzielle Risiko – jedenfalls teilweise – mit trägt. Dieses Erfordernis stellt sich immer mehr im Markt, da die Marktteilnehmer Garantieerklärungen verlangen und sich nicht mit einer Erfüllbarkeit aus der Masse zufrieden geben. Auch Massedarlehen lassen sich nicht allein durch Sicherheitenstellung aus freien Aktivposten gestalten.

8. Eine andere Sicht der Dinge ist die Beobachtung des Gemeinschuldnerbetriebs von den Marktteilnehmern. Die Marktteilnehmer reagieren höchst sensibel auf die Vermögensgefährdung ihres Geschäftspartners. Sämtliche Leistungen oder Lieferungen sind heute austauschbar, und zwar beliebig. Auftraggeber erwarten heute, dass sämtliche Nebenleistungen, wie z.B. auch Gewährleistungsansprüche, erfüllbar bleiben. So ist festzustellen, dass bei Betriebsfortführungen in der Insolvenz erhebliche Abschläge hinzunehmen sind oder aber Aufträge gar nicht vergeben werden. Die Mitbewerber werden aktiv und versuchen, die Kunden des Gesamtschuldnerbetriebs zu akquirieren.

9. Der Zeitraum zwischen Insolvenzantrag und erstem Berichtstermin dauert bis zu fünf Monaten. Ein Betriebsübergang zur Sicherstellung einer Betriebsfortführung muss eher möglich sein. Dr. Wessel plädierte für die Lösung, dass bereits im Insolvenzeröffnungsverfahren mit Zustimmung des vorläufigen Verwalters eine neue Auffanggesellschaft aus Mitteln der Gemeinschuldnerin gegründet werden kann (das abfließende Stammkapital bliebt ja als Beteiligungswert dem Gemeinschuldnerbetrieb erhalten). So kann nach außen im Markt die Kontinuität dokumentiert werden und die Belegschaft beruhigt und zusammengehalten werden. Dr. Wessel plädiert daher für einen freien Handlungsspielraum der Verwalter mit dem Ergebnis: Wir brauchen keine geeigneten Instrumentarien, wir brauchen dynamische Insolvenzverwalter und fresh money, ggf. auch durch Beteiligung Dritter. Und wir brauchen Lösungen, die eine Betriebsfortführung flankieren.

10. Die Diskutanten

- bedauerten die geringe praktische Bedeutung und Anwendung der Eigenverwaltung und sind der Auffassung, dass die Eigenverwaltung in der praktischen Anwendung unter der Finanzkontrolle eines Sachwalters eine optimale Gestaltungsform sein kann, so Dr. Stoffel.
- Prof. Andreas Konecny bedauerte die mangelnde Möglichkeit eines Zwangsvergleichs und hebt hervor, dass gesetzlich normierte Mindestquoten für alle Beteiligten kalkulierbar sind und einen Befreiungsschlag für das Unternehmen selbst darstellen.
- RA Rattunde verweist darauf, dass bei einer übertragenden Sanierung nicht immer alle Aktiva ohne Mitwirkung Dritter übertragbar sind, und plädiert für eine schlankere, transparente Insolvenzlösung.

11. Im Ergebnis sind sich aber alle einig, dass erweiterte gesetzliche Normierungen zur Flankierung von Betriebsfortführungen nicht erforderlich sind.

Probleme grenzüberschreitender Insolvenzen*)

Andreas Konecny

Inhaltsübersicht

I. Einleitung

Binnen weniger Jahre ist das internationale Insolvenzrecht, früher weitgehend totes Recht, zu einem der dynamischsten, aber auch problembeladensten Gebiete des Zivilverfahrensrechts geworden. Europaweit, ja weltweit haben Großinsolvenzen, wie die von Parmalat, Babcock-Borsig, Kirch Media, weit über die Fachkreise hinaus für mediales Aufsehen gesorgt. Man braucht aber nur Namen wie Parmalat, Daisytek/ISA oder Hettlage nennen, dann wissen die Fachleute gleich, was es ge-

* Der Aufsatz ist die inhaltlich etwas erweiterte und mit einem knappen Anmerkungsapparat versehene Fassung des Vortrags, der am 10. Juni 2005 beim Insolvenzrechtlichen Seminar der Hanns-Martin Schleyer-Stiftung in Kiel gehalten wurde. Der Vortragsstil wurde beibehalten.

schlagen hat. Die genannten Verfahren stehen mit anderen für diskussionswürdige Vorgangsweisen von Gerichten und für eine Fülle an komplizierten Rechtsfragen, deren Aufarbeitung viele Jahre beanspruchen wird. Insofern ist es angebracht, dass für den Vortrag das Thema „Probleme grenzüberschreitender Insolvenzen“ festgesetzt wurde.

Woher diese plötzliche Aktualität des internationalen Insolvenzrechts? Das ist leicht erklärt: Wir erleben in Europa eine wahre **Zeitenwende.** Seit jeher war das Insolvenzrecht überwiegend von strenger **Territorialität** geprägt, Insolvenzverfahren endeten meist an der Staatsgrenze[1]. Seit Ende Mai 2002 ist alles anders. Da trat die EuInsVO[2] in Kraft, die dem Prinzip einer **eingeschränkten Universalität**[3] folgt. Sie sieht bekanntlich europaweit wirksame Hauptinsolvenzverfahren vor, die bloß in Niederlassungsstaaten durch Sekundärinsolvenzverfahren eingeschränkt werden können. Der nationale Gesetzgeber hat in Deutschland[4] wie in Österreich[5] nachgezogen und ergänzende Regelungen geschaffen. Statt Abschottung heißt die Devise nun weitgehende Öffnung. Dass eine derart radikale Wende Probleme nach sich zieht, ist kein Wunder.

Wir befinden uns erst in der Anfangsphase des auflebenden internationalen Insolvenzrechts. Dennoch ist die Materialfülle bereits so groß, dass für den heutigen Vortrag eine Auswahl zu treffen war. Ich werde mich nicht mit den nationalen Regelungen, sondern ausschließlich mit der EuInsVO beschäftigen, denn, salopp ausgedrückt, dort „spielt die Musi“. Aber auch bei der EuInsVO ist gezielt auszuwählen. Zudem verlangt ein Vortrag innere Strukturen. Nun ist die EuInsVO heute ziemlich genau drei Jahre in Kraft. In diesem Zeitraum kann man drei Phasen unterscheiden, nach denen der Vortrag gegliedert ist. Die EuInsVO fand anfangs eher wenig Beachtung, erste interessante Verfahren wurden bloß vereinzelt kommentiert (s II.). Dann kam die Phase der großen Aufregung, weil bei der primären Frage

---

1 Das galt gerade für Österreich, wo der OGH strikt den Territorialitätsgrundsatz vertrat und z.B. noch in jüngerer Zeit Auslandsvermögen nicht zur Konkursmasse zählte: s. nur OGH ZIK 2000/21, 20. Ausländische Insolvenzverfahren wurden gem dem – inzwischen aufgehobenen – § 180 KO nur bei Vorliegen von Staatsverträgen anerkannt, in denen die Gegenseitigkeit verbrieft war. Davon gab es ganze vier Stück, nämlich die Insolvenzrechtsverträge mit Belgien, Deutschland, Frankreich und Italien.

2 Verordnung (EG) Nr. 1346/2000 des Rates vom 29. Mai 2000 über Insolvenzverfahren, ABl. L 2000/160, 1.

3 *Virgós/Schmit*, Erläuternder Bericht zu dem EU-Übereinkommen über Insolvenzverfahren, in *Stoll*, Vorschläge und Gutachten zur Umsetzung des EU-Übereinkommens über Insolvenzverfahren im deutschen Recht (1997) 36 Rz. 5 sprechen davon, dass die Universalität eröffneter Insolvenzverfahren durch ein oder mehrere Sekundärinsolvenzverfahren eingeschränkt werden könne. Man spricht auch von gemäßigter, kontrollierter bzw modifizierter Universalität oder verwendet andere Ausdrücke (Nachweise bei *Vogler*, Die internationale Zuständigkeit für Insolvenzverfahren [2004] 59 f.).

4 Mit dem Gesetz zur Neuregelung des Internationalen Insolvenzrechts vom 14.3.2003, BGBl. I 345, durch die Neufassung von Art. 102 EGInsO und Einfügung der §§ 335 bis 358 InsO.

5 Mit dem Bundesgesetz über das Internationale Insolvenzrecht vom 13.6.2003, BGBl. I 2003/36, mit dem die KO um einen vierten Teil erweitert wurde, in dem das Internationale Insolvenzrecht in den §§ 217 bis 251 geregelt ist. Gleichzeitig wurde der bislang einschlägige § 180 KO aufgehoben.

in grenzüberschreitenden Fällen, nämlich der nach der internationalen Zuständigkeit, von den Gerichten der EU-Mitgliedstaaten konträre Auffassungen vertreten wurden (s III.). Mittlerweile befinden wir uns in der dritten Phase, in der die nun zahlenmäßig spürbaren Verfahren Praktiker wie Theoretiker mit einer Fülle von Detailproblemen konfrontieren; das soll anhand einiger Entscheidungen demonstriert werden (s IV.).

II. EuInsVO – Phase I: Schwierige Ausgangslage – ruhiger Beginn

A. Grundprobleme der EuInsVO

Es musste eigentlich klar sein, dass die EuInsVO Probleme bereiten würde. Die Ausgangslage ist nämlich für sie ungleich schwieriger als etwa die des europäischen Zivilprozessrechts, und zwar aus drei Gründen:

Erstens hat die EuInsVO eine grundsätzliche **strukturelle Schwäche.** Ursprünglich strebte man ein einziges, europaweit gültiges Insolvenzverfahren an, scheiterte diesbezüglich jedoch[6]. Die Kompromisslösung besteht bekanntlich darin, neben einem einzigen, europaweit geltenden Hauptinsolvenzverfahren im Mitgliedstaat, in dem der Schuldner den Mittelpunkt seiner Interessen hat, in jedem Mitgliedstaat mit einer Niederlassung ein Sekundärinsolvenzverfahren zuzulassen (s Art. 3 Abs. 1 und 2 EuInsVO). Dieses verdrängt bezüglich des dort belegenen Vermögens weitestgehend das Hauptverfahren. Mit dem Nebeneinander von Haupt- und Sekundärinsolvenzverfahren sind aber Schwierigkeiten vorprogrammiert. Während sich etwa die EuGVVO bemüht, Verfahren betreffend dieselbe Sache in mehreren Mitgliedstaaten zu verhindern (s insb die Art. 27 und 28), ermöglicht Art. 3 EuInsVO ausdrücklich eine Verfahrensmehrheit, die Koordinationsprobleme schafft.

Zweitens und vor allem ist die **Regelungstiefe der EuInsVO viel geringer** als die der EuGVVO. Die EuGVVO hat 76 Artikel, die EuInsVO 47. Dabei behandelt letztere ein viel größeres Rechtsgebiet als erstere. Die EuGVVO beschäftigt sich weitestgehend nur mit der internationalen Zuständigkeit für Verfahren in Zivil- und Handelssachen sowie mit der Anerkennung und Vollstreckung der dort ergehenden Entscheidungen. Die EuInsVO regelt das und vieles mehr, sie enthält Vorschriften zum materiellen Insolvenzrecht (s insb Art. 5 ff.) und zum Insolvenzverfahrensrecht (z. B. über Verwalterbefugnisse, öffentliche Bekanntmachungen, Vorgangsweisen in Sekundärinsolvenzverfahren oder die Unterrichtung der Gläubiger). Die EuGVVO widmet z. B. der internationalen Zuständigkeit und ihrer Prüfung rund 30 Artikel, die EuInsVO im Wesentlichen nur den einzigen Art. 3. Während die EuGVVO den Grundtatbestand des Wohnsitzes bzw Sitzes in den Art. 59 und 60 definiert, geschieht das in der Insolvenzverordnung bezüglich des zentralen Anknüpfungs-

---

6 Vgl. nur *Virgós/Schmit* in *Stoll*, Vorschläge 34 ff. Rz. 3, 5.

punkts des Mittelpunkts der hauptsächlichen Schuldnerinteressen gar nicht, nur den Erwägungsgründen sind vage Hinweise zu entnehmen. In weitem Umfang operiert also die EuInsVO mit unbestimmten Rechtsbegriffen, was bei unterschiedlichen Rechtskulturen zu Auslegungsdivergenzen führen muss.

Drittes Grundproblem für die EuInsVO ist, dass Insolvenzverfahren zwar ungleich seltener als Zivilprozesse und Verfahren der freiwilligen Gerichtsbarkeit sind, aber oft eine eminente wirtschaftliche Bedeutung haben. Man denke an die eingangs erwähnten Großinsolvenzen. Angesichts ihrer volkswirtschaftlichen Bedeutung besteht immer die Gefahr, **dass nationale wirtschaftliche und (rechts-)politische Belange in die Verfahren hineinspielen.** Das im Zusammenwirken mit knappen Vorschriften bedeutet Problempotenzial für das europäische Insolvenzrecht.

Im Jahr nach dem Inkrafttreten der EuInsVO war allerdings von Änderungen wenig zu spüren. Nachfragen bei Insolvenzgerichten brachten kaum Ergebnisse. Die EuInsVO hatte also eine ruhige Beginnphase[7].

B. Drittstaatenproblematik

Ganz so ruhig ging es allerdings gar nicht zu. Es gab schon früh erste, wichtige Entscheidungen, die bloß in der Literatur noch wenig Aufmerksamkeit fanden[8]. Eine der zentralen Fragen wurde bereits im Februar 2003 von einem englischen Gericht in der Sache Brac/Budget behandelt[9]. Dabei ging es darum, ob eine Zuständigkeit nach Art. 3 Abs. 1 EuInsVO immer dann gegeben ist, wenn der Mittelpunkt der hauptsächlichen Schuldnerinteressen in einem EU-Mitgliedstaat liegt, oder ob weitere Kriterien erforderlich sind.

Unumstritten gilt die EuInsVO nur für **grenzüberschreitende Insolvenzen,** Binneninsolvenzen sind nach dem nationalen Recht zu beurteilen[10]. Sehr str ist dage-

---

7 So auch die Erfahrung von *Prütting,* Die Europäische Insolvenzverordnung und das grenzüberschreitende Insolvenzverfahren, in *Konecny,* Insolvenz-Forum 2004 (2005) 157 (160).

8 So weist z. B. die E des High Court of Justice Chancery Divison Companies Court vom 4.7.2002 im Fall Enron Directo SRL Ähnlichkeit mit der in Sachen Daisytek/ISA vom 16.5.2003 auf (Näheres dazu unten bei III.A.), ohne wie letztere sofort für einen literarischen „Aufschrei" zu sorgen. Dabei wurde über eine spanische Gesellschaft das Hauptinsolvenzverfahren in England eröffnet, wo strategische und teilweise operative Anordnungen getroffen wurden, Ausgaben ab einer bestimmten Höhe genehmigt werden mussten u. dgl. Das Tagesgeschäft wurde jedoch im Wesentlichen in Spanien mit spanischen Arbeitnehmern unter der Leitung von zwei Geschäftsführern verrichtet. Siehe dazu den Entscheidungsbericht bzw. das zugrunde liegende „Skeleton Argument" der Antragstellerin, zu finden bei „www.iiiglobal.org", Abteilung „EU Cases"; s. weiters die Berichte von *Carstens,* Die internationale Zuständigkeit im europäischen Insolvenzrecht (2005) 81 f.; *Pannen/Riedemann,* Der Begriff des „centre of main interests" i.S. des Art. 3 I 1 EuInsVO im Spiegel aktueller Fälle aus der Rechtsprechung, NZI 2004, 646 (648); bzw. von *Tirado,* Die Anwendung der Europäischen Insolvenzverordnung durch die Gerichte der Mitgliedstaaten, GPR 2005, 39 (45).

9 High Court of Justice Chancery Division Companies Court 7.2.2003 – 0042/2003 = ZIP 2003, 813 = EWiR 2003, 367 (*Sabel/Schlegel*).

10 Einhellige Meinung: s. nur *Carstens,* Internationale Zuständigkeit 28 m.w.N. Der 2. Erwägungsgrund zur EuInsVO spricht vom Erfordernis effizienter und wirksamer grenzüberschreitengen, ob die EuInsVO in Drittstaaten ansässige Schuldner erfasst bzw. voraussetzt, dass der konkrete Insolvenzfall einen Bezug zu wenigstens zwei Mitgliedstaaten aufweist. Einen weiten Anwendungsbereich nehmen englische Gerichte an. So erließ man im Fall Brac/Budget gegen eine in den USA registrierte Gesellschaft in England eine administration order, weil hier der Interessenmittelpunkt gegeben sei; ein Bezug zu einem anderen Mitgliedstaat sei nicht erforderlich. Das wurde in der Literatur kritisiert[11].

Beizupflichten ist mE jedoch der Ansicht, nach der **eine Zuständigkeit nach Art. 3 Abs. 1 EuInsVO gegeben ist, wenn ein Schuldner seinen Interessenmittelpunkt in einem Mitgliedstaat hat.** Das steht einmal so in Art. 3 Abs. 1, auch im 14. Erwägungsgrund heißt es, dass die Verordnung für Verfahren gilt, bei denen der Mittelpunkt der hauptsächlichen Interessen innerhalb der Gemeinschaft liegt. Das Gegenargument, dass die Verordnung bewusst keine Regelungen bezüglich Drittstaaten enthält, wie *Virgós* und *Schmit* in ihrem erläuternden Bericht erwähnen[12], trägt nicht. Es ist im Insolvenzrecht wie auch sonst im Zivilverfahren weit verbreitet, die internationale Zuständigkeit bezüglich fremder Staatsangehöriger oder ausländischer Gesellschaften vorzusehen, sofern im Gebiet des Verfahrensstaats bestimmte Anknüpfungspunkte vorliegen. Das hat nichts damit zu tun, dass Regelungen in Richtung eines anderen Staates getroffen werden, sondern das ist schlicht eine Inanspruchnahme der eigenen Territorialhoheit.

Zweck der EuInsVO ist auch nicht allein eine EU-interne Zuständigkeitsabgrenzung. Die Diskussion darüber, ob die Anwendung der EuInsVO den Bezug zu zwei Mitgliedstaaten voraussetzt, erinnert stark an die gleichartigen Auseinandersetzungen bei der EuGVVO. Dort fand man ebenfalls die restriktive Sicht. So beurteilte z.B. der österr OGH früher Zuständigkeitsvereinbarungen nach nationalem Recht statt nach dem Art. 17 EuGVÜ, wenn nur Österreich und ein Drittstaat berührt waren[13]. Damit ist spätestens jetzt Schluss. In einer kürzlich ergangenen Entscheidung hat der EuGH[14] klipp und klar gesagt, dass die EuGVVO keinen Bezug zu mehreren Mitgliedstaaten voraussetzt. Ihr Zweck sei es, das Funktionieren des Binnenmarktes

---

der Insolvenzverfahren, der 3. Erwägungsgrund vom Erfordernis einer Regelung für die Insolvenzen grenzüberschreitend tätiger Unternehmen.

11 Vgl. nur die ausführliche Kritik von *Carstens*, Internationale Zuständigkeit 28 ff., insb. 33 ff. m.w.N. In FN 219 listet er zahlreiche Stimmen pro und contra eine Anwendung der EuInsVO auf Sachverhalte mit ausschließlichem Bezug zu Drittstaaten auf.

12 In *Stoll*, Vorschläge 38 Rz. 11. In der Tat nehmen die Regelungen der EuInsVO durchwegs Bezug auf die Mitgliedstaaten, ob das nun den Ort einer Niederlassung (Art. 3 Abs. 2), von Vermögensgegenständen (s. z.B. Art 5, 7 f., 11 f.) oder der Arbeitsverrichtung (Art. 10), die Ausübung von Verwalterbefugnissen (Art. 18), den gewöhnlichen Aufenthalt bzw. (Wohn-)Sitz der zu verständigenden Gläubiger (Art. 40) betrifft usw. (Dänemark zählt übrigens in Bezug auf die EuInsVO nicht zu den Mitgliedstaaten: OLG Frankfurt/M ZInsO 2005, 715 m.w.N.). Das ergibt sich aus der Zielsetzung, (nur) für den Gemeinschaftsraum geltende Insolvenzverfahren zu schaffen (s. den 2. und 3. Erwägungsgrund zur EuInsVO), hat jedoch nichts mit der Frage zu tun, welche Nahebeziehung zum Gemeinschaftsraum ausreicht, um solche Verfahren zu eröffnen.

13 So etwa OGH SZ 71/29 = JBl 1998, 726 = ecolex 1998, 694 (abl. *Oberhammer*).

14 Siehe Urteil des EuGH vom 1. März 2005, Rs C-281/02 Owusu.

durch ein einheitliches Zuständigkeitsrecht zu erleichtern, die Rechtsvereinheitlichung als solche wird in den Vordergrund gerückt. Weiters betont der EuGH in seinem Urteil vom 1. März 2005 wieder einmal, wie wichtig der Grundsatz der Rechtssicherheit bezüglich der Zuständigkeitsvorschriften sei. Daher lehnt er es in concreto ab, die Grundregelung des Art. 2 EuGVVO, wonach ein Beklagter in seinem Wohnsitzstaat zu klagen ist, unter Heranziehung der Theorie des „forum non conveniens" einzuengen.

Was der EuGH treffend zur EuGVVO ausführt, kann man eins zu eins für die EuInsVO übernehmen. Auch ein in einem Drittstaat gegründeter bzw seinen satzungsmäßigen Sitz habender Schuldner unterliegt Art. 3 EuInsVO, sobald er seinen Interessenmittelpunkt in die Gemeinschaft verlagert oder ihn – wie im Fall reiner „Briefkastengesellschaften" in Drittstaaten – von Beginn an dort hatte. **Weitere Erfordernisse** sind schon **aus Gründen der Rechtssicherheit nicht zu verlangen.** Das Ergebnis ist auch sachgerecht, weil man sich viele Schwierigkeiten erspart. Setzt man nämlich eine Berührung zweier Mitgliedstaaten voraus, muss zuerst rechtlich geklärt werden, welche Anknüpfungsmomente ausreichen, wozu u.U. keine einheitliche Meinung bestehen wird [15]. Und dann muss man in den Eröffnungsverfahren untersuchen, ob solche Kriterien faktisch vorliegen. Diese Schwierigkeiten werden vermieden, wenn man sich mit grenzüberschreitenden Bezügen auch zu einem Drittstaat begnügt. Da man damit auf der vom EuGH für die Anwendung europäischer Zuständigkeitsregelungen vorgezeichneten Linie liegt, ist der einfacheren Lösung der Vorzug zu gegeben. Schließlich ist zu bedenken, dass bei Insolvenzfällen wie im Prozessbereich durch nachträgliche Änderungen Bezüge zu anderen Mitgliedstaaten entstehen können, die ein Vorgehen nach der EuInsVO sinnvoll machen [16].

III. EuInsVO – Phase II: Territorialkämpfe

A. Der Mittelpunkt der hauptsächlichen Schuldnerinteressen

1. Problemstellung und Meinungsstand

Mit der Ruhe bei der EuInsVO war es vorbei, als im Mai 2003 Richter *McGonagal* vom High Court of Justice Leeds in der Sache Daisytek/ISA über drei dt. Tochtergesell-

15 Die h.M. nimmt eine großzügige Haltung ein: vgl. etwa die Liste ausreichender Kriterien bei *Duursma-Kepplinger* in *Duursma-Kepplinger/Duursma/Chalupsky*, Europäische Insolvenzverordnung (2002) Art. 1 Rz. 5 f., die auch schwache Nahebeziehungen genügen lässt, wie ein Schuldverhältnis mit einem ausländischen Vertragspartner; ebenso *Kemper* in *Kübler/Prütting*, InsO. Kommentar zur Insolvenzordnung (20. Lfg.; 2004) Art. 1 EuInsVO Rz. 13. Das bloße Vorhandensein ausländischer Gläubiger genügt z.B. *Carstens*, Internationale Zuständigkeit 28 oder *Vogler*, Internationale Zuständigkeit 77, jeweils m.w.N.

16 Z.B. wenn sich später einmal die Frage stellt, ob im Insolvenzverfahren ergangene Entscheidungen oder ein abgeschlossener Vergleich in einem anderen Mitgliedstaat anzuerkennen sind; aber auch, wenn etwa während des – u.U. Jahre dauernden – Insolvenzverfahrens Massegegenstände in einen anderen Mitgliedstaat transferiert werden.

schaften einer englischen Mutter in England Hauptinsolvenzverfahren eröffnete[17]. Die Töchter hatten in Deutschland satzungsmäßigen Sitz, Geschäftsführerin und Hauptgeschäftstätigkeit, doch nahm das Gericht in Leeds an, dass ihr Interessenmittelpunkt bzw COMI – für Centre of Main Interests – in England sei. Das wurde damit begründet, dass die Töchter durch die englische Mutter geleitet wurden. Insb. die deutschsprachige Literatur lehnte diese Vorgangsweise ab[18], der Vorwurf eines „Insolvenz-Imperialismus“[19] steht im Raum.

Daisytek/ISA und die folgenden Geschehnisse in Sachen Parmalat stehen symbolhaft für heftige rechtliche Auseinandersetzungen, die viele europäische Staaten betreffen. Typischerweise geht es um international tätige Konzerne, bei denen die Tendenz spürbar wird, Hauptinsolvenzverfahren betreffend Tochtergesellschaften in den Staat der Mutter zu ziehen[20]. Neben englischen und italienischen Gerichten eröffnen gern auch dt. Gerichte Insolvenzverfahren über österr. Gesellschaften[21]. Nicht hilfreich für eine nüchterne rechtliche Betrachtung ist es, wenn, wie man hört, der im Fall Daisytek/ISA eingesetzte Insolvenzverwalter bei Tagungen erklärt, dass hinter der englischen Vorgangsweise Absicht stehe und dass man plane, von England aus den europäischen Insolvenzverwaltungsmarkt sozusagen aufzurollen. Daher kann man im Zusammenhang mit Daisytek/ISA, Parmalat & Co in der Tat von **„Territorialkämpfen“** sprechen.

Nun ist der Streit um den Mittelpunkt der hauptsächlichen Schuldnerinteressen eigentlich längst nicht das Aktuellste auf dem Gebiet der EuInsVO[22], doch kommt man in einem Vortrag derzeit um das Thema schwerlich herum. Es soll hier aber in Kürze abgehandelt werden.

---

17 High Court of Justice Leeds 16.5.2003 – No 861 – 876/03 = ZIP 2003, 1362 = EWiR 2003, 709 (*Paulus*); s. weiters ZIP 2004, 963 mit der nachgetragenen Begründung für die Eröffnungsentscheidung. Siehe auch den Bericht von *Kebekus*, Grenzüberschreitende Insolvenzen – Neue Herausforderung an die Insolvenzpraxis, in *Konecny*, Insolvenz-Forum 2004, 85 (91 ff.).

18 Vgl. nur z.B. *Carstens*, Internationale Zuständigkeit 82 ff., 85 f.; *Duursma-Kepplinger*, „British Courts are satisfied, Continental Europe is not amused“, ZIK 2003/257, 182; *Eidenmüller*, Der Markt für internationale Konzerninsolvenzen: Zuständigkeitskonflikte unter der EuInsVO, NJW 2004, 3455 (insb. 3456 f.); *Herchen*, Aktuelle Entwicklungen im Recht der internationalen Zuständigkeit zur Eröffnung von Insolvenzverfahren: Der Mittelpunkt der (hauptsächlichen) Interessen im Mittelpunkt der Interessen, ZInsO 2004, 825; *Kübler*, Der Mittelpunkt der hauptsächlichen Interessen nach Art. 3 Abs. 1 EuInsVO, Gerhardt-FS (2004) 527 (542 ff., 555 f.); *Sabel*, Hauptsitz als Niederlassung im Sinne der EuInsVO? NZI 2004, 126 (126 f.); *Weller*, Forum Shopping im Internationalen Insolvenzrecht? IPRax 2004, 412 (415 f.).

19 *Mankowski*, Entwicklungen im Internationalen Privat- und Prozessrecht 2003/2004, RIW 2004, 481, 587 (597).

20 Vgl. jüngst wieder die englische Haltung im Fall Rover: Informationen dazu unter www.eir-database.com.

21 Siehe AG München 4.5.2004, 1501 IE 1276/04 = ZIK 2004/136, 106 = ZIP 2004, 962 = ZInsO 2004, 691 Hettlage; AG Siegen 1.7.2004, 25 IN 154/04 = EWiR 2005, 175 (*Mankowski*) Zenith; AG Offenburg 2.8.2004, 2 IN 133/04 = ZIK 2004/228, 177 = EWiR 2005, 73 (*Pannen/Riedemann*) Hukla Werke. Zum – gescheiterten – Versuch eindeutig in Deutschland agierender Gesellschaften, in Österreich ein Hauptinsolvenzverfahren zu erwirken, s. LG Salzburg 5.8.2004, 44 S 29/04w bzw. 44 S 30/04t = ZIK 2004/229, 177 PEV.

22 Siehe zu den neuesten Entscheidungen unten bei IV.

Das Problem liegt darin begründet, dass die **EuInsVO den Interessenmittelpunkt nicht definiert.** Nur in Bezug auf Gesellschaften und juristische Personen enthält Art. 3 Abs. 1 EuInsVO die widerlegbare Vermutung, dass er mit dem satzungsmäßigen Sitz übereinstimmt. Nach dem 13. Erwägungsgrund sollte als Interessenmittelpunkt der Ort gelten, an dem der Schuldner gewöhnlich der Verwaltung seiner Interessen nachgeht und damit für Dritte feststellbar ist. Weiters betonen *Virgós/Schmit* in ihrem Erläuternden Bericht[23], dass die EuInsVO keine Vorschriften für Unternehmenszusammenschlüsse enthält, und nach dem 4. Erwägungsgrund wollte man das „forum shopping" verhindern, also die Verlagerung eines Verfahrens in einen Mitgliedstaat mit einer für den Schuldner verbesserten Rechtsstellung.

Das alles ersetzt eine klare Definition nicht. Es haben sich im Wesentlichen drei Ansichten herausgebildet, die an Hand einiger typischer Fallbeispiele dargestellt sein sollen:

- Beispielhaft für die Meinungsunterschiede beim Interessenmittelpunkt ist wie gesagt der Fall Daisytek/ISA. Der High Court of Justice Leeds[24] begründete die Annahme der englischen Zuständigkeit für die dt. Gesellschaften damit, dass diese von England aus geführt worden seien. Dabei wurden überwiegend in England lokalisierte interne Vorgänge hervorgehoben, wie Finanzierungsorganisation, Genehmigung jeder Ausgabe über 5.000 €, Einstellung aller leitenden Angestellten, Versorgung mit EDV. Maßgeblich ist also nicht der Ort des Tagesgeschäfts und seiner Leitung, sondern insb **die strategische Leitung** vom Ort aus, wo sich der „mind of management" befindet, oft in Form der Geschäftsführung einer Muttergesellschaft. Die literarische Kritik an dieser Entscheidung und ähnlichen (oder für ähnlich empfundenen) Verfahrenseröffnungen geht dahin, dass auf nach außen hin erkennbare Umstände abzustellen sei[25].
- Ganz anders das AG Mönchengladbach im Fall EMBIC[26]. Die gesellschaftsrechtliche Ausgangslage war ähnlich wie im Fall Daisytek/ISA, zusätzlich hatte die Schuldnerin, also die dt Tochter einer englischen Mutter, in Deutschland bereits ihre Geschäfte eingestellt. Das AG hielt das für irrelevant, weil zur Zeit der **Geschäftstätigkeit** die GmbH in Deutschland geführt wurde und sich danach der Interessenmittelpunkt richte. Auch in einigen literarischen Stellungnahmen wird dem Ort der werbenden Tätigkeit besonderes Gewicht zugemessen[27].
- Drittens wird auf die **faktische Führung einer Schuldnergesellschaft in operativer Hinsicht** abgestellt. Das wird z.B. bei den Parmalat-Insolvenzen immer

---

23 Siehe in *Stoll*, Vorschläge 61 Rz. 76.
24 ZIP 2004, 963.
25 Siehe z.B. *Kübler*, Gerhardt-FS 542 ff., 555 f.; *Mankowski*, EWiR 2003, 767 und 2005, 175 (176); *Paulus*, EWiR 2003, 709; *Sabel*, NZI 2004, 126.
26 AG Mönchengladbach 27.4.2004 – 19 IN 54/04 = ZIP 2004, 1064 = ZInsO 2004, 563.
27 Vgl. z.B. *Bähr/Riedemann*, Anm. zu AG Mönchengladbach, ZIP 2004, 1066 (1067); *Herchen*, ZInsO 2004, 827; *Mankowski*, EWiR 2005, 176; *Weller*, IPRax 2004, 415 f.; *Wimmer*, Anmerkungen zum Vorlagebeschluss des irischen Supreme Court in Sachen Parmalat, ZInsO 2005, 119 (122 f.). *Kübler*, Gerhardt-FS 549 f. will bei Handelsunternehmen auf die werbende Tätigkeit, bei Produktionsunternehmen auf den Ort der Produktionsanlagen abstellen.

betont, wobei in Italien Hauptinsolvenzverfahren bzgl mehr als 60 über Europa verstreute Gesellschaften laufen, die angeblich allesamt operativ in Italien geleitet werden. Dabei zeigt sich allerdings ein dem Verfahrensrechtler sattsam bekanntes Problem, dass nämlich rechtliche Beurteilungen vom Sachverhalt abhängen, den das Gericht feststellt[28]. Manchmal kann man sich nämlich des Eindrucks nicht erwehren, dass die Sachverhaltsfeststellungen nicht den tatsächlichen Lebensumständen entsprechen. Typisches Beispiel dafür ist der bekannte Fall der Parmalat-Tochter Eurofood. Das ist eine irische Gesellschaft, die gegründet wurde, um drei Finanzgeschäfte im Interesse des Parmalat-Konzerns zu tätigen. Über Eurofood wurde sowohl in Italien als auch in Irland ein Hauptinsolvenzverfahren eröffnet. Liest man die Entscheidungen dazu, könnte man glauben, dass von zwei verschiedenen Gesellschaften die Rede ist. Nach ital. Sicht ist Eurofood eine in Irland nur pro forma existierende Tochter, die für jedermann erkennbar strategisch wie operativ von Italien aus geleitet wurde[29]. Nach irischer Meinung ist Eurofood eine zwar der Konzernpolitik verpflichtete Tochter, die aber operativ für jedermann erkennbar in Irland tätig war, insb. dort auch ihre Geschäftsführung hatte[30]. „Was ist Wahrheit?" kann man da nur mit *Pontius Pilatus*[31] fragen. Beide Gerichte stellten jedenfalls auf die operative Führung ab.

Das tun auch dt. Gerichte, wenn sie über österr. Gesellschaften Insolvenzverfahren eröffnen. Das bekannteste betrifft die Innsbrucker Hettlage KG, über die das AG München ein dt Insolvenzverfahren eröffnete[32]. Darin führte es aus, dass die in Österreich Textilien vertreibende Gesellschaft von Deutschland aus strategisch wie operativ geführt werde. Dort sitze die Geschäfts- und Vertriebsleitung, von dort werde der gesamte Einkauf abgewickelt, alle Dienstleistungen, vom Rechnungswesen über EDV und Werbung bis Bauten und Technik, würden von der Mutter

---

28 In Abwandlung eines bekannten Rechtssprichworts kann man auch sagen, dass das, was in den Akten ist, noch lange nicht in der Welt sein muss.

29 Tribunale di Parma 19.2.2004 – 53/04 = ZIP 2004, 1220. Gründe für den Interessenmittelpunkt in Italien aus italienischer Sicht waren: Der Tätigkeitsort der beiden „executive" Geschäftsführer lag in Italien; von dort aus nahmen diese telefonisch an Verwaltungsratssitzungen in Dublin teil; dort befanden sich keine Arbeitnehmer und nur ein pro-forma-Sitz; die Unterzeichnung zweier von nur drei getätigten Finanzgeschäften erfolgte durch einen italienischen Geschäftsführer; die italienische Mutter habe eine Garantie für alle Finanzmaßnahmen abgegeben; die Einnahmen seien für den Konzern verwendet worden; es erfolgten nur Geschäfte mit institutionellen Anlegern, die von den Umständen Kenntnis hatten.

30 High Court Dublin 23.3.2004 – 33/04 = ZIP 2004, 1223 bzw Supreme Court of Ireland 27.7.2004 – 147/04 = NZI 2004, 505 = ZInsO 2005, 159. Gründe für den irischen Mittelpunkt nach irischer Sicht waren: Registrierung und Sitz in Irland; Gleichrangigkeit der irischen mit den italienischen Geschäftsführern; Abhaltung sämtlicher 13 Verwaltungsratssitzungen in Irland; dort wurden die beiden größten Finanztransaktionen in Anwesenheit auch der italienischen Geschäftsführer genehmigt; die Finanzgeschäfte wurden dauernd durch die Bank of America in Irland verwaltet, die eine Geschäftsführerin stellte; die Geschäftsführung erfolgte unter Aufsicht irischer Behörden und Einhaltung irischer Bestimmungen; die Tätigkeit im Interesse der Mutter sei für Konzerne typisch und ändere nichts an der Sicht der Gläubiger, mit einer irischen Gesellschaft Geschäfte zu machen.

31 Johannes-Evangelium 18, 38.

32 Siehe FN 21. Die Entscheidung begrüßt *Paulus*, EWiR 2004, 493.

erbracht. In Österreich war neben dem satzungsmäßigen Sitz das Filialnetz einschließlich mehrerer Hundert Arbeitnehmer sowie die gesamte werbende Tätigkeit zu finden. Dt. Literaturstimmen kritisieren insb. das Abstellen auf interne, für Gläubiger nicht ersichtliche Vorgänge, wie die Lohnverrechnung u. dgl.[33].

2. Kriterien zur Bestimmung des Interessenmittelpunkts

Der Überblick zeigt ganz erhebliche Rechtsunsicherheit bezüglich der Festlegung des Interessenmittelpunkts, die letztlich der EuGH klären muss. Ein Vortragender muss jedoch Farbe bekennen. Erlauben Sie daher, dass ich meine Sicht in wenigen Sätzen zusammenfasse[34] und danach kurz die genannten Fallbeispiele bewerte.

- Wesentlich ist einmal, dass es **nur einen Interessenmittelpunkt** gibt und dass ein – bewusst nicht geregeltes – **Konzerninsolvenzrecht** auf dem Weg über eine Sammelzuständigkeit im Mitgliedstaat der Konzernmutter **abzulehnen ist.** Das ist heute h. M.[35].
- Dann sind **äußere Kriterien** maßgeblich, weil nach dem 13. Erwägungsgrund der Interessenmittelpunkt für Dritte erkennbar sein muss[36]. Es hat aber im Eröffnungsverfahren nicht etwa eine Befragung der Gläubiger nach ihren konkreten Informationen zu erfolgen, sondern es kommt auf **für Dritte objektiv feststellbare Merkmale** an[37].
- Weiters ist weder die interne strategische Leitung noch die Geschäftstätigkeit bzw. der Ort des größten Umsatzes maßgeblich. Vielmehr geht ein Schuldner dort i.S.d. 13. Erwägungsgrunds der Verwaltung seiner Interessen nach, wo er sein Unternehmen faktisch leitet. Es ist also die **„Verwaltungszentrale" als Ort der operativen Leitung** zu ermitteln, notfalls anhand der wesentlichsten Leitungsmaßnahmen die „Hauptverwaltungszentrale"[38]. Dort findet man auch die notwendige organisatorische Mindestausstattung, mit der ein Insolvenzverwalter

---

33 So z. B. *Kübler*, Gerhardt-FS 556; *Prütting* in *Konecny*, Insolvenz-Forum 2004, 171 f.

34 Ausführlicher dazu *Konecny*, Thesen zum Mittelpunkt der hauptsächlichen Schuldnerinteressen gem Art 3 Abs 1 EuInsVO, ZIK 2005/2, 2, = in *Konecny*, Insolvenz-Forum 2004,131.

35 *Carstens*, Internationale Zuständigkeit 110ff., 140; *Duursma-Kepplinger* in *Duursma-Kepplinger/Duursma/Chalupsky*, EuInsVO Art. 1 Rz. 48 ff.; *Herchen*, ZInsO 2004, 826; *Smid*, Deutsches und Europäisches Internationales Insolvenzrecht (2004) Art. 2 EuInsVO Rz. 23 ff.; *ders.*, Judikatur zum internationalen Insolvenzrecht, DZWIR 2004, 397 (399) m.w.N. *Wimmer*, ZInsO 2005, 122, weist zutreffend auf die grundsätzliche Problematik des vielschichtigen Konzernbegriffs und der unterschiedlichen Gestaltung der konzerninternen Verflechtungen hin. Manche sehen in der Judikatur einen Schritt hin zu einem Konzerninsolvenzrecht: So positiv in der E des AG München im Fall Hettlage *Paulus*, EWiR 2004, 493 f. und im Zusammenhang mit dem Fall Zenith *Beutler/Debus*, EWiR 2005, 217 (218); skeptisch hingegen in der E des AG Köln im Fall Automold *Blenske*, EWiR 2004, 601.

36 Vgl. dazu, insb. zum historischen Hintergrund, *Kübler*, Gerhardt-FS 551 ff.

37 In diesem Sinn auch *Kübler*, Gerhardt-FS 555, 557; *Prütting* in *Konecny*, Insolvenz-Forum 2004, 164.

38 *Huber*, Internationales Insolvenzrecht in Europa, ZZP 114 (2001) 133 (141) und ihm folgend *Prütting* in *Konecny*, Insolvenz-Forum 2004, 165 sprechen vom Hauptverwaltungssitz.

effizient die in Besitz zu nehmende Masse in den Griff bekommen kann. Der Aufenthaltsort des Geschäftsführers ist dagegen schon zwecks Vermeidung des verpönten „forum shoppings“ zweitrangig.

- Dann sollte man der **Vermutung** des Art. 3 Abs. 1 EuInsVO **größere Bedeutung** zumessen als bisher[39]. Bei Gesellschaften und juristischen Personen ist also vom satzungsmäßigen Sitz auszugehen, solange nicht **eindeutig bewiesen** ist, dass der Interessenmittelpunkt in einem anderen Mitgliedstaat liegt[40]. Das allerdings mit der Einschränkung, dass im Sitzstaat Verwaltungsstrukturen festgestellt wurden[41].
- Schließlich ist die operative Leitung **zum entscheidungserheblichen Zeitpunkt** ausschlaggebend[42]. Bei Einstellung der werbenden Geschäftstätigkeit erfolgt keine „Versteinerung“ des Interessenmittelpunkts, sondern es ist der Ort maßgeblich, von dem aus die Liquidierung organisiert wird.

3. Kurze Judikaturbewertung

Bevor man anhand dieser Kriterien die bisherigen Entscheidungen beurteilt, ist auf das Problem hinzuweisen, dass die Eröffnungsentscheidungen teils hinsichtlich der zugrunde gelegten Tatsachenfeststellungen zweifelhaft erscheinen, teils für die Beurteilung wenig hergeben, weil die maßgeblichen Kriterien in der Begründung nicht klar herausgearbeitet wurden. Cum grano salis sei daher Folgendes bemerkt:

Bei Daisytek/ISA ist die Eröffnung von Insolvenzverfahren über die dt. Gesellschaften in England zweifelhaft, weil sie auf im Wesentlichen interne Vorgänge gestützt wurde und die typischen Anknüpfungspunkte für den Interessenmittelpunkt ganz überwiegend in Deutschland lagen. Zu Fall EMBIC ist zu bemerken, dass primär nicht die Geschäftstätigkeit, sondern die Vermögensverwaltung maßgeblich ist, und dass bei der Zuständigkeitsbeurteilung auf den Antragszeitpunkt und nicht auf den Zeitraum einer bereits beendeten werbenden Tätigkeit abzustellen ist. Bei Parmalat/Eurofood hat das italienische Gericht aufgrund seiner Sachverhaltsfeststellungen Recht, das irische Gericht, wenn die von ihm festgestellten

---

39 Diese lehnt jüngst *Carstens*, Internationale Zuständigkeit 60 ff., 121 ff. grundlegend ab. Seine Kritik ist nicht zu teilen. Gerade in Zeiten, in denen sich Rechtsprechung und Lehre europaweit als außerstande erwiesen haben, der Insolvenzpraxis verlässliche Kriterien zur Bestimmung des Interessenmittelpunkts zu liefern, verschafft die Vermutung, nimmt man sie ernst, einen Rest von Rechtssicherheit.

40 Das betont z.B. auch *Prütting* in *Konecny*, Insolvenz-Forum 2004, 167 f.

41 Also nicht im Fall von „Briefkastengesellschaften“, z.B. britischer Limiteds: vgl. AG Hamburg 14.5.2003, 67g IN 358/02 = ZIP 2003, 1008 Briefkasten-Limited (zust. *Mankowski*, RIW 2004, 599); OLG Wien 30.9.2004, 28 R 210/04 = ZIK 2005/27, 37 Ltd; AG Saarbrücken 25.2.2005, 106 IN 3/05 = ZInsO 2005, 727.

42 Ob der Antragszeitpunkt oder der Zeitpunkt der Verfahrenseröffnung den Ausschlag gibt, ist strittig und vom BGH (27.11.2003 – IX ZB 418/02 = ZIP 2004, 94 = ZInsO 2004, 34 = EWiR 2004, 229 [*Mankowski*] Spanien-Umzug) dem EuGH zur Vorabentscheidung vorgelegt. Siehe dazu nur *Oberhammer*, Europäisches Insolvenzrecht in praxi – „Was bisher geschah“, ZInsO 2004, 761 (762 ff.); *Prütting* in *Konecny*, Insolvenz-Forum 2004, 173 ff., die sich für eine perpetuatio fori aussprechen. Vgl weiter die Schlussanträge des GA *Colomer* zur Zahl C-1/04 vom 6.9.2005.

Tatsachen stimmen. Bei Hettlage und den anderen dt Insolvenzverfahren über österr. Gesellschaften teile ich die in der dt. Literatur geäußerte Kritik nicht. Richtig daran ist, dass insb. das AG München teilweise Geschäftsführungsmaßnahmen als zuständigkeitsbegründend anführt, die überwiegend interner Art sind, wie Controlling, EDV oder Planung; und zuzustimmen ist dem Vorwurf, dass in der Eröffnungsentscheidung die Erkennbarkeit der maßgeblichen Kriterien zwar behauptet, aber u.U. nicht ausreichend geprüft[43], jedenfalls aber nicht handfest begründet wurde. Aber manches, was als intern kritisiert wurde, muss das nicht sein. So kann z.B. die Lohnverrechnung durchaus für viele Arbeitnehmer-Gläubiger ein nach außen erkennbarer Anhaltspunkt sein, wenn nämlich die Arbeitnehmer wussten, dass sie sich bei allfälligen Fragen nach München wenden mussten[44]. Aber das alles ist ohnedies irrelevant und nur so zu verstehen, dass die Gerichte bei der Begründung für die dt. Zuständigkeit betreffend österr. Gesellschaften „nachdoppeln" wollten und zahlreiche Kriterien auflisteten, die aber teilweise untauglich sind. In allen Entscheidungen wird betont, dass die operative Fortführung der österr. Gesellschaften eindeutig von Deutschland aus erfolgte, dass dort die Geschäftsführung mit der entsprechenden Organisation angesiedelt war, und darauf kommt es an. Den Insolvenzgerichten ist jedoch anzuraten, diese Umstände in der Begründung angemessen zu belegen, wollen sie ihre Eröffnungsentscheidungen aus der Kritik heraushalten.

B. Zwei Rechtsfragen der Zuständigkeitsprüfung

Vieles wurde nun zu den Kriterien für die internationale Zuständigkeit gesagt, interessante Judikatur liegt aber auch in Bezug auf die Zuständigkeitsprüfung vor. Auf zwei wesentliche Aspekte möchte ich in aller Kürze eingehen.

1. Bindung an die Eröffnungsentscheidung

Übereinstimmung besteht darüber, dass die Eröffnung eines Hauptinsolvenzverfahrens **für alle anderen Mitgliedstaaten bindend** ist[45]. Das ergibt Art. 16 Abs. 1 EuInsVO, nach dem die Verfahrenseröffnung automatisch anerkannt wird, und der 22. Erwägungsgrund, wo der Grundsatz gegenseitigen Vertrauens hervorgestrichen und erwähnt wird, dass die Entscheidung des zuerst eröffnenden Gerichts nicht nachgeprüft werden soll. Anderes gilt nur, wenn die ausländische Eröffnungsentscheidung wegen Verstoßes gegen den ordre public gem. Art. 26 EuInsVO

43 So *Kübler*, Gerhardt-FS 542; *Prütting* in *Konecny*, Insolvenz-Forum 2004, 172.

44 Pikant bei Hettlage ist allerdings, dass angeblich gerade die Lohnverrechnung in Österreich erfolgt sein soll, was ein bezeichnendes Licht auf die Qualität der Tatsachenfeststellungen in Eröffnungsentscheidungen werfen würde.

45 Siehe nur *Herchen*, International-insolvenzrechtliche Kompetenzkonflikte in der Europäischen Gemeinschaft, ZInsO 2004, 61 (insb. 63 f.); *Kübler*, Gerhardt-FS 558 f.; *Smid*, Internationales Insolvenzrecht Art. 16 Rz. 1 ff.; *Vogler*, Internationale Zuständigkeit 91ff., jeweils m.w.N. A.A. bloß *Mankowski*, EWiR 2003, 767; *ders.*, RIW 2004, 597 ff.

nicht anzuerkennen ist. Kann nun die Unzuständigkeit des Mitgliedstaats des Hauptverfahrens ein solcher Verstoß sein?

Dazu haben im Fall Stojevic das OLG Wien[46] und ihm folgend der OGH[47] klare und richtige Worte gesprochen. Ein Wiener Gericht hatte in Unkenntnis eines in England bezüglich des Herrn Stojevic eingeleiteten Hauptinsolvenzverfahrens in Österreich ein zweites Hauptinsolvenzverfahren eröffnet. In der Folge war u.a. strittig, ob die englische Eröffnungsentscheidung beachtlich sei, weil sie fast keine Zuständigkeitsbegründung enthielt. Richtig meint der OGH im Anschluss an die ausführliche E des OLG Wien und unter Bezug insb. auf den 22. Erwägungsgrund, dass **selbst die fälschliche Inanspruchnahme der internationalen Zuständigkeit keinen ordre public-Verstoß darstelle.** Umso weniger verhindere es die Anerkennung eines Hauptverfahrens, wenn bloß die Eröffnungsentscheidung mangelhaft begründet sei[48].

Bindend ist jedoch nach dem Wortlaut des Art. 16 Abs. 1 EuInsVO allein eine Eröffnungsentscheidung **auf Basis des Art. 3 Abs. 1 EuInsVO.** Wird sie gefällt, sollte man das klar zum Ausdruck bringen, wie das in Österreich das LG Linz macht. Dort ist jedem Eröffnungsedikt der Satz beigefügt: „Dieser Konkurs ist ein Hauptkonkurs gem. Art. 3 Abs. 1 EuInsVO."[49]. Allerdings setzt dieser Ausspruch voraus, dass ein grenzüberschreitender Umstand vorliegt, denn bei reinen Binnenfällen ist die EuInsVO ja nicht anzuwenden[50]. Weiters muss im Inland der Interessenmittelpunkt des Schuldners gegeben sein. Andernfalls ist die internationale Zuständigkeit nicht aus Art. 3 EuInsVO, sondern aus dem nationalen Recht (diesfalls § 63 KO) zu begründen. Gegen allfällige „Vorratsentscheidungen" wurde zu Recht Kritik geäußert[51].

2. Zum Begriff der Verfahrenseröffnung

Im Fall Parmalat/Eurofood kam es auch zu einem heftigen Konflikt über die Frage, wann ein Hauptinsolvenzverfahren als eröffnet anzusehen ist. Nachdem in Irland ein Insolvenzantrag gestellt worden war, erwirkte der Sonderverwalter von Parmalat, Dottore *Bondi*, in Italien ein Hauptinsolvenzverfahren. Der High Court Dublin eröffnete später seinerseits ein Hauptverfahren und machte geltend, dass unmittelbar nach dem irischen Eröffnungsantrag ein vorläufiger Verwalter bestellt wurde, was als Zeitpunkt der Verfahrenseröffnung zu werten sei. Jedenfalls aber wirke nach irischem Recht – wie nach englischem oder walisischem – die Eröffnung

---

46 OLG Wien 9.11.2004, 28 R 225/04w = ZIK 2005/28, 37 = NZI 2005, 56 (lobend *Paulus*).
47 Beschluss vom 17. März 2005, 8 Ob 135/04t = ZIK 2005/106, 103.
48 In diesem Sinn auch die h. L.: s. z. B. *Carstens*, Internationale Zuständigkeit 94; *Herchen*, ZInsO 2004, 65; *Smid*, Internationales Insolvenzrecht Art. 16 Rz. 35.
49 ZB LG Linz 12 S 68/05w, 12 S 69/05t, 38 S 35/05h oder 38 S 36/05f (nachzulesen in der Insolvenzdatei www.edikte.justiz.gv.at – zu ihr s. noch unten FN 70).
50 Siehe oben II. B.
51 Von *Vallender*, Die Voraussetzungen für die Einleitung eines Sekundärinsolvenzverfahrens nach der EuInsVO, in *Konecny*, Insolvenz-Forum 2004, 225 (228 f.).

auf den Antragszeitpunkt zurück, weshalb das irische Verfahren Vorrang vor dem italienischen habe. Der Supreme Court of Ireland legte dann diese Problematik dem EuGH zur Vorabentscheidung vor[52].

Die deutschsprachige Lehre hat sich m. E. zu Recht kritisch gegen die irische Ansicht geäußert, insb. auch eingewendet, dass der **Antragszeitpunkt** schon deshalb **keine Eröffnung i.S.d. EuInsVO** darstelle, weil da noch gar nicht klar sei, ob es überhaupt zum beantragten Insolvenzverfahren komme[53]. Gleiches gilt für die Anordnung von Sicherungsmaßnahmen. Kürzlich hat sich hingegen eine prominente dt. Stimme, nämlich die des Ministerialrats *Wimmer*, im Zusammenhang mit der dt. Stellungnahme zum Parmalat-Vorabentscheidungsverfahren dafür ausgesprochen, solche Sicherungsmaßnahmen als Eröffnung zu werten, mit denen dem Schuldner die Verfügungsbefugnis entzogen wird[54]. § 21 InsO kennt derartige Anordnungen.

Sollte sich beim EuGH die Ansicht durchsetzen, dass bestimmte Sicherungsmaßnahmen oder gar der Antragszeitpunkt als Eröffnung i.S.d. Art. 16 EuInsVO zu werten sind, dann hat **Deutschland einen erheblichen Startvorteil** z.B. gegenüber Österreich. Auch unser § 73 KO kennt ein breites Potpourri an Sicherungsmöglichkeiten bis hin zum vorläufigen Verwalter, doch macht die Praxis davon kaum jemals Gebrauch[55]. Allerdings sind bei einer „Eröffnung durch Sicherungsmaßnahmen" und besonders bei einer „Eröffnung durch Antragstellung" Probleme vorprogrammiert. Nicht jede Sicherungsanordnung kann als Verfahrenseröffnung gewertet werden. Damit besteht erhebliche Rechtsunsicherheit, weil die diversen Sicherungsmaßnahmen in den Insolvenzrechten der Mitgliedstaaten daraufhin bewertet werden müssten, ob sie einer echten Verfahrenseröffnung gleichwertig sind. Auch deshalb ist die Prioritätswirkung des Art. 16 Abs. 1 EuInsVO erst mit dem Moment gegeben, in dem ein Insolvenzverfahren tatsächlich eröffnet wird, was typischerweise ein zeitlich klar abgrenzbarer Moment ist. Damit sind auch Bestrebungen unterbunden, durch rasche Anordnung von Sicherungsmaßnahmen oder gar durch die bloße Antragstellung eine europaweite Sperre für Insolvenzverfahren auszulösen. Andernfalls zischt der berüchtigte verfahrensrechtliche „Torpedo" leicht auch durchs Insolvenzverfahrensmeer[56].

---

52 Supreme Court of Ireland 27.7.2004 – 147/04 = NZI 2004, 505 = ZInsO 2005, 159.
53 So *Eidenmüller*, NJW 2004, 3457; auf Koordinationsschwierigkeiten und die Gefahr von Doppeleröffnungen weist zutreffend *Herchen*, ZInsO 2004, 829 hin; ablehnend weiters *Herweg/Tschauner*, EWiR 2004, 599 (600).
54 *Wimmer*, ZInsO 2005, 126 f. Auch GA *Jacobs* spricht sich in seinen Schlussanträgen vom 27.9.2005, zur Zahl C-341/04, dafür aus, dass die bestellung eines „provisional liquidators" nach irischem Insolvenzrecht als Eröffnung i.S.d. Art 16 EuInsVO zu werten ist.
55 Eine der ganz raren Entscheidungen ist jüngst ergangen. In seinem Beschluss vom 4.5.2005, 8 Ob 129/04k = ZIK 2005/142, 132 erklärte es der OGH als unzulässig, gegen Dritte Veräußerungsverbote bzw. Herausgabeanordnungen zu erlassen, die sich auf vom Schuldner anfechtbar oder durch nichtiges Geschäft erworbene Sachen bezogen. Die Bestellung vorläufiger Verwalter ist in Österreich bislang weitgehend unüblich.
56 Diese Gefahr sieht auch *Mankowski*, RIW 2004, 597.

IV. EuInsVO – Phase III: Die Mühen der Ebene

A. Allgemeines

So viel zu den Rechtsproblemen im Zusammenhang mit der Zuständigkeit für Hauptinsolvenzverfahren. Wenngleich die Aufregung groß war und ist, sollte man sie nicht überbewerten. Bei unbestimmten Rechtsbegriffen kann es schon einmal zu einem rechtlichen „clash of civilizations“ kommen, und es ist wohl nicht zu befürchten, dass englische und italienische Gerichte ernsthaft einem schrankenlosen „Insolvenz-Imperialismus“ huldigen werden. Hier bestehen eben unterschiedliche Rechtsauffassungen, und es mag durchaus sein, dass der EuGH keine der im deutschsprachigen Raum herrschenden Ansichten teilt (die ja durchaus nicht einheitlich sind).

Ohne vergleichbare Aufmerksamkeit zu erregen ist die EuInsVO aber bereits in eine **dritte, weitaus schwierigere Anwendungsphase** eingetreten. Mittlerweile wurden zahlreiche Haupt- und Sekundärinsolvenzverfahren unter dem Regime der EuInsVO eröffnet, und ein Insolvenzverfahren ist nun einmal ein rechtlich sehr komplexes Zivilverfahren. Wir sind dementsprechend bereits mit einer Fülle an Rechtsfragen konfrontiert, und wir werden es in den kommenden Jahren sogar noch verstärkt sein. Dabei geht es durchwegs nicht um so spektakuläre Belange wie den Streit um den Mittelpunkt der hauptsächlichen Schuldnerinteressen. Die Zukunft der EuInsVO werden überwiegend zahllose kleinere Probleme sein, die mit erheblichem Aufwand abgearbeitet werden müssen. Daher habe ich den dritten Vortragsteil mit dem Titel „die Mühen der Ebene“ versehen.

Diese aktuelle Entwicklung soll anhand einiger Beispiele aus der Judikatur demonstriert werden, die übrigens ganz überwiegend den dt.-österr. Insolvenzverkehr betreffen. Sinn dieses Vortragsabschnitts ist es, Problembewusstsein zu wecken, weshalb die Fallschilderung im Vordergrund steht und nur knappe eigene Stellungnahmen erfolgen.

B. Internationale Zuständigkeit für Sekundärinsolvenzverfahren

1. Rechtsgrundlagen

Neben dem Interessenmittelpunkt kennt Art. 3 Abs. 2 EuInsVO die **Niederlassung** als zuständigkeitsbegründenden Anknüpfungspunkt, allerdings nur für **Sekundär- und Partikularinsolvenzverfahren.** Auch der Begriff der Niederlassung ist komplex und streitbeladen[57], doch enthält hierzu die EuInsVO immerhin im Art. 2

57 Vgl. nur *Burgstaller/Keppelmüller* in *Burgstaller*, Internationales Zivilverfahrensrecht (2003) Art. 2 EuInsVO Rz. 8 ff.; *Carstens*, Internationale Zuständigkeit 73 ff.; *Duursma-Kepplinger* in *Duursma-Kepplinger/Duursma/Chalupsky*, EuInsVO Art. 2 Rz. 20 ff.; *Kemper* in *Kübler/Prütting*, InsO. Art. 2 EuInsVO Rz. 17 ff.; *Vogler*, Internationale Zuständigkeit 147 ff., jeweils m.w.N.

lit. h eine Definition. Eine Niederlassung begründet jeder **Tätigkeitsort** des Schuldners, an dem er einer **wirtschaftlichen Aktivität** nachgeht, die **nicht von vorübergehender Dauer** ist und zudem eine Organisation verlangt, die durch den **Einsatz von Personal und Vermögenswerten** gekennzeichnet ist.

2. Einzelfragen des Niederlassungsbegriffs

a) **Schuldnerpersönlichkeit und Niederlassung:** Vom Tisch dürfte heute die früher geäußerte Idee sein, dass eine Konzerntochter eine Niederlassung der Mutter sei[58]. Im Erläuternden Bericht von *Virgós* und *Schmit*[59] ist klar gesagt, dass **bei jedem Schuldner mit eigener Rechtspersönlichkeit die Zuständigkeit nach der EuInsVO gesondert zu prüfen ist.** Die Praxis bei den Konzerninsolvenzen zeigt, dass das berücksichtigt wird und man die internationale Zuständigkeit bei Konzerntöchtern über Art. 3 Abs. 1 und nicht über Art. 3 Abs. 2 der EuInsVO bestimmt.

b) Das Vorliegen einer Niederlassung ist nach den **inhaltlichen Merkmalen** zu überprüfen, die in Art. 2 lit. h EuInsVO angeführt sind. Richtig hat das OLG Wien[60] betont, dass das Vorliegen einer solchen Niederlassung **nicht** voraussetzt, dass diese **im Firmenbuch eingetragen** ist.

c) In der Rechtsprechung ist hingegen noch zu klären, was unter der **„wirtschaftlichen Aktivität“** zu verstehen ist. Das OLG Wien hat im Fall Stojevic[61] nebenbei bemerkt, dass eine nach außen hin wahrnehmbare Aktivität vorliegen müsse und die bloße eigene Tätigkeit des Gemeinschuldners nicht ausreiche, um eine Niederlassung zu begründen. Ebenso unstrittig ist, dass reine Vermögensbelegenheit keine Niederlassung begründet[62].

d) **Unklar** ist aber, welches **Ausmaß** der Einsatz von Mitteln und Personal haben muss. Dazu trifft das OLG Wien[63] in Bezug auf das **Personal** eine klare Aussage und erklärt, dass schon ein „Einmann-Büro“ die rechtlichen Anforderungen erfüllt. Diese Meinung hat den Vorteil, dass sie das Eröffnungsverfahren nicht mit subtilen Prüfungen belastet, sondern handfeste Lösungen ermöglicht. In der Literatur dominiert allerdings eine differenzierende Sicht. So verlangt man einmal eine **länger dauernde** Tätigkeit, kurzfristige, u.U. gar nur einmalige Tätigkeiten, wie z.B. die Einrichtung eines Messestandes, begründen nach h.M. keine Niederlassung[64].

---

58 Vgl. dazu nur jüngst – und zu Recht ablehnend – *Carstens*, Internationale Zuständigkeit 77 f., 113 ff. m.N.; *Vallender* in *Konecny*, Insolvenz-Forum 2004, 230 f.
59 Siehe in *Stoll*, Vorschläge 61 Rz. 76.
60 ZIK 2005/27, 37 Ltd.
61 Siehe FN 46.
62 So ausdrücklich *Virgós/Schmit* in *Stoll*, Vorschläge 58 Rz. 70 in der Erläuterung des Niederlassungsbegriffs gem. Art. 2 lit. h EuInsVO.
63 ZIK 2005/27, 37 Ltd.
64 Vgl. etwa *Vogler*, Internationale Zuständigkeit 157 ff. m.w.N.

Diskutiert wird auch, ob eine bestimmte Intensität des Personaleinsatzes erforderlich ist. Z. B. verneint man das Vorliegen einer Niederlassung, wenn ein Handwerker mit gelegentlichen Reparaturen an einem Haus betraut wird[65]. Entscheidend ist hier wohl der Ausdruck „Personal", der i.S.v. **Arbeitnehmer des Schuldners** zu verstehen ist. Daher liegt eine Niederlassung vor, wenn – wie bei einem Salzburger Sekundärinsolvenzverfahren – in Österreich ein großes Bestandobjekt liegt, das von Deutschland aus verwaltet wird, wobei aber die Betreuung des Objekts den dauerhaften Einsatz von Arbeitskräften in Österreich erforderlich macht.

e) Neben Personal müssen **Vermögenswerte** vorhanden sein. Fraglich ist auch hier, ob gewisse **Untergrenzen** erreicht sein müssen. Vereinzelt wird vom Konkursgericht sogar eine Kosten-Nutzen-Analyse verlangt[66]. Hier ist Vorsicht angebracht. Zweck eines Sekundärinsolvenzverfahrens ist es nicht nur, den Gläubigern einen direkten Zugriff auf das im Inland liegende Vermögen zu eröffnen. Es hat auch die wichtige Funktion, **inländisches Insolvenzrecht zur Anwendung zu bringen**[67]. Das ist insb. hinsichtlich der Wirkung der Eröffnung eines Insolvenzverfahrens auf Vertragsverhältnisse sehr bedeutsam. So kann man sich z.B. bei Auslandsarbeitsverhältnissen große Probleme ersparen. Die bereitet Art. 10 EuInsVO, nach dem für im Ausland tätige Arbeitnehmer regelmäßig das Insolvenz-Arbeitsrecht des Beschäftigungsstaats gilt, das aber nicht mit dem Insolvenzrecht desjenigen Mitgliedstaats abgestimmt ist, in dem das Hauptinsolvenzverfahren eröffnet wurde[68]. Was etwa eine außerordentliche Beendigung von Dienstverhältnissen[69] anlangt, verlangt das österr. Insolvenz-Arbeitsrecht dafür in der einen Variante die öffentliche Bekanntmachung eines Schließungsbeschlusses in der Insolvenzdatei[70] bzgl. des Unternehmens bzw. des Unternehmensteils, in dem die betroffenen Arbeitnehmer tätig sind (§ 25 Abs. 1 Z. 2 lit. a KO). Das sehen das dt. Insolvenzrecht[71] und vermut-

---

65 Siehe nur *Vogler*, Internationale Zuständigkeit 154, 159 f. m.w.N.

66 *Höller*, Niederlassungen nach der EU-Insolvenz-Verordnung, ecolex 2002, 626 (628).

67 Auf die Sinnhaftigkeit eines Sekundärinsolvenzverfahrens bei großen Rechtsunterschieden weist der 19. Erwägungsgrund zur EuInsVO hin.

68 Diese „hausgemachte" Schwierigkeit bei der Anwendung von Art. 10 EuInsVO wird in den meisten Kommentaren nicht erkannt. Ausführlich zu den Problemen und Lösungsmöglichkeiten *Graf*, EU-Insolvenzverordnung und Arbeitsverhältnis, ZAS 2002, 173.

69 Siehe § 25 KO: Sie kann binnen Monatsfrist ab Eintritt des relevanten Ereignisses vorgenommen werden, wobei nur gesetzliche, kollektivvertragliche bzw. zulässigerweise vereinbarte kürzere Kündigungsfristen maßgeblich sind, nicht aber Kündigungstermine. Das 1997 eingeführte System verknüpft das Schicksal der Arbeitsverhältnisse mit dem des schuldnerischen Unternehmens: s. dazu *Konecny*, Beendigungsansprüche der Arbeitnehmer im Konkurs, ZIK 1997, 160 (160 ff.); *ders.*, Berichtstagsatzung und Lauf der Monatsfrist, ZIK 2005/236, 186 (187 ff.).

70 Seit 1.1.2000 erfolgen in Österreich sämtliche öffentliche Bekanntmachungen in Insolvenzverfahren ausschließlich durch Aufnahme der Schriftstücke und Beschlüsse in die Insolvenzdatei (§ 173 a KO). Sie ist eine Unterabteilung der Ediktsdatei, die seit Anfang 2005 endgültig die Gerichtstafel bzw. amtliche Zeitungen als Veröffentlichungsmedium verdrängt hat (s. § 115 ZPO). Einsicht nehmen kann man unter „www.edikte.justiz.gv.at".

71 Nach dem der Insolvenzverwalter bzw. der Arbeitnehmer jederzeit unter Einhaltung einer Kündigungsfrist von drei Monaten zum Monatsende das Dienstverhältnis auflösen können (§ 113 Abs. 1 InsO).

lich die meisten anderen Insolvenzrechte in der EU nicht vor. Daneben kann nach österr. Konkursrecht nur dann außerordentlich beendet werden, wenn in der Berichtstagsatzung das Konkursgericht keinen Beschluss auf einstweilen unbefristete Fortführung des Unternehmens fällt (§ 25 Abs. 1 Z. 2 lit. b KO), also keine Aussicht auf dauerhafte Erhaltung der Arbeitsplätze besteht. Selbst das in diesem Punkt relativ ähnliche dt. Insolvenzrecht enthält zwar einen Berichtstermin, aber keine unternehmensbezogene Entscheidung durch das Insolvenzgericht, sondern durch die Gläubigerversammlung (§ 157 InsO); anderen Insolvenzgesetzen wird ein Berichtstermin unbekannt sein. Die Unterschiede kann man zwar u.U. überbrücken, sie entstehen aber erst gar nicht, wenn neben einem Hauptinsolvenzverfahren im Beschäftigungsstaat ein Sekundärinsolvenzverfahren erwirkt wird, bei dem Insolvenzrecht und Arbeitsrecht harmonieren. Wegen dieser sinnvollen Funktion von Sekundärinsolvenzverfahren sollte man hinsichtlich des Niederlassungs-Kriteriums der Vermögenswerte **keine hohen Anforderungen stellen,** sondern es den **Kostendeckungsvorschriften** überlassen, ob es zu einem Verfahren kommt oder nicht. Daher hat man z.B. im Fall Aero Lloyd[72] sinnvoller Weise in Österreich ein Sekundärinsolvenzverfahren eröffnet, obwohl sich hier neben vielen Arbeitnehmern nur einige Computer als Vermögen befanden.

3. Sekundärinsolvenzverfahren im Staat des Interessenmittelpunkts?

Abschließend noch ein Spezialproblem des Niederlassungsbegriffs: Ein „Insolvenz-Imperialismus" zieht leicht als Reaktion Sekundärinsolvenzverfahren in denjenigen Mitgliedstaaten nach sich, wo die Schuldnergesellschaften hauptsächlich tätig waren. Dazu kam es etwa in den Fällen Daisytek/ISA, Hettlage und Zenith. Geht das aber überhaupt, wenn sich bei richtiger Sicht der wahre Interessenmittelpunkt des Schuldners im zweiten Mitgliedstaat befindet? Kann also ein **Interessenmittelpunkt als Niederlassung** i.S.d. Art. 3 Abs. 2 EuInsVO **sozusagen „abqualifiziert"** werden?

Das AG Köln bejahte das im Fall Automold[73], und dem ist zuzustimmen. Erstens erfüllen Umstände, die einen Interessenmittelpunkt begründen, in aller Regel die Anforderungen für eine Niederlassung. Zweitens können durch das Sekundärverfahren die Folgen einer unrichtigen Verlagerung des Hauptverfahrens ins Ausland gemildert werden. Drittens und vor allem ist ein anderer Zugang zu wählen. Nach dem 22. Erwägungsgrund soll bei Anwendung der EuInsVO der Grundsatz

---

72 Siehe LG Salzburg 23 S 12/04s: Gleich nach Eröffnung des Sekundärinsolvenzverfahrens am 26.1.2004 wurden mit Beschluss vom 30.1.2004 die Niederlassungen an den Standorten Flughafen Salzburg, Linz und Wien geschlossen und so die außerordentliche Beendigung der Dienstverhältnisse gem. § 25 Abs. 1 Z. 2 lit. a KO ermöglicht.

73 AG Köln 23.1.2004 – 71 IN 1/04 = ZIP 2004, 471 = NZI 2004, 151 = EWiR 2004, 601 (*Blenske*). Zustimmend etwa *Sabel*, NZI 2004, 127; *Vallender* in *Konecny*, Insolvenz-Forum 2004, 230. Nach *Mankowski*, RIW 2004, 597 würde damit jedoch „dem Begriff der Niederlassung ein Tort angetan". Seine Kritik basiert jedoch auf der unzutreffenden Ablehnung des ganz herrschend vertretenen Prioritätsprinzips (vgl. bei und in FN 45) und überzeugt daher nicht.

gegenseitigen Vertrauens herrschen, und ausdrücklich heißt es dort, dass die Entscheidung des zuerst eröffnenden Gerichts nicht nachzuprüfen ist. Daher hat man einfach ein ausländisches Hauptinsolvenzverfahren zu akzeptieren (bzw. es allenfalls im Erlassungsstaat mit Rechtsmitteln zu bekämpfen) und nicht herumzutüfteln, wo der wahre Interessenmittelpunkt ist. Im Staat, in dem ein Sekundärinsolvenzverfahren beantragt wurde, hat man sich auf die Prüfung zu beschränken, ob eine Niederlassung gegeben ist, und die wird durchwegs erfolgreich ausfallen.

C. Rekurslegitimation von Hauptinsolvenzverwaltern in ausländischen Verfahren

Ein anderer Rechtsbereich, der in der Praxis längst aktuell ist, von dem man aber wenige Erfahrungswerte hat, betrifft die Mitwirkungsrechte von Hauptinsolvenzverwaltern in ausländischen Insolvenzverfahren. Pathologisch ist die Lage, wenn es um **nachträglich eröffnete weitere Hauptinsolvenzverfahren** geht, sofern das nicht ausnahmsweise zurecht geschieht, weil die Eröffnung des ersten Verfahrens wegen Verstoßes gegen den Ordre Public gem. Art. 26 EuInsVO nicht anerkannt wurde; dann kommen dem Verwalter dieses Insolvenzverfahrens im zweiten Mitgliedstaat keine Befugnisse zu. Was aber, wenn irrtümlich ein zweites Hauptinsolvenzverfahren eröffnet wird? Dazu haben das OLG Wien und der OGH im Fall Stojevic[74] im Zusammenhang mit einem Ausscheidungsbeschluss gem. § 119 Abs. 5 KO Stellung genommen. Konkreter Streitpunkt war, dass das HG Wien wie erwähnt in Unkenntnis eines englischen Hauptinsolvenzverfahrens ein Konkursverfahren einleitete und in diesem der Masseverwalter beantragte, eine zweifelhafte Forderung gegen eine tschechische Bank in Höhe von mehreren Hundert Mio € dem Gemeinschuldner zur freien Verfügung zu überlassen. Dagegen erhob die englische Insolvenzverwalterin Rekurs, den beide Gerichte für zulässig erklärten, wobei das OLG Wien (und darauf verweisend der OGH) u.a. Art. 18 EuInsVO als Rechtsgrundlage heranzogen. Dem ist zuzustimmen. Ist nämlich das erste Hauptinsolvenzverfahren anzuerkennen, dann gehört zu den dem Verwalter umfassend eingeräumten Befugnissen auch die, ein unzulässiges zweites Hauptinsolvenzverfahren zu bekämpfen bzw. Maßnahmen zu ergreifen, die die Abwicklung seines vorrangigen Verfahrens beeinträchtigen[75].

Leichter zu beurteilen sind die Befugnisse eines Hauptinsolvenzverwalters in **Sekundärverfahren.** Gem. Art. 31 EuInsVO sind dort die beiden Verwalter zur Kooperation verpflichtet. Die Art. 32 ff. EuInsVO enthalten dann einige grundsätzliche Befugnisse des Hauptinsolvenzverwalters. So kann er etwa gem. Art. 33 Abs. 1

---

74 Siehe FN 46 f.

75 Dagegen spricht übrigens nicht, dass Art. 18 Abs. 1 EuInsVO dem Verwalter nur so lange Befugnisse einräumt, als nicht in einem andern Mitgliedstaat ein weiteres Insolvenzverfahren eröffnet wurde – damit ist schon im Hinblick auf Art. 3 Abs. 3 EuInsVO ein Sekundärinsolvenzverfahren gemeint, nicht ein unzulässiges zweites Hauptinsolvenzverfahren.

EuInsVO Verwertungen im Sekundärverfahren stoppen. Damit kommt ihm nach der EuInsVO **Beteiligtenstellung im Verwertungsverfahren** zu, weshalb er legitimiert wäre, Entscheidungen in diesem Zusammenhang mit Rechtsmitteln zu bekämpfen[76].

D. Massezugehörigkeit und Freigabe von ausländischem Vermögen

Unsicherheiten über die internationalen Wirkungen eines Insolvenzverfahrens lässt die – im Übrigen trefflich gelungene – Entscheidung des OLG Wien im Fall Stojevic[77] erkennen. Dort hatte wie schon erwähnt der österr. Masseverwalter beantragt, eine dubiose Forderung gegen eine tschechische Bank gem. § 119 Abs. 5 KO aus der Konkursmasse freizugeben. Das OLG Wien führte richtig aus, dass Forderungen sich örtlich nach dem Schuldner richten, also hier nach der tschechischen Bank, dass das zuerst eröffnete englische Hauptinsolvenzverfahren die Forderung mit erfasse, weil es auch Auslandsvermögen einbezieht, und dass unter Beachtung des englischen Verfahrens sich das österr. Konkursverfahren nicht auf im Ausland belegenes Vermögen erstrecke. Damit war zu erwarten, dass der **Ausscheidungsantrag** mit der schlichten Begründung **abgewiesen** wird, dass die Forderung, die der Masseverwalter nicht mehr in der Konkursmasse haben wollte, nicht ausgeschieden werden kann, weil sie ohnedies gar nicht zur Konkursmasse gehört. Das OLG Wien bestätigte jedoch den Freigabebeschluss des Erstgerichts mit der Einschränkung dahin, dass die Forderung „vorbehaltlich der sich aus dem englischen Verfahren ergebenden Verfügungsbeschränkungen" dem Gemeinschuldner überlassen werde. Diese Einschränkung ist irrelevant, weil ein österr. Konkursgericht an einer Verfügungsbeschränkung, die ein ausländisches Hauptinsolvenzverfahren bewirkt hat, ohnedies nichts mehr ändern kann. Richtig hat daher der OGH[78] mittlerweile den Antrag des Masseverwalters abgewiesen.

---

76 Damit z.B. in einem österr. Konkurs einen Beschluss auf Freigabe von Massegegenständen, die systematisch zur Masseverwertung gehört, weil der einschlägige § 119 Abs. 5 KO im Abschnitt betreffend die Verfügungen über das Massevermögen und Rechnungslegung steht (§§ 114 bis 123 KO).

77 Siehe FN 46.

78 Siehe FN 47.

E. Wirkung von Insolvenz(eröffnungs)verfahren auf Prozesse

Zur Wirkung von Insolvenzverfahren auf Prozesse in anderen Mitgliedstaaten gibt es drei aktuelle Entscheidungen:

1. Eröffnung eines Insolvenzverfahrens und laufender Prozess

Der ersten Entscheidung[79] lag der Sachverhalt zugrunde, dass während eines Leistungsprozesses in Österreich über den dt. Beklagten ein Insolvenzverfahren eröffnet wurde. Das Erstgericht wies daraufhin die Klage gem. § 221 KO zurück, weil nunmehr für den Prozess das dt. Insolvenzgericht zuständig sei. Das war grob unrichtig, weil allenfalls § 231 statt § 221 KO einschlägig wäre[80], aber ohnedies Art. 15 EuInsVO vorrangig berücksichtigt werden musste und beide Regelungen vorsehen, dass das Recht des Prozessstaates entscheidet, welche Wirkungen ausländische Insolvenzverfahren auf laufende Inlandsprozesse über einen Gegenstand oder ein Recht der Masse haben. Nach österr. Recht führt aber die Insolvenzeröffnung zur Unterbrechung eines Prozesses bezüglich einer Insolvenzforderung mit Prozessfortsetzung nach deren Anmeldung und Bestreitung (§ 7 KO). Richtig beseitigte daher das Rekursgericht den Zurückweisungsbeschluss und trug dem Erstgericht die Prozessfortsetzung auf.

Im Revisionsrekurs machte dann der dt. Insolvenzverwalter geltend, dass Art. 15 EuInsVO den Fall gar nicht erfasse, weil es sich beim vorliegenden Prozess über eine einfache Insolvenz-Forderung nicht um einen „Rechtsstreit über einen Gegenstand oder ein Recht der Masse“ handle. Der OGH missverstand dann wohl den dt. Verwalter, wenn er ausführt, dass nicht nur Prozesse über Masseforderungen, sondern auch über einfache Insolvenzforderungen dem Art. 15 EuInsVO unterliegen. Der dt. Verwalter meinte hingegen vermutlich, dass nur Verfahren über Aktiva der Konkursmasse (arg. „Gegenstand oder Recht“) geregelt seien. Im Ergebnis ist dem OGH aber uneingeschränkt zuzustimmen. Der etwas unklar formulierte Art. 15 EuInsVO erfasst nach h.M. **alle Rechtsstreitigkeiten mit Bezug auf die Masse,** also nicht nur Aktivverfahren, sondern **auch Passivverfahren**[81], insb. die häufigen Verfahren zwecks Feststellung der einfachen Insolvenzforderungen, daneben auch Prozesse über Masse-, Aus- und Absonderungsrechte.

2. Anordnung von Sicherungsmaßnahmen und laufender Prozess

Komplizierter ist die zweite vom OGH behandelte Rechtsfrage, bei der die **Wirkung von Sicherungsmaßnahmen** in einem ausländischen Eröffnungsverfahren **auf Inlandsprozesse** zu beurteilen war[82]. Im Zug eines österr. Prozesses wurde bezüg-

---

79 Siehe OGH 17.3.2005, 8 Ob 131/04d = ZIK 2005/146, 136.

80 § 221 KO entspricht fast wörtlich dem Art. 4 der EuInsVO, § 231 KO dem Art. 15 EuInsVO.

81 Siehe nur *Kemper* in *Kübler/Prütting*, InsO Art. 15 EuInsVO Rz. 4 m.w.N.

82 Siehe OGH 23.2.2005, 9 Ob 135/04z = ZIK 2005/93, 94 = AnwBl 2005, 348 (zustimmend *Duursma-Kepplinger*).

lich der dt. Klägerin ein Insolvenzeröffnungsverfahren eingeleitet und ein vorläufiger Verwalter bestellt. Das AG Kaiserslautern verhängte über die Klägerin ein Verfügungsverbot betreffend Außenstände und übertrug die Verfügungsbefugnis dem Verwalter. Das österr. Prozessgericht zweiter Instanz maß diesem Vorgang keine Bedeutung zu, wobei es einen Vergleich mit der Eröffnung eines Ausgleichsverfahrens zog, bei dem der Schuldner die Eigenverwaltung behält und das daher nicht zur Prozessunterbrechung führt. Der OGH stellte hingegen die Parteienbezeichnung auf den vorläufigen Verwalter um, vernichtete das Berufungsverfahren und trug dem Berufungsgericht die neuerliche Verhandlung unter Beiziehung des Verwalters auf.

Dabei hatte der OGH zwei schwierige Fragen zu beantworten. Die erste erörterte er nicht näher und ging davon aus, dass nicht nur im Ausland eröffnete Insolvenzverfahren, sondern bereits **vorgelagerte Sicherungsmaßnahmen zur Anwendung des Art. 15 EuInsVO** führen können. Dem ist zu folgen, wie sich aus Art. 25 Abs. 1 dritter Unterabsatz EuInsVO ableiten lässt, nach dem auch Sicherungsmaßnahmen anerkannt und vollstreckt werden[83]. In weiter Auslegung von Art. 15 EuInsVO können daher auch „Vorwirkungen" von Insolvenzverfahren für laufende Prozesse Konsequenzen haben.

Dann stellte sich das Problem, dass es im österr. Verfahrensrecht keine Regeln für die prozessualen Folgen einer Verfügungsbeschränkung im Eröffnungsverfahren gibt. Der OGH nahm eine „zweckorientierte Anpassung von dt. materiellem Insolvenzrecht und österr. Prozessrecht" vor und ging davon aus, dass die **Bestellung des vorläufigen Verwalters** wie eine österr. Konkurseröffnung eine **Prozessunterbrechung samt Übergang der Prozessführungsbefugnis** auf den Verwalter nach sich gezogen hat. Das ist konsequent, denn die Entziehung der Verfügungsbefugnis bezüglich des eingeklagten Anspruchs führte bei der dt. Klägerin eingeschränkt zum Verlust der Prozessfähigkeit, wie sie eine Konkurseröffnung umfassend bewirkt. Dann ist es nahe liegend, die Regeln der §§ 6 und 7 KO betreffend die Wirkung der Konkurseröffnung auf Rechtsstreitigkeiten anzuwenden, nicht die Bestimmungen für Ausgleichsverfahren, bei denen der Schuldner die Eigenverwaltung unter Aufsicht eines Ausgleichsverwalters ausübt[84].

3. Eröffnung eines Insolvenzverfahrens und nachträgliches EuGH-Verfahren

Unproblematisch ist die Rechtslage, wenn ein Prozess erst nach der Eröffnung eines Hauptinsolvenzverfahrens in einem anderen Staat eingeleitet wird. Dann ist Art. 4 Abs. 2 lit. f EuInsVO einschlägig, es entscheidet also die lex fori concursus über die Folgen. Bei Prozessen über einfache Insolvenzforderungen wird meist eine Sperre eingreifen. Was gilt jedoch, wenn es sich um ein Verfahren vor dem EuGH handelt?

---

83 Ebenso *Duursma-Kepplinger*, AnwBl 2005, 349.
84 Auch *Duursma-Kepplinger*, AnwBl 2005, 350 stimmt der Vorgehensweise des OGH zu.

Diese Konstellation trat im Fall Kommission/AMI Semiconductor Belgium BVBA ein. In einem Verfahren vor dem Gericht erster Instanz begehrte die Kommission von mehreren Gesellschaften Beträge zurück, die sie ihnen zwecks finanzieller Unterstützung für die Durchführung eines – zwischenzeitig gescheiterten – Projekts zur Verfügung gestellt hatte. U.a. betreffend eine dt. und eine österr. Gesellschaft waren jedoch zum Zeitpunkt der Klagseinbringung Insolvenzverfahren bereits eröffnet. Der EuGH[85] **wendete auch auf dieses Verfahren die EuInsVO an** und lehnte die von der Kommission geforderte Sonderbehandlung ab[86]. Es hätten dann nämlich die Gemeinschaftsorgane einen nicht zu rechtfertigenden Vorteil gegenüber anderen Gläubigern, wenn es ihnen möglich wäre, ihre Forderungen in Verfahren vor den Gemeinschaftsgerichten geltend zu machen, während eine Rechtsverfolgung vor den nationalen Gerichten nicht möglich ist. Auch die hilfsweisen Anträge der Kommission, ihre Klage als auf Feststellung der Begründetheit ihrer Forderungen zu verstehen, erklärte der EuGH für offensichtlich unzulässig. Das begründete er u.a. damit, dass das laufende Verfahren auf die Kommission und deren Vertragspartner beschränkt sei, während Feststellungsverfahren aus Anlass von Insolvenzen auch die übrigen Gläubiger des Schuldners involvieren würden.

Diese Entscheidung ist zu begrüßen. Der EuGH hat beispielhaft **wesentlichen Prinzipien der EuInsVO Rechnung getragen,** nämlich der **Universalität** und der **Gläubigergleichbehandlung**[87]. Etwas genauer wäre allerdings auf einige Detailfragen einzugehen gewesen. So gehören auch die vor dem EuGH stattfindenden Verfahren zu den „Rechtsverfolgungsmaßnahmen einzelner Gläubiger" i.S.d. Art. 4 Abs. 2 lit. f bzw. zu den in Mitgliedstaaten anhängigen Rechtsstreiten i.S.d. Art. 15 EuInsVO, die durch die Eröffnung eines Insolvenzverfahrens betroffen sein können. Dass insb. die letztgenannte Bestimmung vom Wortlaut her nicht leicht auf EuGH-Verfahren passt, schadet nicht, weil an diese bei Schaffung der EuInsVO wohl schlicht nicht gedacht wurde und es keine Gründe für eine Sonderbehandlung gibt[88]. Genauer zu prüfen war, ob das maßgebliche Insolvenzrecht überhaupt eine Sperre für Verfahren wie das von der Kommission angestrengte vorsieht. So ordnet z.B. § 6 KO eine Sperre nur für Zivilgerichtsverfahren an, nicht für Verwaltungsverfahren u. dgl. Richtig hat aber *Sima*[89] dargelegt, dass hier im Einzelfall eine Lösung anhand der Art der beim EuGH geltend gemachten Forderung zu finden sei. Angesichts des privatrechtlichen Charakters des Streitfalls ist mit dem EuGH von einer Verfahrenssperre auszugehen.

---

85 Urteil vom 17.3.2005, C 294/02 = ZIK 2005/143, 134.

86 In diesem Sinn bereits ausführlich *Sima*, EuGH-Verfahren in Vermögensstreitigkeiten während des Konkurses einer Partei, ZIK 2005/4, 12.

87 Vgl. dazu schon *Sima*, ZIK 2005/4, 13 ff.

88 Näher *Sima*, ZIK 2005/4, 13.

89 ZIK 2005/4, 16.

F. Zustellungsbevollmächtigter für Gläubiger aus EU-Mitgliedstaaten

Abschließend noch zu einer praktisch recht wichtigen Frage, nämlich der, ob man **allen ausländischen Konkursgläubigern,** also auch den **in einem EU-Mitgliedstaat wohnenden,** auftragen kann, einen Zustellungsbevollmächtigten zu bestellen (wie das für österr. Konkursverfahren der § 104 Abs. 3 KO anordnet). Das bejahte das OLG Wien[90], wobei es darauf verwies, dass Ähnliches z.B. auch die Verfahrensordnung des EuGH vorsieht. Diese Ansicht erleichtert die Probleme, die sich andernfalls im Hinblick auf u.U. zahlreiche Auslandszustellungen ergeben würden.

V. Schlussbemerkung

Damit bin ich am Ende des Vortrags. Hoffentlich konnte ich Ihnen den Eindruck vermitteln, dass wir insolvenzrechtlich in einer ganz neuen und rechtlich spannenden Zeit leben. 2002 und 2003 erfolgte in Bezug auf grenzüberschreitende Insolvenzfälle eine völlige Neuorientierung, **Öffnung statt Abschottung ist die Devise!** Ein bislang weitgehend toter Rechtsbereich, das internationale Insolvenzrecht, erwachte damit zum Leben, jedenfalls soweit es die EuInsVO betrifft. Betrachtet man bei ihr die ersten Entwicklungen in Praxis und Theorie, dann kann man nach einem ruhigen Anfang und einer ersten großen Aufregung nunmehr eine Hinwendung zum sachlichen Abarbeiten der zahlreichen Rechtsfragen erkennen, die uns die EuInsVO bringt. Kein Zweifel, es gibt grundlegende Auffassungsunterschiede und manche bedenkliche Entscheidung. Die erste Generation der Rechtsfragen zur EuInsVO sollte aber nicht prägend für ihre Aufnahme sein, man darf nicht immer nur die neu aufgetauchten Probleme sehen. Vielmehr sollte man die EuInsVO wie das internationale Insolvenzrecht insgesamt als faszinierende Herausforderung für Praxis wie Theorie auffassen.

---

90 Beschluss vom 14.10.2004, 28 R 213/04f. = ZIK 2005/23, 33. (Ebenso OGH 28.7.2004, 7 Ob 135/04k im Zusammenhang mit einem Nachlassverfahren.)

Die Europäische Insolvenzverordnung aus schwedischer Sicht

Katrin Lindenberg

Vor gut drei Jahren, am 31. Mai 2002, ist die Verordnung (EG) Nr. 1346/2000 des Rates vom 29. Mai 2000 über Insolvenzverfahren (Europäische Insolvenzverordnung, EuInsVO)[1] in Kraft getreten. Wegen der langen Verhandlungsdauer und ihrer Bedeutung für die Handhabung grenzüberschreitender Insolvenzverfahren ist sie seit längerem Gegenstand wissenschaftlicher Ausarbeitungen. Während sich die Wissenschaft anfangs auf die allgemeine Darstellung der Verordnung[2] und ihre Umsetzung durch den Gesetzgeber[3] konzentrierte, stehen mittlerweile die in der Praxis zutage getretenen Anwendungsprobleme[4], wie die internationale Zuständigkeit und die Koordination von Haupt- und Sekundärinsolvenzverfahren, im Mittelpunkt des Interesses. Obwohl das Verständnis ausländischer Rechtsordnungen Voraussetzung für das von der Verordnung vorausgesetzte gegenseitige Vertrauen ist, wurden die Auswirkungen der Europäischen Insolvenzverordnung auf das Recht anderer Mitgliedsstaaten bisher kaum wissenschaftlich erforscht. Der nachfolgende Beitrag führt aus schwedischer Sicht in die Thematik der Europäischen Insolvenzverordnung ein. Nach einer kurzen Darstellung der Grundlagen des schwedischen Insolvenzrechts (A.) wird die Europäische Insolvenzverordnung aus dem Blickwinkel des schwedischen Rechts betrachtet (B.). Der Beitrag kann nicht mehr als eine Einführung sein. Eine eingehende Ausarbeitung würde den Rahmen sprengen und bleibt der weiteren Forschung vorbehalten.

A. Grundlagen des schwedischen Insolvenzrechts

Im Unterschied zum deutschen Recht kennt das schwedische Recht keine umfassenden Kodifikationen. Stattdessen ist das Recht in zahlreichen Einzelgesetzen[5] normiert, das Insolvenzrecht hauptsächlich im Konkursgesetz *(konkurslag)*[6], dem Gesetz

---

1 ABl. EG Nr. L 160 vom 30.06.2000, S. 1–18, im Internet auch auf Schwedisch abrufbar unter www.eiropa.eu.int.

2 *Paulus,* in: ZIP 2002, 729–737; *Kemper,* in: ZIP 2001, 1609–1621; *Balz,* in: ZIP 1996, 948–955.

3 *Pannen/Riedemann,* in: NZI 2004, 301–305.

4 *Smid,* in: DZWIR 2003, 397–404; *Smid,* in: DZWIR 2004, 397–411; *Duursma/Duursma-Kepplinger,* in: DZWIR 2003, 447–452; *Pannen/Riedemann,* in: NZI 2004, 646–651; *Herchen,* in: ZInsO 2004, 825–831.

5 Die schwedischen Gesetze sind im Internet auf Schwedisch zugänglich unter www.riksdagen.se/debatt/lagar_forordningar.asp

6 Konkurslag (SFS 1987:672) vom 11.06.1987, in Kraft getreten am 01.01.1988, i.d.F. vom 01.07.2004.

über Unternehmensrekonstruktion *(lag om företagsrekonstruktion)*[7] und dem Schuldsanierungsgesetz *(skuldsaneringslag)*[8]. Entsprechend dieser gesetzgeberischen Differenzierung unterscheidet das schwedische Insolvenzrecht zwischen drei Verfahrensarten: Konkurs, Schuldsanierung und Unternehmensrekonstruktion.

Das Konkursverfahren ist das Regelinsolvenzverfahren. Es lässt sich sowohl auf juristische als auch auf natürliche Personen anwenden[9]. Sämtliche Aktiva des Schuldners werden auf die Konkursmasse *(konkursbo)* übertragen, die im Unterschied zum deutschen Recht ein besonderes Rechtssubjekt mit eigenen Rechten und Pflichten darstellt[10]. Verwaltet und vertreten wird die Konkursmasse durch den Konkursverwalter *(konkursförvaltare)*, der die Vermögensgegenstände des Schuldners ermittelt und aufstellt und die Aktiva veräußert. Verbleibt nach Abzug der Kosten ein Überschuss, verteilt der Verwalter ihn unter den Gläubigern. Nach Abschluss des Konkursverfahrens werden juristische Personen grundsätzlich aufgelöst, während natürliche Personen von ihren Restschulden nicht befreit werden.

Zu einer Restschuldbefreiung für natürliche Personen führt ein Verfahren nach dem Schuldsanierungsgesetz. Es handelt sich im Unterschied zu den Rechtsordnungen der meisten anderen europäischen Länder um ein freistehendes Rechtsinstitut, das kein Konkursverfahren voraussetzt[11]. Ein Schuldsanierungsverfahren kann in Frage kommen, wenn der Schuldner zahlungsunfähig ist und anzunehmen ist, dass er nicht in der Lage ist, seine Schulden in absehbarer Zeit zu begleichen (§ 4 Nr. 1 Schuldsanierungsgesetz) und falls es mit Rücksicht auf seine persönlichen und wirtschaftliche Verhältnisse angemessen erscheint, dem Schuldner Restschuldbefreiung zu gewähren (§ 4 Nr. 2 Schuldsanierungsgesetz). Das Verfahren fällt – anders als das Konkurs- und Unternehmensrekonstruktionsverfahren – nicht in den Anwendungsbereich der Europäischen Insolvenzverordnung (vgl. Anhang C zur Verordnung).

Eine Unternehmensrekonstruktion kann in Frage kommen, wenn Grund zu der Annahme besteht, dass das zahlungsunfähige Unternehmen nach der Rekonstruktion seine Tätigkeit mit gesteigerter Rentabilität fortsetzen kann. Das Verfahren bietet dem Unternehmen die Möglichkeit, innerhalb einer eingeräumten Frist ohne Gefahr von Zwangsvollstreckungsmaßnahmen seitens der Gläubiger seine wirtschaftliche Lage zu bereinigen[12]. Eine erfolgreiche Unternehmensrekonstruktion

---

7 Lag (SFS 1996:764) om företagsrekonstruktion vom 13.06.1996, in Kraft getreten am 01.09.1996, i.d.F. vom 01.01.2004.

8 Skuldsaneringslag (SFS 1994:334) vom 19.05.1994, in Kraft getreten am 01.07.1994, i.d.F. vom 01.12.1997.

9 MünchKomm-*Csatho*, InsO, Bd. III, 2003, Länderbericht Schweden, Rn. 2; *Boye*, in: RIW 1992, 271 (271); *Hallberg/Jungmann*, in: RIW 2001, 337 (337).

10 MünchKomm-*Csatho*, InsO, Bd. III, 2003, Länderbericht Schweden, Rn. 2; *Herrmann*, in: Jahn/Sahm, Insolvenzen in Europa, 2004, 427 (436); *Hallberg/Jungmann*, in: RIW 2001, 337 (339); *Elwing*, in: Norstedts juridiska handbok, 2001, 969 (977, 979).

11 *Bogdan*, in: ZEuP 1995, 617 (617); *Bogdan*, Sveriges och EU:s internationella insolvensrätt, 1997, S. 127.

12 MünchKomm-*Csatho*, InsO, Bd. III, 2003, Länderbericht Schweden, Rn. 4.

führt meistens zu einem Vergleich, wonach das Unternehmen nicht liquidiert wird, sondern seinen Betrieb weiterführt[13].

B. Die Europäische Insolvenzverordnung aus dem Blickwinkel des schwedischen Rechts

Das schwedische Internationale Insolvenzrecht besteht hauptsächlich aus drei parallelen Regelungssystemen: der Europäischen Insolvenzverordnung, die im Verhältnis zu den Mitgliedsstaaten der Europäischen Union, ausgenommen Dänemark, gilt, dem Nordischen Konkursübereinkommen, das im Verhältnis zu Dänemark, Island und Norwegen Anwendung findet, und den überwiegend in der Rechtsprechung und Literatur entwickelten, nicht gesetzlich normierten Vorschriften des autonomen Internationalen Insolvenzrechts[14]. Im Folgenden wird zunächst das geplante Ausführungsgesetz zur Europäischen Insolvenzverordnung dargestellt (I.), um sodann einzelne Themenkreise der Verordnung in ihrem Zusammenspiel mit dem Nordischen Konkursübereinkommen und dem autonomen Recht zu behandeln (II.–IV.).

I. Ausführungsgesetz zur Europäischen Insolvenzverordnung

Im Unterschied zum deutschen Gesetzgeber hat der schwedische Gesetzgeber bisher keine Ausführungsbestimmungen zur Europäischen Insolvenzverordnung erlassen. Im Auftrag des schwedischen Justizministeriums hat Herr Mikael Mellqvist, Richter am Svea Hovrätt und Vertreter Schwedens bei den Verhandlungen zur Europäischen Insolvenzverordnung, ein 358 Seiten umfassendes Gutachten[15] vorgelegt, worin er im Wesentlichen vorschlägt, ein besonderes Ausführungsgesetz zu erlassen und im übrigen kleinere Gesetzesänderungen vorzunehmen. Das vorgeschlagene Ausführungsgesetz ist deutlich knapper als die deutschen Ausführungsbestimmungen in Art. 102 §§ 1–11 EGInsO. Sie sehen vor, dass der Antragsteller in seinem Antrag auf Eröffnung des Konkursverfahren oder des Unternehmensrekonstruktionsverfahrens angibt, in welchem Staat der Schuldner den Mittelpunkt seiner hauptsächlichen Interessen hat und, wenn sich der Interessenmittelpunkt nicht in Schweden befindet, ob der Schuldner in Schweden eine Niederlassung betreibt (§ 2 Abs. 1). Weiter soll das Gericht im Eröffnungsbeschluss abgeben, ob es seine Zuständigkeit auf den Interessenmittelpunkt oder eine schwedische Niederlassung des Schuldners stützt (§ 2 Abs. 2). Schließlich enthält der Vorschlag Vorschriften über den Inhalt der öffentlichen Bekanntmachung und die Registereintra-

---

13 MünchKomm-*Csatho,* InsO, Bd. III, 2003, Länderbericht Schweden, Rn. 4.
14 *Bogdan,* Svensk internationell privat- och processrätt, 2004, S. 329.
15 Departementsserien (Ds) Ds 2002:59 Europeisk insolvens, zugänglich über die Homepage der schwedischen Regierung, www.regeringen.se.

gung (§§ 3, 4). Dagegen ist insbesondere keine Norm vorgesehen, die, ähnlich wie Art. 102 § 3 EGInsO, die Handhabung positiver und negativer Kompetenzkonflikte regelt. Deshalb ist es Aufgabe der Rechtsprechung, geeignete Instrumentarien zur Handhabung solcher Fälle zu entwickeln. Entscheidungen schwedischer Gerichte zur Europäischen Insolvenzverordnung sind jedoch bisher, soweit ersichtlich, nicht veröffentlicht.

II. Internationale Zuständigkeit

Eines der bedeutendsten, die Gerichte der Mitgliedsstaaten bisher am häufigsten beschäftigenden[16] Themenkreise ist die internationale Zuständigkeit. Diesbezüglich unterscheidet die Europäische Insolvenzverordnung zwei Arten von Insolvenzverfahren, Hauptinsolvenzverfahren (1.) und territorial beschränkte Verfahren (Sekundär- und Partikularverfahren, 2.).

1. Hauptinsolvenzverfahren

Für die Eröffnung eines Hauptinsolvenzverfahrens ist nach Art. 3 Abs. 1 EuInsVO der Mittelpunkt der hauptsächlichen Interessen des Schuldners ausschlaggebend. Ein solches Verfahren erfasst, ebenso wie das im schwedischen autonomen internationalen Insolvenzrecht als Domizilverfahren *(domicilkonkurs)* bezeichnete Insolvenzverfahren sämtliche Vermögensgegenstände des Schuldners, seien sie im In- oder im Ausland belegen[17]. International zuständig für die Eröffnung eines Domizilverfahrens nach schwedischem Recht sind grundsätzlich die Gerichte am Wohnsitz des Schuldners. Da die Europäische Insolvenzverordnung in Art. 3 Abs. 1 S. 2 vermutet, dass der Mittelpunkt der hauptsächlichen Interessen einer schuldnerischen Gesellschaft oder juristischen Person am Ort ihres satzungsmäßigen Sitzes liegt, sind in dieser Hinsicht mit dem Inkrafttreten der Verordnung keine nennenswerten Rechtsänderungen verbunden. Dies gilt auch im Vergleich zum früheren Anwendungsbereich des Nordischen Konkursübereinkommens, denn dieses enthält keine Regelung über die internationale Zuständigkeit. Nennenswerte Rechtsänderungen sind auch in Bezug auf natürliche Personen nicht festzustellen. Generell wird der Mittelpunkt ihrer hauptsächlichen Interessen am Wohnsitz liegen[18].

---

16 Siehe z.B. High Court of Leeds, Beschl. v. 16.5.2003 – No 861-876/03, NZI 2004, 219–222; AG Düsseldorf, Beschl. v. 6.6.2003 – 502 IN 126/03, ZIP 2003, 1363; AG Düsseldorf, Beschl. v. 12.3.2004, – 502 IN 126/03, ZIP 2004, 623 (Daisytek).

17 *Mellqvist,* EU:s insolvensförordning m. m., 2002, S. 31; *Bogdan,* in: SvJT 1980, 321 (332) zum schwedischen Recht und *Smid,* Deutsches und Europäisches Internationales Insolvenzrecht, 2004, Art. 3 EuInsVO, Rn. 6, zur Europäischen Insolvenzverordnung.

18 *Virgos/Schmit,* Erläuternder Bericht, in: Stoll, Vorschläge und Gutachten zur Umsetzung des EU-Übereinkommens über Insolvenzverfahren im deutschen Recht, S. 60, Nr. 75 Abs. 4.

2. Territorial beschränkte Insolvenzverfahren

Wie die Europäische Insolvenzverordnung mit den Sekundär- und Partikularinsolvenzverfahren kennt auch das autonome schwedische Recht Insolvenzverfahren, deren Wirkung auf das Recht der Verfahrenseröffnung beschränkt ist, die Einzelkonkursverfahren *(särkonkurs)*. Während nach Art. 3 Abs. 2 EuInsVO die Gerichte eines Mitgliedsstaates, in dessen Gebiet der Schuldner nicht den Mittelpunkt seiner hauptsächlichen Interessen hat, nur dann zur Eröffnung eines Insolvenzverfahrens befugt sind, wenn der Schuldner dort eine Niederlassung hat, verzichtet das autonome schwedische Recht auf dieses Erfordernis und stellt auf die Belegenheit von Vermögen oder das Eingehen einer Verbindlichkeit ab [19]. Die praktische Bedeutung dieser unterschiedlichen Anknüpfungspunkte dürfte allerdings gering sein, da ein Schuldner, der in Schweden eine Niederlassung betreibt, dort sowohl Vermögen haben als auch Verpflichtungen eingegangen sein wird [20].

III. Anerkennung ausländischer Insolvenzverfahren

Art. 16, 17, 25 EuInsVO verpflichten die Mitgliedsstaaten, Insolvenzentscheidungen anderer Mitgliedsstaaten, insbesondere die Verfahrenseröffnung, ohne Formalitäten anzuerkennen.

1. Hinderungs- und Beschlagswirkung

Für das schwedische Recht hat die automatische Anerkennung eine bedeutsame Änderung der Rechtslage zur Folge, weil das autonome schwedische internationale Insolvenzrecht, anders als die deutsche Rechtsprechung seit der so genannten Wendeentscheidung [21], die Hinderungs- und Beschlagswirkung eines ausländischen Insolvenzverfahrens nicht anerkennt [22]. Aufgrund der fehlenden Anerkennung der Hinderungswirkung kann nach autonomem schwedischem Recht auch nach Erlass eines ausländischen Eröffnungsbeschlusses in das in Schweden belegene Vermögen des Schuldners vollstreckt werden [23]. Die fehlende Anerkennung der Beschlagswirkung hat zur Folge, dass der Schuldner trotz des ausländischen Eröffnungsbeschlusses über sein in Schweden belegenes Vermögen verfügen kann [24].

---

19 *Welamson/Mellqvist,* Konkurs, 2003, S. 48, 49.
20 *Welamson/Mellqvist,* Konkurs, 2003, S. 49.
21 BGH, Urt. v. 11.7.1985, IX ZR 178/84, BGHZ 95, 256.
22 *Welamson/Mellqvist,* Konkurs, 2003, S. 49.
23 MünchKomm-*Csatho,* InsO, Bd. III, Länderbericht Schweden, 2003, Rn. 50; *Witte,* Die Anerkennung schwedischer Insolvenzverfahren in der Bundesrepublik Deutschland, 1996, S. 36; *Welamson/Mellqvist,* Konkurs, 2003, S. 49; *Mellqvist,* EU:s insolvensförordning m.m, 2002, S. 36.
24 *Witte,* Die Anerkennung schwedischer Insolvenzverfahren in der Bundesrepublik Deutschland, 1996, S. 36; *Mellqvist,* EU:s insolvensförordning m.m, 2002, S. 36.

2. Stellung des Insolvenzverwalters

Die Verweigerung der Anerkennung der Hinderungs- und Beschlagswirkung entwertet die Rechtsstellung der ausländischen Insolvenzmasse, die das schwedische Recht als rechts- und parteifähig anerkennt[25]. Entsprechendes gilt für den ausländischen Insolvenzverwalter, den das autonome schwedische internationale Insolvenzrecht ebenfalls anerkennt, sei er nach seinem Heimatrecht, wie nach schwedischem Recht, Vertreter der Insolvenzmasse oder, wie nach deutschem Recht, Partei kraft Amtes[26].

Für den Anwendungsbereich der Europäischen Insolvenzverordnung bestimmt Art. 18 Abs. 1 EuInsVO, dass der Verwalter eines Hauptinsolvenzverfahrens im Gebiet eines anderen Mitgliedsstaats grundsätzlich alle Befugnisse ausüben darf, die ihm nach dem Recht des Eröffnungsstaates zustehen. Demnach hat der Verwalter eines schwedischen Hauptinsolvenzverfahrens in allen Mitgliedsstaaten die aus dem schwedischen Konkursgesetz folgenden Rechte und Pflichten. Es ist seine Aufgabe, die Vermögensgegenstände und Verbindlichkeiten des Schuldners zu ermitteln und aufzustellen sowie die Aktiva zu veräußern. Verbleibt nach Abzug der Verfahrenskosten ein Überschuss, verteilt der Verwalter diesen unter den Gläubigern[27]. Vor der Entscheidung bedeutsamer Fragen, wie etwa der Erhebung einer bedeutsamen Anfechtungsklage oder der Weiterbetreibung einer wirtschaftlichen Tätigkeit, soll der Verwalter grundsätzlich die Meinung der Aufsichtsbehörde *[tillsynsmyndighet i konkurs (TSM)]* und der besonders betroffenen Gläubiger einholen (Kap. 7 § 10 Konkursgesetz). Zur Aufsichtsbehörde bestimmt Kap. 7 § 25 Konkursgesetz das Amt für Beitreibung und Vollstreckung *(kronofogdemyndighet)*. Sie überwacht, ob die Verwaltung in zweckmäßiger Weise und in Übereinstimmung mit dem Konkursgesetz und anderen Gesetzen geschieht (Kap. 7 § 27 Konkursgesetz). Nach schwedischer Auffassung[28] erstrecken sich entsprechend der Befugnisse des Hauptinsolvenzverwalters auch diejenigen der Aufsichtsbehörde auf sämtliche Mitgliedsstaaten.

Die Frage der Anerkennung eines vorläufigen Insolvenzverwalters nach einem in Schweden gestellten Antrag auf Eröffnung des Insolvenzverfahrens stellt sich für die übrigen Mitgliedsstaaten nicht, weil das schwedische Recht den Zeitpunkt zwischen Antragstellung und Verfahrenseröffnung nicht als eigenständiges Verfahrensstadium kennt[29].

---

25 *Bogdan,* Svensk internationell privat- och processrätt, 2004, S. 332.
26 *Bogdan,* Sveriges och EU:s internationella insolvensrätt, 1997, S. 87.
27 MünchKomm-*Csatho,* InsO, Bd. III, 2003, Länderbericht Schweden, Rn. 2.
28 *Mellqvist,* EU:s insolvensförordning, 2002, S. 176.
29 *Hallberg/Jungmann,* in: RIW 2001, 337 (338).

IV. Anwendbares Recht

Wie nach autonomem schwedischem internationalen Insolvenzrecht und dem Nordischen Konkursübereinkommen gilt nach der Europäischen Insolvenzverordnung für das Insolvenzverfahren und seine Wirkungen grundsätzlich die lex fori concursus, das heißt das Recht des Staates der Verfahrenseröffnung (Art. 4 EuInsVO). Während sich konkursrechtliche Fragen wie die Rechte und Pflichten des Schuldners, Konkursvorrechte und die Verfahrensbeendigung der lex fori concursus unterliegen, beurteilen sich zivilrechtliche Fragen, beispielsweise der Verjährung einer Forderung, nach der von den Kollisionsregeln des Verfahrensstaates berufenen Rechtsordnung[30]. Nennenswerte Rechtsänderungen sind mit dieser Regelung nicht verbunden. Sie trägt aber zu größerer Rechtssicherheit bei, weil die Frage des anwendbaren Rechts bisher der Rechtsprechung überlassen war.

Zum Schutz bevorrechtigter Gläubiger enthält die Europäische Insolvenzverordnung Ausnahmen vom Grundsatz der lex fori concursus (Art. 5–15 EuInsVO).

1. Dingliche Rechte

Nach einer der wichtigsten Ausnahmen wird das dingliche Recht eines Gläubigers oder eines Dritten an Gegenständen des Schuldners, die sich zum Zeitpunkt der Verfahrenseröffnung in einem anderen Mitgliedsstaat befinden, von der Eröffnung des Verfahrens nicht berührt (Art. 5 EuInsVO). Stattdessen richtet sich nach schwedischem Recht das Schicksal der dinglichen Rechte nach dem Recht des Belegenheitsortes (lex rei sitae).

Für die, einem ausländischen Insolvenzverwalter wohl meist unbekannte, Unternehmenshypothek *(företagsinteckning)* ist in der schwedischen Literatur umstritten, ob sie unter Art. 5 Abs. 1, 2 EuInsVO zu subsumieren ist. Während *Bogdan*[31] ohne Begründung davon ausgeht, dass die Unternehmenshypothek erfasst wird, lehnt *Mellqvist*[32] diese Auffassung mit der Begründung ab, dass die Unternehmenshypothek im Unterschied zur *floating charge* nach englischem Recht keinen sachenrechtlichen Schutz bewirke. Es handele sich daher nicht um ein Sicherungsrecht „an einer Mehrheit von nicht bestimmten Gegenständen mit wechselnder Zusammensetzung" im Sinne des Art. 5 Abs. 1 EuInsVO. Die Unternehmenshypothek dient der Sicherung einer Forderung beliebiger Art gegen einen Unternehmer durch Eintragung eines Betrages in einen Unternehmenshypothekenbrief *(företagsinteckningsbrev)*, den der Unternehmer dem Sicherungsnehmer übergibt (Kap. 1 §§ 1, 2 Unternehmenshypothekengesetz[33]). In der Insolvenz des Schuldners hat der Gläubiger ge-

---

30 *Bogdan,* Sveriges och EU:s internationella insolvensrätt, 1997, S. 148.
31 *Bogdan,* Sveriges och EU:s internationella insolvensrätt, 1997, S. 170.
32 *Mellqvist,* EU:s insolvensförordning m.m., 2002, S. 227.
33 Lag (2003:528) om företagsinteckning, in Kraft getreten am 01.01.2004, i.d.F. vom 01.01.2005.

mäß Kap. 1 § 2 Abs. 1 Unternehmenshypothekengesetz ein Vorrecht nach dem Vorrechtegesetz (*förmånsrättslag*[34]) in Höhe des eingetragenen Betrages. Das Rangverhältnis zu anderen Inhabern von Unternehmenshypotheken richtet sich nach der zeitlichen Reihenfolge der Eintragung (Kap. 1 § 4 Unternehmenshypothekengesetz).

2. Eigentumsvorbehalt

Ähnlich wie die dinglichen Rechte Dritter nach Art. 5 EuInsVO lässt die Eröffnung eines Insolvenzverfahrens gegen den Käufer einer Sache die Rechte des Verkäufers aus einem Eigentumsvorbehalt unberührt, wenn sich die Sache zum Zeitpunkt der Verfahrenseröffnung in einem anderen Mitgliedsstaat als dem der Verfahrenseröffnung befindet (Art. 7 Abs. 1 EuInsVO). Nach schwedischem Recht führt der Eigentumsvorbehalt Aussonderungsrechte für den Gläubiger mit sich[35]. Dies gilt aber nur für Eigentum, das unter einfachem Eigentumsvorbehalt überlassen worden ist, denn einen sog. verlängerten oder erweiterten Eigentumsvorbehalt kennt das schwedische Recht nicht[36].

Ein in Deutschland begründeter verlängerter oder erweiterter Eigentumsvorbehalt muss aber im Anwendungsbereich der Verordnung wegen Art. 7 Abs. 2 EuInsVO in Schweden anerkannt werden.

3. Aufrechnung

Auf die Aufrechnung findet gemäß Art. 4 Abs. 2 lit. d) EuInsVO das Recht des Staates der Verfahrenseröffnung Anwendung. Diese Vorschrift wird durch Art. 6 EuInsVO modifiziert, wonach die Eröffnung des Insolvenzverfahrens keinen Einfluss auf die Aufrechnungsbefugnis des Gläubigers hat, wenn die Aufrechnung nach dem für die Forderung des insolventen Schuldners maßgeblichen Recht zulässig ist.

Unterliegt demnach die Aufrechnung schwedischem Recht, kann während des Konkursverfahrens wirksam die Aufrechnung erklärt werden, wenn die Forderung vor der Verfahrenseröffnung entstanden ist[37]. Während des Konkursverfahrens können im Unterschied zur außerhalb eines Konkursverfahrens geltenden Rechtslage auch nicht fällige Forderungen zur Aufrechnung gestellt werden[38]. Ausgeschlossen ist die Aufrechnung mit einer Forderung, die der Gläubiger innerhalb der letzten drei Monate vor Stellung des Konkursantrages von einem Dritten durch Abtretung erworben hat, soweit die Forderung des Konkursschuldners bereits bestand, als der Gläubigers eine Forderung erwarb (Kap. 5 § 16 Abs. 1 S. 1 Konkursgesetz), oder der

34 Förmånsrättslag (1970:979), in Kraft getreten am 01.01.1972.
35 MünchKomm-*Csatho*, InsO, Bd. III, 2003, Länderbericht Schweden, Rn. 30.
36 MünchKomm-*Csatho*, InsO, Bd. III, 2003, Länderbericht Schweden, Rn. 30.
37 MünchKomm-*Csatho*, InsO, Bd. III, 2003, Länderbericht Schweden, Rn. 33; *Herrmann*, in: Jahn/Sahm, Insolvenzen in Europa, 2004, 427 (439).
38 *Witte*, Die Anerkennung schwedischer Insolvenzverfahren in der Bundesrepublik Deutschland, 1996, S. 1174.

Gläubiger die Forderung zwar zu einem früheren Zeitpunkt erworben hat, aber bei Erwerb der Forderung Anlass zu der Annahme hatte, dass der Schuldner insolvent ist (Kap. 5 § 16 Abs. 1 S. 2 Konkursgesetz). Diese Vorschrift will kurz vor der Antragstellung erfolgende, den Grundsatz der Gleichbehandlung aller Gläubiger gefährdende Transaktionen verhindern[39].

4. Insolvenzanfechtung

Nach Art. 4 Abs. 2 S. 2 lit. m) EuInsVO ist auf die Insolvenzanfechtung grundsätzlich das Recht des Staates der Verfahrenseröffnung anzuwenden. Dieser Grundsatz wird durchbrochen, wenn der durch eine die Gesamtheit der Gläubiger benachteiligende Handlung Begünstigte nachweist, dass für diese Handlung das Recht eines anderen Staates als des Staates der Verfahrenseröffnung maßgeblich ist und die Handlung nach diesem Recht in keiner Weise anfechtbar ist (Art. 13 EuInsVO). Soweit danach auf schwedisches Recht verwiesen wird, ist nach der Grundregel des Kap. 4 § 5 Konkursgesetz eine Rechtshandlung anfechtbar, durch die entweder ein Gläubiger auf ungebührliche Weise gegenüber anderen Gläubigern bevorzugt worden ist, durch die den Gläubigern Eigentum des Schuldners entzogen worden ist oder durch die die Schulden des Schuldners vergrößert worden sind. Liegt die Rechtshandlung mehr als fünf Jahre seit dem Tag der Stellung des Konkursantrags zurück, ist sie nur anfechtbar, wenn es sich bei dem Begünstigten um eine dem Schuldner nahe stehende Person handelt (Kap. 4 § 5 Abs. 3 Konkursgesetz).

5. Wirkungen auf anhängige Prozesse

Gemäß Art. 15 EuInsVO gilt für die Wirkungen des Insolvenzverfahrens auf einen anhängigen Rechtsstreit über einen Gegenstand oder ein Recht der Masse ausschließlich das Recht des Mitgliedsstaats, in dem der Rechtsstreit anhängig ist. Ist in Schweden ein Aktivprozess anhängig, hat ein ausländischer Insolvenzverwalter zu beachten, dass nach schwedischem Recht die Eröffnung des Konkursverfahrens anders als nach deutschem Recht (§ 240 ZPO) nicht zu einer automatischen Unterbrechung des Prozesses führt[40]. Vielmehr kann die partei- und rechtsfähige Konkursmasse, vertreten durch den Konkursverwalter, den Rechtsstreit an Stelle des Schuldners weiterführen, wobei ein Parteiwechsel stattfindet (Kap. 3 § 9 Abs. 1 S. 1 Konkursgesetz). Übernimmt die Konkursmasse den Rechtsstreit nicht, obwohl sie über ihn informiert worden ist, wird das streitbefangene Vermögen so angesehen, als gehöre es nicht zur Konkursmasse (Kap. 3 § 9 Abs. 1 S. 2 Konkursgesetz).

Bei Passivprozessen darf die Konkursmasse dem Prozess als zweite Partei beitreten, ohne dass der Schuldner seine Parteistellung verliert (Kap. 3 § 9 Abs. 2 Konkursgesetz).

---

39 *Håstad/Zackariasson,* in: Norstedts juridiska handbok, 2001, 225 (225).
40 *Herrmann,* in: Jahn/Sahm, Insolvenzen in Europa, 2004, 427 (436); *Witte,* Die Anerkennung schwedischer Insolvenzverfahren in der Bundesrepublik Deutschland, 1996, S. 120.

Grundzüge des neuen spanischen Insolvenzrechts

Solveig Lieder

I. Einleitung

Zweifellos ist mit Inkrafttreten der Verordnung (EG) Nr. 1346/2000 des Rates der Europäischen Gemeinschaften über Insolvenzverfahren (EuInsVO) am 31.5.2002 eine neue Ära im europäischen internationalen Insolvenzrecht angebrochen. Die EuInsVO stellt die erste europaweite Regelung auf dem Gebiet des Insolvenzrechts dar, die es geschafft hat geltendes Recht zu werden, und der Weg dorthin war weiß Gott nicht leicht[1]. Dennoch wäre es falsch, den Schluss zu ziehen, die Verordnung stelle das Ergebnis der Entwicklung eines europäischen internationalen Insolvenzrechts dar. Tatsächlich bildet die EuInsVO erst den Ausgangspunkt für eine solche nunmehr möglich gewordene Entwicklung, dessen Findung leider seinerseits so viel Zeit und Energie in Anspruch genommen hat, dass es scheinen mag, als sei diese Vorarbeit schon der Hauptakt gewesen. Die EuInsVO bringt die Eigenheiten der in ihren Anwendungsbereich fallenden Rechtsordnungen und das Bedürfnis nach einer europaweiten Regelung grenzüberschreitender Insolvenzsachverhalte auf den aktuell kleinstmöglichen gemeinsamen Nenner, indem sie lediglich Grundsätze für die Koordination europäischer grenzüberschreitender Insolvenzverfahren aufstellt, aber kein europäisches Insolvenzrecht im Sinne einer materiellrechtlichen Vereinheitlichung schafft[2]. Die EuInsVO dient damit als erster Orientierungspunkt für Insolvenzpraktiker wie für die nationalen Gesetzgeber, in welche Richtung eine Entwicklung zu lenken ist, damit grenzüberschreitende Insolvenzfälle eines Tages in Europa reibungslos abgewickelt werden können. Die tatsächliche Entwicklung hin zu einem harmonisierten europäischen Insolvenzrecht liegt damit nun in den Händen der nationalen Gesetzgeber, und nicht aus der Verordnung, sondern aus den Reaktionen in der Gesetzgebung der Mitgliedsländer – die freilich von den Reaktionen und Entwicklungen in der Praxis beeinflusst werden – lässt sich ablesen, inwiefern hier tatsächlich eine Entwicklung stattfindet.

---

1 Zur Entwicklungsgeschichte der Verordnung und den gescheiterten Vorprojekten Duursma/Duursma-Kepplinger/Chalupsky-*Duursma*, 1. Abschnitt, S. 1 ff.

2 *Becker*, ZEuP 2002, 287, 289; *Ehricke*, EWS 2002, 101; *Kolmann*, Kooperationsmodelle, 265; *Leible/Staudinger*, KTS 2000, 533, 535 ff.; *Smid*, Europäisches Internationales Insolvenzrecht, Kapitel 1 RdNr. 15; *Taupitz*, ZZP 111 (1998), 315, 323 f.; *Uhlenbruck*, Vorb. 4 zu VO (EG) Nr. 1346/2000; FK-*Wimmer*, Anhang I, RdNr. 5.

II. Das neue Insolvenzrecht in Spanien

1. Allgemeines

Nicht nur wegen der häufig dort aufzuspürenden Vermögensgegenstände angeblich vermögensloser Schuldner in Form von Yachten und Fincas auf Mallorca[3], sondern gerade im Hinblick auf die Frage nach Konvergenzbewegungen im Insolvenzrecht der europäischen Staaten ist ein Blick nach Spanien für europäische Insolvenzrechtler zur Zeit äußerst spannend. Denn in Spanien wurde am 9. Juli 2003, also nach Inkrafttreten der EuInsVO, ein neues Konkursgesetz, das Ley 22/2003, de Julio, Concursal[4] (kurz: Ley Concursal), erlassen, mit dem das spanische Konkursrecht eine so radikale Reform erfahren hat, wie dies in keinem anderen Mitgliedsstaat in den letzten Jahrzehnten geschehen ist. Der spanische Gesetzgeber hat für sein Land ein vollkommen neues Insolvenzrecht kreiert, das sich sehr weitgehend vom hergebrachten löst und vorgibt zukunfts- und europaorientiert ausgestaltet zu sein und den Anforderungen der globalisierten Märkte gerecht zu werden[5].

Im Rahmen des folgenden Beitrags kann und soll nur ein Überblick über dieses neue Regelwerk gegeben werden. Hinsichtlich der eingangs aufgeworfenen Frage, inwieweit der gesetzgeberische Schritt Spaniens den Weg zu einer Annäherung der Insolvenzrechte der Mitgliedstaaten eingeläutet haben könnte und ob das spanische Gesetz das Potential hat Beispiels- oder gar Modellcharakter anzunehmen, können hier in der Kürze nur Vermutungen angestellt werden. Diese Frage verdient zweifelsohne eingehender Behandlung und Diskussion, zu der hier ausdrücklich ermutigt werden soll, welche jedoch an anderer Stelle zu erfolgen hat. Dieser Beitrag kann nur dazu dienen, auf die Entwicklung aufmerksam zu machen, die die EuInsVO zumindest in Spanien in Gang gesetzt zu haben scheint.

2. Überwindung eines gesetzgeberischen Anachronismus

Was Spanien nach der Reform seines Insolvenzrechts am 1. September 2004 mit dem Inkrafttreten des Ley Concursal hinter sich gelassen hat, wird übereinstimmend als gesetzgeberischer Anachronismus bezeichnet[6]. Die konkursrelevanten Regelungen waren unübersichtlich in über dreißig Gesetzen verstreut, die im Großen und Ganzen unverändert aus der Zeit zwischen 1829 und 1922 stammten und internationale Fragen allenfalls missverständlich regelten[7], was die Orientie-

---

3 *Paulus*, ZIP 1998, 977 f.; *ders.*, EWiR 2000, 889 f.

4 Boletín Official del Estado (BOE) núm 164, S. 26905.

5 Exposición de Motivos (Präambel/Erwägungsgründe) zum neuen Konkursgesetz, (BOE) núm 164, S. 26905 ff.

6 So vor allem auch durch den Gesetzgeber in der Exposición de Motivos (Präambel/Erwägungsgründe) zum neuen Konkursgesetz, (BOE) núm 164, S. 26905, 26906; *Lincke*, NZI 2004, 69, 70.

7 Zu diesen Missständen im überkommenen internationalen Insolvenzrecht in Spanien *Esplugues* (in dt. Übersetzung von *Knothe*), ZZPInt 2 (1997), 69 ff.

rung an den Vorschriften und die Herausbildung einer Linie in der Rechtsprechung sowohl für nationale, erst recht aber für grenzüberschreitende Verfahren erheblich erschwerte. Dementsprechend wurde die Rechtsprechung als Anhaltspunkt für eine neue Insolvenzgesetzgebung für vollkommen unbrauchbar erachtet[8]. Hinzu kommt, dass das alte spanische Konkursrecht extrem dem Schutz öffentlicher Interessen gewidmet war[9], weshalb die Staatsanwaltschaft im Verfahren eine außerordentlich große Rolle spielte und eine Kaufmannsinsolvenz regelmäßig mit erheblichen strafrechtlichen Konsequenzen belegt war. Von diesem repressiven Charakter der Kaufmannsinsolvenz unter der alten Rechtslage galt es in erster Linie Abstand zu nehmen[10].

Nun lässt sich darüber philosophieren, ob es der spanische Gesetzgeber angesichts dieser Ausgangslage nun besonders leicht hatte, ein vollkommen neues, eher an europäischen Maßstäben orientiertes Insolvenzrecht zu kreieren, da die Abkehr vom bestehenden Chaos geradezu ein allseitiges Bedürfnis darstellte[11], oder aber ob dies gerade in Spanien einen besonders schwierigen Akt darstellte, da das zur Zeit der Reformbemühungen bestehende Konkursrecht so gar keine Anknüpfungspunkte für eine europäische Annäherung aufwies. Betrachtet man sich die Geschichte gescheiterter Reformversuche in Spanien[12], die eine gewisse Parallelität zur Entwicklung auf europäischer Ebene bis zur EuInsVO aufweist, so scheint für den spanischen Gesetzgeber der Erlass bzw. das Inkrafttreten der EuInsVO der entscheidende Rettungsanker gewesen zu sein, an dem er ein neues Konkursrecht aufhängen konnte. Dennoch ist im Blick zu behalten, dass das überkommene spanische Konkursrecht nicht nur im Hinblick auf grenzüberschreitende, sondern auch im Hinblick auf nationale Verfahren erhebliche Defizite aufwies, so dass sicherlich nicht die Anpassung auf europäischer Ebene die vorrangige oder gar alleinige Motivation für eine Neuregelung war, sondern vielmehr die Behebung der ganz allgemeinen Unzulänglichkeiten unter der alten Gesetzeslage bewältigt werden sollte.

---

8 *Caravaca/González*, Derecho Concursal Internacional, Madrid 2004, RdNr. 419 ff.; *Esplugues* (in dt. Übersetzung von *Knothe*), ZZPInt 2 (1997), 69, 72.

9 *Prof. Dr. Salvador del Rey Guantar* (Universität Pompeu Fabra, Barcelona) anlässlich der 1. deutsch-spanischen Juristentagung zum Thema „Das international tätige Unternehmen in Krise und Insolvenz", veranstaltet vom Deutschen Anwaltsverein und der Deutsch-Spanischen Juristenvereinigung am 6.11.2004 in Düsseldorf; *Turck*, das Internationale Insolvenzrecht in Spanien, 1997, 20.

10 Exposición de Motivos, (BOE) núm 164, S. 26905, 26906.

11 Exposición de Motivos, (BOE) núm 164, S. 26905 f.; *Esplugues Mota* (in dt. Übersetzung von *Böcker*), ZZPInt 6 (2001), 65, 66; dies zeigte auch die erleichterte Reaktion auf die neue Gesetzgebung in der Tagespresse, so zum Beispiel Cinco Días vom 12.3.2003, Díario de Sevilla vom 23.7.2003, Expansión Directo vom 2.4.2003, zu finden unter www.leyconcursal.com/prensa/ (abgerufen 7/2005).

12 Wesentliche Reformversuche fanden statt in den Jahren 1953, 1978, 1983 und 1995; dazu (leider nur in spanischer Sprache) *Aparicio*, ICADE, núm 61 (2004), 13 ff.

3. Grundzüge des neuen nationalen Insolvenzrechts in Spanien

a) *Ein Konkursverfahren für alle Fälle*

Der spanische Gesetzgeber hat für das neue Konkursgesetz, in dem nunmehr alle konkursrelevanten Normen in 231 Artikeln zusammengefasst sind, das System eines einheitlichen Verfahrens gewählt. Dies bedeutet, dass für jede Art von Schuldner, ob Unternehmen, Kaufmann oder Verbraucher, und die verschiedenen Insolvenzziele, nämlich Vergleich (*convenio*) oder Liquidation (*liquidación*), ein und dasselbe Verfahren, „*concurso*" genannt, zur Anwendung kommt. Für Spanien bedeutet dies eine Zusammenfassung von zuvor vier verschiedenen Verfahren, die nach Kaufleuten und Nichtkaufleuten, sowie nach Vergleich und Konkurs unterschieden, wobei die Vergleichsvarianten jeweils nur der Abwendung eines bevorstehenden Konkurses dienten. Letzteres hat sich mit dem Ley Concursal grundlegend geändert. Die Beendigung der Insolvenz durch Vergleich wird nicht nur alternativ neben die Möglichkeit der Liquidation gestellt, sondern entschieden präferiert[13]. So darf erst liquidiert werden, wenn ein Vergleich nach eingehender Prüfung ausgeschlossen erscheint oder die Durchführung eines aufgestellten Vergleichsplans gescheitert ist[14]. Diese Förderung der Sanierung in der Insolvenz kann durchaus als Reaktion auf die zunehmende Akzeptanz und Integration der Sanierung als Insolvenzziel in Europa[15] betrachtet werden, wenngleich dieser Aspekt von der EuInsVO gerade nicht ausdrücklich unterstützt wird.

b) *Beseitigung des strafrechtlichen Charakters des Konkurses*

Um überhaupt Raum für die Vereinheitlichung der Verfahren und eine Basis für eine Sanierung in der Insolvenz durch Vergleich schaffen zu können, musste der spanische Gesetzgeber mit einigen sehr rigiden Gewohnheiten insbesondere des spanischen Kaufmannskonkursrechts aufräumen, die zudem auch einem vertrauensvollen Miteinander im Rahmen von grenzüberschreitenden Insolvenzverfahren im Wege standen. Es handelt sich hierbei um den bereits erwähnten stark strafrechtlichen Einschlag des Konkursrechts, der den kaufmännischen Schuldner regelmäßig kriminalisierte, weshalb ein Vergleich mit diesem gar nicht in Betracht gekommen wäre. Der Gesetzgeber des Ley Concursal hebt daher hervor, dass das Gesetz eine saubere Trennung zwischen zivilrechtlichen und strafrechtlichen Angelegenheiten wahre[16].

c) *Differenzierungen innerhalb des Konkurses*

Im neuen wie im alten Konkursrecht wird nach schuldhaftem (*concurso culpable*) und schuldlosem Konkurs (*concurso furtuido*) unterschieden. Nach der alten Rechtslage

---

13 *De Martín Muñoz,* ICADE, núm 61 (2004), 179; *Lincke,* NZI 2004, 69, 71; *Schröder,* RIW 2004, 610, 612.

14 Exposición de Motivos, (BOE) núm 164, S. 26905, 26911.

15 So fördern neben Deutschland auch England, Frankreich und Italien die Sanierung in der Insolvenz.

16 Exposición de Motivos, (BOE) núm 164, S. 26905, 26912.

hatte die Qualifizierung als schuldhafter Konkurs unmittelbare Präjudizwirkung für den in der Regel folgenden Strafprozess. Nach dem Ley Concursal beschränkt sich die Wirkung der Einteilung auf das zivilrechtliche Haftungsrecht[17], wobei die schuldhafte Herbeiführung des Konkurses nach wie vor empfindliche Folgen für den verantwortlichen Schuldner hat.

Weiter erfolgt im spanischen Recht eine Differenzierung nach freiwilligem (*concurso voluntario*) und notwendigem Konkurs (*concurso necesario*), die in ihrer Ausgestaltung der Beschleunigung des Verfahrens dient. Als freiwillig gilt der Konkurs, wenn der Schuldner selber Insolvenzantrag gestellt hat, bevor dies ein Gläubiger getan hat. Der Anreiz für den Schuldner dementsprechend frühzeitig selbst Insolvenzantrag zu stellen, liegt darin, dass in Fällen des freiwilligen Konkurses dem Schuldner in der Regel die Verwaltungs- und Verfügungsbefugnis über sein Vermögen belassen und er lediglich unter Aufsicht des Konkursrichters und der Konkursverwalter gestellt wird.

d) Handelsrichter und Konkursverwaltungsorgan

Weitere wesentliche Umstrukturierungen zur Förderung der Rechtssicherheit und Beschleunigung des Insolvenzverfahrens hat der spanische Gesetzgeber bei der Aufgaben- und Rollenverteilung der an der Gestaltung des Insolvenzverfahrens beteiligten Personen vorgenommen.

aa) Juzgados de lo Mercantíl

Die zentrale Rolle kommt im Verfahren unter Geltung des Ley Concursal den eigens durch das „Ley Orgánica para la reforma concursal“[18] eingerichteten Kammern für Handelssachen (*Juzgados de lo Mercantíl*) zu, bei denen sich nunmehr die ausschließliche Zuständigkeit für sämtliche – auch arbeits-, sozial-, straf- oder verwaltungsrechtliche – in einem Konkursverfahren auftretenden Fragen konzentriert. Grund für diese Zuständigkeitskonzentration ist, dass alle Entscheidungen, die im Rahmen eines Konkurses zu treffen sind, aus einer Hand kommen sollen, um zum einen das Verfahren zu beschleunigen und zum anderen widersprüchliche Entscheidungen zu vermeiden, wie sie unter der alten Rechtslage aufgrund der schlechten Kommunikation und Kooperation zwischen den Gerichten immer wieder vorgekommen sind. Allerdings verlangt diese umfassende Zuständigkeit dem Handelsrichter für Konkurssachen eine umfassende fachliche Kompetenz zur zutreffenden Einschätzung sämtlicher in einem Verfahren auftretenden Probleme und Rechtsfragen ab. Um diesen hohen Anforderungen an die juristische Bandbreite wie auch wirtschaftspraktische Kompetenz dieses umfassenden Amtes gerecht werden zu können, wurden die an den 62 neuen Handelskammern eingesetzten Richter in einer

---

17 Exposición de Motivos, (BOE) núm 164, S. 26905, 26907.
18 Gesetz über die Konkursreform, welches das Ley Concursal flankiert und durch das neue Konkursgesetz erforderlich gewordene Strukturänderungen in Gesetzgebung und Justiz regelt.

eigens hierfür eingerichteten Ausbildungsstätte in Valencia einer Zusatzausbildung unterzogen. Ob so ein theoretischer Crashkurs tatsächlich ausreicht, die Konkursrichter adäquat auf die alleinige Bewältigung sämtlicher Rechtsfragen im Rahmen der Insolvenz eines komplexen Wirtschaftsunternehmens vorzubereiten (das Ley Concursal sieht schließlich auch eine konzentrierte Zuständigkeit für Konzerninsolvenzen vor! Dazu unten – aus rhetorischen Gründen systemwidrig im Abschnitt über das internationale Insolvenzrecht Spaniens – 4.b)).

bb) Administración Concursal

Unterstützt wird der Konkursrichter durch ein dreiköpfiges Konkursverwaltungsorgan (*Administración concursal*), das sich aus einem Rechtsanwalt, einem Wirtschaftsprüfer und einem Gläubiger zusammensetzt. Diese Zusammensetzung ergibt sich aus der sehr fortschrittlichen Erkenntnis des spanischen Gesetzgebers, dass für die interessengerechte Lösung einer Insolvenz juristische wie wirtschaftliche Kompetenz gleichermaßen gefragt ist. Neben dem Zusammentragen der relevanten Zahlen und Fakten durch das Verfassen von Berichten, sind die Insolvenzverwalter auch an der Verfahrensgestaltung maßgeblich beteiligt.

cc) Junta de Acreedores

Deutlich vermindert ist hingegen die Beteiligung der Gläubigerversammlung (*Junta de Acreedores*), diese beschränkt sich auf die Zustimmung zum Vergleichsplan. Diese Maßnahme dient eindeutig der Förderung des Vergleichs, da die Gläubiger sich regelmäßig auf die Ausarbeitung eines Vergleichsplans einlassen werden, da dies für sie die einzige Möglichkeit darstellt, das Verfahren in ihrem Sinne mitzugestalten. Weiter ist es dem zügigen Gang des Verfahrens nur förderlich, wenn nicht zu viele Stimmen in jede Entscheidungsfindung involviert werden müssen.

dd) Schuldner

Die Beteiligung des Schuldners an der Gestaltung des Insolvenzverfahrens kann sehr unterschiedlich ausfallen. Handelt es sich um einen freiwilligen Konkurs (II. 3. c)), so führt der Schuldner seine Geschäfte selber weiter und ist damit auch an der Gestaltung des Verfahrens maßgeblich beteiligt, während ein als schuldhaft qualifizierter Schuldner jegliches Verfügungs- oder Mitspracherecht verliert. Grundsätzlich kann auch der Schuldner einen Vergleichsvorschlag ausarbeiten.

e) Aufwertung des Prinzips par condicio creditorum

Einen Schritt, den man als so genannte Konvergenzbewegung in Richtung Europa deuten könnte, stellt die Stärkung des Prinzips der *par condicio creditorum* durch den spanischen Insolvenzgesetzgeber dar. Zwar wurde der Grundsatz der Gläubigergleichbehandlung auch der alten Rechtslage theoretisch zugrunde gelegt, jedoch wurde er durch die Einteilung der Gläubiger in eine Vielzahl von Klassen unterschiedlicher Privilegierung und die Diskriminierung ausländischer Schuldner stark entkräftet. Demgegenüber konstatiert der heutige Gesetzgeber, das Prinzip der

Gläubigergleichbehandlung müsse die Grundregel des Konkurses konstituieren[19]. Die Gläubiger werden im Wesentlichen nur noch in Massegläubiger und Konkursgläubiger eingeteilt und die Privilegierungen innerhalb dieser Gruppen auf die notwendigsten Fälle (z. B. Arbeitslöhne für die letzten 30 Tage vor Konkurseröffnung) beschränkt. Art. 49 Ley Concursal legt fest, dass vom Zeitpunkt der Konkurseröffnung an sämtliche in- oder ausländischen Gläubiger die gleichen Rechte genießen. Ziel dieser Vorschrift ist es, dem Grundsatz *par condicio creditorum* internationalen Rang zuzuerkennen[20].

4. Internationales Insolvenzrecht nach dem Ley Concursal

Von besonderem Interesse ist natürlich, welche Regelungen der spanische Gesetzgeber für Insolvenzverfahren mit Auslandsbezug getroffen hat und inwieweit hier die Vorgaben der EuInsVO in die Gestaltung eines Internationalen Insolvenzrechts integriert worden sind. Es wurde bereits erwähnt, dass es scheint, als habe der spanische Gesetzgeber erst mit dem Erlass der EuInsVO den entscheidenden Dreh für eine neue nationale Insolvenzgesetzgebung bekommen. Diese Aussage gilt es hier näher zu erläutern. Weder die Gesetzgebung noch die Rechtsprechung in Spanien hatte bis Inkrafttreten des Ley Concursal ein Konzept oder auch nur verlässliche Leitlinien zu internationalen Fragen des Insolvenzrechts angeboten bzw. entwickelt[21]. Tendenziell taten sich spanische Gerichte jedoch mit der Anerkennung ausländischer Konkursverfahren schwer[22], während sie für sich selber ohne Umschweife eine universale Zuständigkeit annahmen[23]. Noch der dem Entwurf des heutigen Ley Concursal vorangegangene Entwurf eines Konkursgesetzes vom 12.12.1995, hielt, obwohl wenige Wochen zuvor das Brüsseler Übereinkommen über Insolvenzverfahren, der quasi wortgleiche Vorläufer der EuInsVO, bekannt geworden war, an einem sehr nationalen Blickwinkel fest, indem er bei der Regelung des internationalen Insolvenzrechts sehr auf eine Kompetenzzuteilung zum Vorteil der spanischen Gerichte bedacht war[24].

a) *Integration der Regelungen der EuInsVO zur internationalen Zuständigkeit*

Demgegenüber ist der Gesetzgeber des Ley Concursal insbesondere, was die Regelung der internationalen Zuständigkeit angeht, derart auf die durch die EuInsVO

---

19 Exposición de Motivos, (BOE) núm 164, S. 26905, 26909 f.

20 *Prof. Dr. Salvador del Rey Guantar* (Universität Pompeu Fabra, Barcelona) anlässlich der 1. deutsch-spanischen Juristentagung zum Thema „Das international tätige Unternehmen in Krise und Insolvenz“, veranstaltet vom Deutschen Anwaltsverein und der Deutsch-Spanischen Juristenvereinigung am 6.11.2004 in Düsseldorf.

21 *Esplugues* (in dt. Übersetzung von *Knothe*), ZZPInt 2 (1997), 69 ff.; *ders.*, ZZPInt 6 (2001), 65 ff.

22 Tribunal Supremo, Urt. v. 5.5.1999, der so genannte „Kohle-Reiterei-Fall“, besprochen von *Paulus*, EWiR 2000, 889.

23 *Esplugues* (in dt. Übersetzung von *Knothe*), ZZPInt 2 (1997), 69, 74 f.

24 *Esplugues*, ZZPInt 2 (1997), 69, 91.

vorgegebene Schiene der Pluralität und Koordination mehrerer Verfahren über einen Schuldner eingeschwenkt, wie dies wohl bisher in keinem Mitgliedstaat geschehen ist. Bemerkenswert ist nämlich, dass die internationale Zuständigkeit im Ley Concursal nicht in dem den Regeln des Internationalen Privatrechts gewidmeten Titel IX oder in speziellen Ausführungsgesetzen zur Verordnung geregelt ist, sondern in Kapitel 2, Art. 10 Ley Concursal unmittelbar Eingang in die nationalen Regelungen findet und mit der örtlichen Zuständigkeit gemeinsam behandelt wird. Dabei ist die Wortidentität zum Text der EuInsVO frappierend. Um den besonderen spanischen Weg der Verquickung der internationalen mit der örtlichen Zuständigkeit und die Rolle der EuInsVO bei dieser Lösung nachvollziehen zu können, lohnt es sich, an dieser Stelle, den mit „Internationale und örtliche Zuständigkeit" (*Competencia internacional y territorial*) überschriebenen Art. 10 des Ley Concursal einmal in voller Länge zu übersetzen:

Art. 10 Ley Concursal – Internationale und örtliche Zuständigkeit

1. Die Zuständigkeit für die Eröffnung und Durchführung eines Konkurses kommt dem Richter für Handelssachen zu, in dessen Bezirk der Schuldner den Mittelpunkt seiner hauptsächlichen Interessen hat. Hat der Schuldner in Spanien auch seinen Sitz und fällt dieser nicht mit dem Mittelpunkt seiner hauptsächlichen Interessen zusammen, so ist nach Wahl des antragstellenden Gläubigers auch der Richter für Handelssachen zuständig, in dessen Bezirk dieser (Sitz) fällt.
   Als Mittelpunkt der hauptsächlichen Interessen wird der Ort verstanden, wo der Schuldner für gewöhnlich und für Dritte erkennbar die Verwaltung dieser Interessen ausübt. Handelt es sich bei dem Schuldner um eine juristische Person, so wird vermutet, dass sich der Mittelpunkt der hauptsächlichen Interessen am Satzungssitz befindet. Hinsichtlich dieser Zuordnung ist ein Wechsel des Sitzes, der in den letzten sechs Monaten vor dem Konkursantrag erfolgt ist, nicht zu berücksichtigen.
   Ein solches Konkursverfahrens, welches im internationalen Bereich als „Hauptinsolvenzverfahren" bezeichnet wird, hat universale Wirkung, so zu verstehen, dass sämtliches Vermögen des Schuldners, ob innerhalb oder außerhalb Spaniens belegen, erfasst wird. Im Falle, dass über im Ausland belegenes Vermögen ein Insolvenzverfahren eröffnet wird, finden die in Kapitel III des IX. Titels dieses Gesetzes vorgesehenen Regelungen zur Koordination Anwendung.
2. Wurden mehrere Konkurseröffnungsanträge vor zwei oder mehr zuständigen Gerichten gestellt, so hat dasjenige Gericht Vorrang, vor dem der erste Antrag gestellt wurde.
3. Befindet sich der Mittelpunkt der hauptsächlichen Interessen nicht in Spanien, hat aber der Schuldner in Spanien eine Niederlassung, so ist der Handelsrichter zuständig, in dessen Bezirk die Niederlassung fällt und, bei Existenz mehrerer Niederlassungen, bei einer von diesen nach Wahl des Antragstellers.

Unter Niederlassung ist jeder Tätigkeitsort zu verstehen, an dem der Schuldner in nicht nur vorübergehender Art eine wirtschaftliche Aktivität unter Einsatz von Personal oder Vermögen ausübt.
Die Wirkungen eines solchen Konkursverfahrens, welches im internationalen Bereich als „Territorialverfahren" bezeichnet wird, beschränken sich auf das Vermögen des Schuldners, das in Spanien belegen ist, gleich ob es im Zusammenhang mit seiner wirtschaftlichen Tätigkeit steht oder nicht. In dem Fall, dass in dem Staat, in dem der Schuldner den Mittelpunkt seiner hauptsächlichen Interessen hat, ein Insolvenzverfahren eröffnet wird, finden die in Kapitel IV des IX. Titels dieses Gesetzes vorgesehenen Regelungen zur Koordination Anwendung.

4. In Fällen der verbundenen Insolvenzantragstellung über verschiedene Schuldner, ist der Richter des Ortes für die Eröffnung zuständig, an dem der Schuldner mit den meisten Passiva den Mittelpunkt seiner hauptsächlichen Interessen hat und wenn es sich um einen Konzern handelt, am Mittelpunkt der hauptsächlichen Interessen der Konzernmutter.
   Dasselbe gilt für die Bestimmung des zuständigen Richters für die Durchführung verbundener Konkurse.
5. Der Richter hat von Amts wegen seine Zuständigkeit zu prüfen und festzulegen, ob diese auf Absatz 1 oder Absatz 3 dieses Artikels basiert.

Der spanische Gesetzgeber hat also die Bestimmung der internationalen Zuständigkeit unmittelbar mit der Bestimmung der örtlichen Zuständigkeit verflochten und durch die weitgehende Übernahme des Wortlautes der EuInsVO, diese – genauer gesagt: den Mittelpunkt der hauptsächlichen Interessen – auch für die Bestimmung der örtlichen Zuständigkeit auf nationaler Ebene zum Maßstab gemacht. Aus dieser Abstimmung auf das europäische Modell der Pluralität der Verfahren ergibt sich für den spanischen Konkursrichter, dass er in jedem Fall zu prüfen hat, wo der Mittelpunkt der hauptsächlichen Interessen des Schuldners zu veranschlagen ist und ob dieser sich gegebenenfalls im Ausland befindet. Gleichzeitig ist jedes in Spanien eröffnete Verfahren, auch wenn es keinen Auslandsbezug aufweist (oder dieser nicht erkannt wird), gemäß Art. 10 Abs. 5 sofort als Haupt- oder Territorialinsolvenzverfahren im Sinne der EuInsVO zu bezeichnen, weshalb sich die in Deutschland im Babcock Borsig-Verfahren aufgetauchte Frage, unter welchen Umständen ein in Deutschland eröffnetes Verfahren im Ausland als Hauptinsolvenzverfahren im Sinne der EuInsVO zu verstehen ist[25], niemals stellt.

Dies ist in der Tat eine sehr starke Annäherung bzw. Anpassung an das Modell der EuInsVO, die – würde sie in den nationalen Gesetzgebungen weiterer Mitgliedsstaaten vorgenommen – wirklich eine Harmonisierung der nationalen Insolvenz-

---

25 AG Duisburg, B. v. 10.12.2002, DZWIR 2003, 398, NZI 2003, 160. Die Frage ist allerdings auch in Deutschland inzwischen durch die Begründungspflicht der internationalen Zuständigkeit gemäß Art. 102, § 2 EGInsO geklärt.

rechte darstellte. Sicherlich würde dies auf Dauer auch die einheitliche Auslegung der etwas schwammigen und daher zur Zeit stark umstrittenen Begriffe des Mittelpunktes der hauptsächlichen Interessen und der Niederlassung fördern. Auch in Bezug hierauf ist bemerkenswert, dass der spanische Gesetzgeber zur Eingrenzung des Begriffs des Mittelpunktes der hauptsächlichen Interessen den Inhalt des Erwägungsgrund 13 zur EuInsVO zugrunde legt und bei der Definition der Niederlassung wörtlich dem Art. 2 lit. h EuInsVO folgt.

b) Regelung von Konzerninsolvenzen

Andererseits hat der spanische Gesetzgeber gerade im zitierten Art. 10 des Ley Concursal auch den größten Unterschied des spanischen Gesetzes zur Verordnung untergebracht, nämlich die Regelung von Konzerninsolvenzen in Absatz 4. Während die übrigen Absätze des Art. 10 gleichermaßen auf Fälle mit oder ohne Auslandsbezug Anwendung finden und ihrem Inhalt nach mit der Verordnung weitgehend gleichgeschaltet sind, widerspricht Absatz vier gerade dem Modell der Verordnung und kann daher auf Fälle mit Auslandsbezug keine Anwendung finden[26]. Diese bewusste Entscheidung für die Regelung von Konzerninsolvenzen vor dem Hintergrund der entgegen gesetzten Entscheidung des europäischen Gesetzgebers ist gerade im Kontrast zu der starken Anpassung an die Vorgaben der Verordnung hinsichtlich der allgemeinen Zuständigkeitsregelung interessant. Hat der spanische Gesetzgeber also grundsätzlich beschlossen, sich an den Vorstellungen des Verordnungsgebers zu orientieren, so differenziert er dennoch an entscheidender Stelle, nämlich dort wo er andere Regelungen für sinnvoll hält.

Gerade im Bezug auf die Regelung von Konzerninsolvenzen ist diese Entscheidung durchaus legitim und widerspricht nicht einer europäischen Konvergenz, denn der europäische Verordnungsgeber hat auf die Regelung von Konzernsachverhalten in erster Linie aus Gründen der Verhältnismäßigkeit verzichtet, da aufgrund der bereits unabhängig von Insolvenzsachverhalten in Europa vertretenen verschiedenen Auffassungen vom Wesen und der rechtlichen Qualifizierung von Konzernen eine Regelung im Rahmen der Verordnung über Insolvenzverfahren einen zu starken Eingriff in die nationalen Rechtsordnungen dargestellt hätte, mit dem die Verordnungsgebungskompetenz des Rates überschritten worden wäre[27]. Demnach wollte der europäische Verordnungsgeber durch die Nichtregelung dieses Bereichs nicht die Grundauffassung statuieren, dass Konzerninsolvenzsachverhalte generell keiner Regelung zu unterziehen seien, vielmehr musste er nur diese Entscheidung den nationalen Gesetzgebern belassen. Die Crux in dieser Angelegenheit besteht darin,

---

26 Die andere Ansicht *Paulus'*, in FS Kreft 2004, 469, 473 f., wonach derartige Regelungen sehr wohl auch bei grenzüberschreitenden Fällen zum Tragen kommen könnten, da sich die Eröffnungsvoraussetzungen des Hauptverfahrens gem. Art. 4 Abs. 1 EuInsVO schließlich nach der *lex concursus* richte, vermag nicht zu überzeugen, da hiernach der Art. 3 Abs. 1 EuInsVO und ausgehebelt würde.
27 *Ehricke*, EWS 2002, 101, 102; *Smid*, DZWIR 2004, 397, 399.

dass zum einen der „Prototyp" der grenzüberschreitenden Insolvenzfälle nun einmal Konzernsachverhalte sind[28] und auf der anderen Seite rein nationale Konzerne immer seltener werden, so dass das Bedürfnis nach einer Regelung dieser Materie auf der grenzüberschreitenden Ebene wesentlich größer ist als auf nationaler Ebene.

Demnach wird der praktische Anwendungsbereich des Art. 10 Abs. 4 Ley Concursal äußerst gering sein[29]. Aus europäischer Sicht fungiert die Vorschrift in erster Linie als Statement des spanischen Gesetzgebers, mit dem er seine Haltung zum Konzerninsolvenzrecht kundtut. Aufmerksamkeit erweckt dieses Statement besonders deshalb, weil es mit der Statuierung einer Konzernzuständigkeit am Mittelpunkt der hauptsächlichen Interessen der Konzernmutter so sehr der von englischen Gerichten eingeführten und inzwischen sich in Europa – freilich gegen den Willen des Verordnungsgebers – verbreitenden Praxis[30] entspricht.

c) Regelung des Verhältnisses zu Drittstaaten

Im Titel IX, Art. 199 bis 230 Ley Concursal, „Von den Vorschriften des Internationalen Privatrechts" (*De las Normas de Derecho Internacional Privado*), überträgt der spanische Gesetzgeber im Wesentlichen das Modell der EuInsVO auf das Verhältnis zu Drittstaaten, auf welches diese keine Anwendung findet. Ausgehend von dem in Art. 10 Ley Concursal statuierten Gedanken der Pluralität der Verfahren, regeln die Art. 199 ff. die Koordination und Kooperation bei Sachverhalten unter Drittstaatenbeteiligung. Entscheidendes Element für die Anwendbarkeit dieser der EuInsVO nachempfundenen Regelungen über die Anerkennung und Koordination von Verfahren ist gem. Art. 199 Satz 2 Ley Concursal allerdings die Gegenseitigkeit und Kooperationsbereitschaft des jeweiligen Staates. Weiter ist für die Anerkennung eines ausländischen Verfahrens das Exequatur der Insolvenzeröffnungsentscheidung nach dem Ley de Enjuiciamento Civil (spanische Zivilprozessgesetz) erforderlich. Sind diese Voraussetzungen gegeben, läuft die Koordination der Verfahren nach Vorstellung des spanischen Gesetzgebers ganz ähnlich ab, wie unter den Mitgliedstaaten nach der EuInsVO.

---

28 Statt vieler *Mankowski*, NZI 2004, 450, 452; *Pannen/Riedemann*, NZI 2004, 646, 647 f., *Paulus*, EWiR 2004, 493.

29 So auch *Prof. Dr. Salvador del Rey Guantar* (Universität Pompeu Fabra, Barcelona) anlässlich der 1. deutsch-spanischen Juristentagung zum Thema „Das international tätige Unternehmen in Krise und Insolvenz", veranstaltet vom Deutschen Anwaltsverein und der Deutsch-Spanischen Juristenvereinigung am 6.11.2004 in Düsseldorf.

30 High Court of Justice Leeds, B. v. 16.5.2003, ZIP 2003, 1362 (*ISA-Daisytek*); High Court of Chancery Division Companies Court, B.v. 7.2.2003, ZIP 2003, 813 (*BRAC-Budget*); AG München, B. v. 4.5.2004, ZIP 2004, 962 (*Hettlage*); AG Offenburg, B. v. 2.8.2004, NZI 2004, 673 (*HUKLA-Werke*); AG Siegen, B. v. 1.7.2004, NZI 2004, 673 (*Zenith*).

III. Ausblick

Für spanische Juristen dürfte das neue Ley Concursal nach dem Anachronismus der alten Gesetzeslage jedenfalls einen Gewinn darstellen, da das Konkursrecht in Spanien nun endlich eine nachvollziehbare Struktur erhalten hat und übersichtlich in einem Gesetz zusammengefasst ist. Es ist wünschenswert, dass sich die theoretisch sinnvolle Konzentration der Zuständigkeit für sämtliche im Rahmen eines Insolvenzverfahrens auftretenden Rechtsfragen bei den neuen spezialisierten Handelskammern, sowie die breite, um wirtschaftliche Kompetenz bereicherte Zusammensetzung des Konkursverwaltungsorgans in der Praxis bewähren und damit die Akzeptanz und Umsetzung der neuen Regelungen erleichtern werden. Dies bleibt indes abzuwarten.

Durch die intensive Integration der Grundgedanken und Regelungsstrukturen der EuInsVO und die Ausarbeitung eines internationalen Insolvenzrechts zeigt sich Spanien willens, sein nationales Recht europakompatibel zu gestalten, sich folglich anzunähern und anzupassen. Demnach ist dieser Schritt des spanischen Gesetzgebers als Konvergenzbewegung im klassischen Sinne des Wortes zu bezeichnen und nicht nur von den spanischen Juristen, sondern auch von ihren „europäischen" Kollegen zu begrüßen.

Sachregister

(Die Zahlen neben den Stichwörtern verweisen auf die Seitenzahlen)